レクチャー
財務諸表論

岩崎健久・平石智紀【著】
Takehisa Iwasaki　*Tomoki Hiraishi*

中央経済社

第２版へのはしがき

第２版では，第１版刊行後の2017年以降改正された会計基準に対応するため改訂を行った。第１版の第１章から第21章までは適宜改訂を行い，新・第10章として「収益認識会計」を今回加筆している。

新・第10章「収益認識会計」では，2018年３月に，ASBJがIFRS15号へ対応するために，企業会計基準第29号「収益認識に関する会計基準」および同適用指針第30号「収益認識に関する会計基準の適応指針」が公表されているので，これに基づき執筆した。

第２版も，財務諸表論を学ぼうとする人たちのために，多くの設例を用いながら，実践的に財務諸表論についてわかりやすく解説している。そのため，財務諸表論を初めて学ぶ方から，基礎的な理論を勉強したうえで，さらに設例を用いながら実践的により深く学びたい方等，幅広い読者を対象としている。

引き続き第２版の出版をお引き受け頂いた㈱中央経済社取締役の小坂井和重氏，学術書編集部編集長の田邉一正氏に対し，心より御礼を申し上げる。また，学術書編集部の長田烈氏には，細部に至るまでいろいろとご指導を頂き，深く感謝申し上げる次第である。

2022年１月

岩﨑　健久
平石　智紀

はじめに

本書は，財務諸表論を学ぼうとする人たちのために，多くの設例を用いながら，実践的に財務諸表論についてわかりやすく解説したものである。

わが国においても，国際会計基準の改正にあわせて，会計に関するさまざまな基準の新設，改訂が随時行われており，本書は最新の会計基準等にもとづき，財務諸表に関する主要な論点をできるだけ網羅するように心がけた。

具体的には，前著『設例でわかる財務会計論』（中央経済社）の記述をベースに，本書の構成は次のようになる。

まず，第１章では財務会計の意義および制度，第２章では会計公準および一般原則，第３章では概念フレームワークを取り上げ，財務会計の総論について解説を行う。

次に，第４章から第６章では資産会計，第７章では負債会計，第８章では純資産会計，第９章では損益会計，第10章では財務諸表の構造について解説を行う。

そして，第11章では金融商品会計，第12章では減損会計，第13章では資産除去債務，第14章では退職給付会計，第15章から第17章では連結会計，第18章では税効果会計，第19章および第20章では企業結合会計，第21章では事業分離会計を取り上げ，最新の改正点も踏まえながら解説を行っていく。

各章ごとに，その章のテーマの意義，その制度の導入の経緯，具体的な会計処理，貸借対照表や，損益計算書の表示等についてできるだけコンパクトに整理，解説し，また適宜仕訳や計算問題を取り入れてみた。

本書は，財務諸表論を初めて学ぶ方から，基礎的な理論を勉強したうえで，さらに設例を用いながら実践的により深く学びたい方など，幅広い読者を対象としている。もちろん，日本商工会議所簿記検定１級，全国経理教育協会主催簿記能力検定試験上級，税理士試験，公認会計士試験等にチャレンジしている方々の参考書としても使用できる著書であると考える。

帝京大学理事長冲永佳史先生，経済学部長の廣田功教授，経済学研究科長の

森建資教授をはじめとして，帝京大学の諸先生にはいつもご指導を賜っている。

また，本書の出版にあたり，㈱中央経済社の長田烈氏には，細部に至るまでいろいろとご指導を頂いた。

この場を借りて，各氏に対し深く感謝し，心より御礼申し上げる次第である。

2017年１月

岩﨑　健久

平石　智紀

目　次

第1章 財務会計の意義および制度

1 意　義

会計とは，経済主体の営む経済活動を，情報を提供された者が適切な判断と意思決定ができるように，貨幣額により記録・測定し，その結果を報告する行為である。

会計は，経済活動を営む主体別に分類できる。経済主体が個人の場合は家計，株式会社等の企業の場合は企業会計，国や地方自治体等の場合は公会計，国全体の場合は社会会計と呼ぶ。

また，家計，企業会計，公会計のように国民経済を構成する個別の経済主体を前提とする会計をミクロ会計，社会会計のように国民経済全体を前提とする会計をマクロ会計と呼ぶ。

ミクロ会計は，その経済主体が営利を目的とするものとしないものとに分けられ，営利を目的とする営利会計の典型が企業会計であり，営利を目的としない家計，公会計等が非営利会計である。

企業会計は，さらにその報告する対象別に，財務会計と管理会計に分けることができる。財務会計とは，株主，債権者，取引先等の企業外部の利害関係者に対する会計情報の提供を目的とした会計であり，このことから外部報告会計と呼ばれることもある。具体的には，企業外部の利害関係者の意思決定に役立つ会計情報として，企業の経営成績，財政状態およびキャッシュ・フローの状況を明らかにすることを目的とし，利害関係者への報告は損益計算書，貸借対照表およびキャッシュ・フロー計算書を中心とした財務諸表を用いて行われる。

一方，管理会計は，経営者や経営内部の管理者に対して会計情報の提供を目的とする会計であり，それらの利害関係者の経営意思決定や業績評価等に役立つ情報を報告することを目的とするもので，その報告対象が企業内部のマネジメントであるところから内部報告会計と呼ばれることもある。

さて，財務会計は，企業会計原則等の慣習規範はもとより，会社法，法人税法，金融商品取引法等の制定法規範によって規制がなされている。つまり，会計慣習にゆだねる方式と，会計行為の規範を法律に組み込む方式により，財務会計は社会的に規制を受けることになる。このように，社会的な規制のもとで行われる会計を制度会計と呼ぶ[1)]。

なお，この制度会計に対して，情報会計といわれるものがある。財務会計と管理会計を関連させながら，制度会計と情報会計についてみてみると，制度会計は財務会計の一部であり，情報会計は財務会計の一部（非制度会計と呼ぶ）と管理会計の全部を含むといえる[2)]。

2 制　　度

わが国の会社法，金融商品取引法の制定法規範によって規制される制度会計についてみていく。

1　会社法会計

会社法にもとづく会計は，一般に会社法会計と呼ばれている。会社法会計は，債権者保護を主目的としている。株式会社は，株主から出資を受け，それを管理・運用する組織体であるが，株主は出資額を限度として有限責任を有する。よって，会社の債権者に対する担保は会社資産のみであり，この担保資産を確保することが会社法会計の主たる目的となる。

財務会計の機能には，代表的なものとして，利害調整機能と情報提供機能があるが，会社法会計では利害調整機能が重視されることになる。利害調整機能とは，企業情報が企業の利害関係者間，特に債権者と株主のコンフリクトの解消

1）加古宜士『財務会計概論（第９版）』中央経済社，2010年，４頁。
2）中村忠編著『財務会計の基礎知識（第２版）』中央経済社，1998年，５－６頁。

に果たしている重要な役割をいう。情報提供機能とは，利害関係者，特に投資者が株式や社債等の購入に関して行使する判断，つまり投資意思決定に資する重要な役割をいい，後述する金融商品取引法会計では情報提供機能が重視される。

会社法に従って作成される計算書類は，「会社法施行規則」，「会社計算規則」および「電子公告規則」にもとづき作成される。計算書類とは，貸借対照表，損益計算書，株主資本等変動計算書，そして注記表をいう。この他，事業報告，附属明細書が，作成と報告を義務づけられている。これらの計算書類は定時株主総会に提出されるが，提出に際して，大会社においては，監査役会設置会社では監査役会の監査以外に，監査等委員会設置会社及び指名委員会等設置会社では監査委員会の監査以外に，会計監査人（公認会計士または監査法人）による会計監査を受ける必要がある。

会社法では，株式会社を大会社と大会社以外の会社に分けている。大会社とは資本金が５億円以上，または負債の合計額が200億円以上の会社をいう。

会社法会計の主な課題は，債権者保護のための債権担保力の保全と，株主保護のための受託資本の管理・運用状況の開示の２つである。１つ目の債権担保力の保全は，最終的には分配可能額の計算規定に集約され，２つ目の受託資本の管理・運用状況の開示は，会社計算規則を通じて実現されるといえる。

一般に，株式会社における貸方持分は，債権者持分と株主持分とに区分される。株主持分権者である株主は，株主総会を通じて自己の意思を反映させることができ，出資額を限度とした有限責任を負担するだけで足りる。一方，債権者持分権者である債権者は，株主に比べて相対的に弱い立場に立たされている。

そこで，会社法では，株主と債権者間の利害調整あるいは成果配分支援が問題となり，債権者の保護を基本原則としている。債権者を保護するために考え出されたものが，分配可能額の計算規定である。

2　金融商品取引法会計

金融商品取引法会計とは，投資者保護のため，会社の業績利益の算定を主目的とし，金融商品取引法，金融商品取引法施行令，企業内容等の開示に関する内閣府令，連結財務諸表の用語，様式及び作成方法に関する規則（以下，連結財務諸表規則と略す）および財務諸表等の用語，様式及び作成方法に関する規則（以下，財務諸表等規則と略す）等にもとづく会計をいう。金融商品取引法では，情報提供機能ないしは意思決定支援機能が重視されている。

金融商品取引法により作成される財務諸表（財務計算書類）は，その処理において企業会計原則や企業会計基準，各種適用指針等にもとづき，その表示においては連結財務諸表規則，財務諸表等規則等に従って作成され，その財務諸表は金融庁長官に提出され，その写しは金融商品取引所または金融商品業協会に提出される。なお，提出された財務諸表（有価証券報告書）は，金融庁が運営するEDINET（Electronic Disclosure for Investors' NETwork，エディネットと呼ばれる）という電子開示システムを通じて，誰でもインターネット上で閲覧することができる。また，財務諸表をそれらに提出する際は，公認会計士または監査法人の監査証明を受けなければならない。

財務諸表とは，貸借対照表，損益計算書，キャッシュ・フロー計算書，株主資本等変動計算書，附属明細表をいい，会社法では必要とされていないキャッシュ・フロー計算書も含められている。また，金融商品取引法による主たる財務諸表は連結財務諸表であり，これは会社法の計算書類が個別財務諸表を主としている点と異なる。ちなみに，会社法会計においても，大会社でありかつ有価証券報告書提出会社には，連結計算書類（連結貸借対照表，連結損益計算書，連結株主資本等変動計算書，連結注記表）の作成が義務づけられている。

金融商品取引法によるディスクロージャー制度には，有価証券届出書（発行市場におけるディスクロージャーの手段）および有価証券報告書（流通市場におけるディスクロージャーの手段）の制度，開示情報の公衆縦覧制度（情報の非対称性によって被る不利益からの投資者の保護），そして金融商品取引法監査制度との関連において確保されているといえる。

流通市場においては，毎決算期ごとの有価証券報告書，３カ月ごとの四半期報告書，そして，臨時報告書がある。

四半期報告書制度は，平成20（2008）年４月１日以後開始する連結会計年度または事業年度から実施されている。四半期財務諸表の範囲は，次のようである。連結財務諸表を作成する企業においては，１計算書方式による場合，四半期連結貸借対照表，四半期連結損益及び包括利益計算書，四半期連結キャッシュ・フロー計算書であり，２計算書方式による場合，四半期連結貸借対照表，四半期連結損益計算書，四半期連結包括利益計算書，四半期連結キャッシュ・フロー計算書である。連結財務諸表を作成しない企業においては，四半期個別貸借対照表，四半期個別損益計算書，四半期個別キャッシュ・フロー計算書である。

第2章 会計公準および一般原則

1 会計公準

会計公準とは，財務会計の理論的および実践的な基礎構造を示す枠組みであり，会計の計算構造的前提または会計行為の基本的目標を示し，この部分を構成する諸概念をいう。つまり，会計公準は会計を成立させるための基礎的な前提であり，一般に会計原則または会計基準および会計手続を導き出すためのものといえる[1)]。

本節では，典型的かつ一般的な会計公準として取り上げられている「ギルマンの三公準」（企業実体の公準，継続企業の公準，そして貨幣的測定の公準（貨幣的評価の公準））についてみていく。

1 企業実体の公準

企業実体の公準とは，出資を受けた企業が出資者から独立して，企業に関するものだけを記録・計算するという前提である。つまり，所有と経営の分離のもとに，企業という経済主体を，企業会計上，その所有者とは別個のものとするという考え方である。

この公準は，企業会計の技術的な構造を形成する複式簿記機構の成立のために不可欠な概念で，資産はすべて企業に帰属する資産で，一方，負債もすべて企業に帰属する負債であり，よって資本はすべて企業に帰属する資本ということで，これは，企業資産＝企業負債＋企業資本という等式が成立することを意

1）加古宜士『財務会計概論（第９版）』中央経済社，2010年，５頁。

味する。

ところで，この企業実体という概念は，通常，法人格を付与されたいわゆる対外的権利義務の主体を指すことが多い。つまり法的実体を指すわけであるが，連結決算制度の導入等にみられるように，近年では，経済的な観点から，1つの企業集団として認めることができる場合には，このような経済的実体を企業実体と捉える必要性が生じてきている。

2　継続企業の公準

継続企業の公準とは，企業は解散や倒産等の事態を予定することなく，半永久的に継続するという前提である。よって，この公準のもとでは，企業に対して，企業の全存続期間を人為的に定めた一定の会計期間に分割し，定期的に利害関係者に対し会計情報を報告することを要請するものである。つまり，この公準は，企業会計の計算構造における，いわば時間的限定をなす公準を意味する。

なお，貸借対照表日において継続企業の前提（企業が将来にわたって事業活動を継続するとの前提）に重要な疑義を生じさせるような事象または状況が存在する場合であって，当該事象または状況を解消し，または改善するための対応をしてもなお継続企業の前提に関する重要な不確実性が認められるときは財務諸表に注記しなければならない。

3　貨幣的測定の公準（貨幣的評価の公準）

貨幣的測定の公準とは，会計行為たる記録・測定および伝達のすべてが，貨幣額により行われるという前提である。つまり，統一的な測定尺度として貨幣数値が用いられることにより，企業に属する種々雑多な財貨も，統一的に記録・測定・伝達されることが可能となるわけである。

なお，この公準は，貨幣価値一定の公準とは別の概念である。貨幣価値一定の公準は，貨幣的測定の公準から派生した公準であるが，これは，取得原価主義会計または名目資本維持の前提となるもので，わが国の現行の制度会計はこの公準が前提とされている。しかし，物価変動会計等は，貨幣の価値は絶えず変動していることを前提とした新しい会計であり，この場合，貨幣価値一定の公準は前提とはならないが，貨幣的測定の公準は基本的前提となっている2)。

2　一般原則

わが国における財務会計の慣習規範である「企業会計原則」は，一般原則，損益計算書原則（以下，Ｐ／Ｌ原則と略す），貸借対照表原則（以下，Ｂ／Ｓ原則と略す）の３つの部分から構成されている。このような構成は，サンダース，ハットフィールド，およびムーアの３氏による『ＳＨＭ会計原則』に近いもので，財務諸表中心の構成をとっている。

一般原則は，会計行為に対する規範または一般的指導原理を示したものであり，Ｐ／Ｌ原則およびＢ／Ｓ原則の上位にあって，これらを支配する関係にある。また，一般原則は，企業会計に関する一般的な指針を与えるものであり，Ｐ／Ｌ原則とＢ／Ｓ原則に共通する諸原則をまとめて編成したものであり，一般原則は，Ｐ／Ｌ原則とＢ／Ｓ原則を正しく解釈し適用する場合に常に斟酌（しんしゃく）されねばならない3)。

一般原則は，会計の実質的側面および形式的側面に関する包括的な基本原則であり，これは企業会計原則が，認識行為や測定行為をも含めて財務会計の全体的な領域に指示を与える原則であることによるものといえる。

一般原則は，具体的には次の７つの原則から成り立っている。①真実性の原則，②正規の簿記の原則，③資本取引・損益取引区分の原則，④明瞭性の原則，⑤継続性の原則，⑥保守主義の原則，⑦単一性の原則である。

またこの７つの原則の他，企業会計原則注解【注１】において，重要性の原則の規定がある。

以下ではこの７つの原則と重要性の原則について説明する。

2）加古，前掲書，８頁。

3）同上，９頁および新井清光・川村義則『新版現代会計学〈第３版〉』中央経済社，2020年，38－39頁参照。

1　真実性の原則

この原則は，「企業会計は，企業の財政状態及び経営成績に関して，真実な報告を提供するものでなければならない」というものである。真実性の原則は，企業会計の最高規範と考えられ，この原則を除く他の一般原則，およびＰ／Ｌ原則とＢ／Ｓ原則は，この真実性の原則にもとづくものであるといえる。

真実性の原則の内容についてみてみる。真実性の原則は，会計記録の真実性と財務諸表の真実性を含み，会計事実の網羅性・実在性，真正評価および利害関係者に対する真実な報告を要求するものである。

また，ここでいう真実性とは，いわゆる相対的真実をいう。今日の財務諸表は，会計の諸原則に準拠した会計記録と会計習慣にもとづいて，経営者による主観的な判断を使って作成されるものであり，このようにして作成された財務諸表の真実は，絶対的なものではなく，相対的なものである。つまり，会計がもともと本質的に歴史的側面と技術的側面とを持つことから，そこでの真実性も，おのずから歴史的側面と技術的側面のもとでの内容とならざるを得ないことになる。

相対的真実にならざるを得ない理由には，経済環境の変化に伴う会計目的の歴史的変化，代替的会計処理法の多様性，期間損益計算のため会計処理にあたり主観的な見積りや判断の介入等があげられる4)。

2　正規の簿記の原則

この原則は，「企業会計は，すべての取引につき，正規の簿記の原則に従つて，正確な会計帳簿を作成しなければならない」というものである。これは，真実性の原則を保証する原則で，すべての取引を会計帳簿に記録し，会計帳簿には実際に行われた取引を検証可能な資料にもとづいて記録を行い，一般的には複式簿記のように，一定のルールにもとづき，誘導法により財務諸表を作成

4）佐藤信彦・河﨑照行・齋藤真哉・柴健次・高須教夫・松本敏史編著『スタンダードテキスト財務会計論Ⅰ（第14版）』中央経済社，2021年，102頁および加古，前掲書，12－13頁参照。

することを要請する原則である。つまり，網羅性，立証性，秩序性に従った正確な会計帳簿を作成し，これにより財務諸表を誘導的に作成することをいう。

3　資本取引・損益取引区分の原則

この原則は，「資本取引と損益取引を明確に区別し，特に資本剰余金と利益剰余金とを混同してはならない」というものである。資本取引とは，資本金および資本剰余金に増加減少をもたらす取引をいい，損益取引とは，収益取引と費用取引とからなり，利益を生ずるもととなる取引をいう。また資本剰余金とは，資本取引から生じた剰余金であり，利益剰余金とは，損益取引から生じた剰余金であり，利益の留保額をいう。

企業会計において資本と利益を区別する理由は，企業がその経済活動を営むための元本と，元本から生じた果実とを明確に区別することによって，利益を適正に算定することから企業の収益力を正しく把握し，また分配可能額を正しく計算し，そして企業の継続性を達成するために維持すべき資本の額を正しく算定することにある。

4　明瞭性の原則

この原則は，「企業会計上は，財務諸表によつて，利害関係者に対し必要な会計事実を明瞭に表示し，企業の状況に関する判断を誤らせないようにしなければならない」というものである。この原則は，公開性の原則とも呼ばれている。

明瞭性の原則は，財務諸表の作成形式に関する包括的な基本原則であり，企業の情報利用者に企業の経営成績および財政状態に関する判断を誤らせないよう会計情報の明瞭表示および開示を要請しているものである。

なお，重要な後発事象（貸借対照表日後に発生した当該会社の翌事業年度以降の財政状態，経営成績およびキャッシュ・フローの状況に重要な影響を及ぼす事象）は，企業の将来予測に役立つ情報であるため，財務諸表に注記しなければならない。

5　継続性の原則

この原則は,「企業会計は，その処理の原則及び手続を毎期継続して適用し，みだりにこれを変更してはならない」というものである。この原則が問題となるのは，企業会計原則注解【注３】にあるように，企業会計上，１つの会計事実について２つ以上の会計処理の原則または手続の選択適用が認められている場合である。このような場合には，会計情報の期間比較可能性の確保と企業の利益操作の排除が重要になってくる。

また，財務諸表の表示についても継続性が求められる。項目の名称，分類，配列，様式等も，できるだけ継続して用いなければならない。

本来，企業会計には経理自由の原則が根底にあり，継続性の原則は，経理自由の原則に対する制約条件としての機能を有しているといえる。もっとも，継続性の原則は，いったん，ある１つの会計処理の原則および手続を採用したならばこれを半永久的に続けなければならないというものではなく，同注解【注３】にあるように，正当な理由により会計処理の原則および手続を変更した場合には認められる。

6　保守主義の原則

この原則は,「企業の財政に不利な影響を及ぼす可能性がある場合には，これに備えて適当に健全な会計処理をしなければならない」というものである。保守主義の原則は，安全性の原則とも呼ばれる。

この原則は，不確実性下の経済社会において，将来の不測のリスクに備えて，企業の財務体質をできるだけ強固なものにし，企業経営の安全性を確保するためのものである。よって，収益はできるだけ確実なもののみを計上し，費用・損失は将来予想されるものも含めてすべて残らず計上することにより，利益をできるだけ控えめに計算し，資金の社外流出を防ごうとすることが，保守主義の原則にもとづく会計処理である。ただし，この原則には企業会計原則注解【注４】が付されているように，過度に保守的な会計処理は認められていない。

7　単一性の原則

この原則は，「株主総会提出のため，信用目的のため，租税目的のため等種々の目的のために異なる形式の財務諸表を作成する必要がある場合，それらの内容は，信頼しうる会計記録に基づいて作成されたものであつて，政策の考慮のために事実の真実な表示をゆがめてはならない」というものである。

財務諸表は，さまざまな目的で各種利害関係者の関心に適合するように，さまざまな形式で作成されることが要求されるが，これを「形式的非単一性」（「形式多元」）の要請という。しかし，その実質的内容（特に利益額）は同一でなければならず，これを財務報告に対する「実質的単一性」（「実質一元」）の要請と呼び，これが単一性の原則である。いわゆる二重帳簿の作成の禁止を謳（うた）っている原則であるといえる。

8　重要性の原則

この原則は一般原則ではないが，会計全般に関わる包括的原則として，正規の簿記の原則や明瞭性の原則等と密接な関係がある。

重要性の原則は，２つの側面を持っているといえる。１つ目が，重要性の乏しいものは簡便な処理表示を容認するというもので，２つ目が，重要性の高いものは厳密な処理表示を要請するというものである。企業会計原則注解【注１】では前者を謳っており，これは狭義の重要性の原則といわれ，後者の側面も含むと広義の重要性の原則といわれる。

3　連結財務諸表作成における一般原則

連結財務諸表に関する会計基準（以下，連結会計基準と略す）の一般原則は，2節でみた企業会計原則の一般原則におおむね対応しているが，連結財務諸表の作成に関わる連結会計固有の原則も含んで，連結財務諸表の作成基準の基礎として，連結会計全般について，真実性の原則，個別財務諸表基準性の原則，明瞭性の原則，継続性の原則を掲げ，同会計基準（注１）において重要性の原則を規定している。

1　真実性の原則

この原則は,「連結財務諸表は, 企業集団の財政状態, 経営成績およびキャッシュ・フローの状況に関して真実な報告を提供するものでなければならない」というものである。これは, 企業会計原則の真実性の原則と同様の要請をしているもので, 連結会計における最も基本的な規範原則である。

2　個別財務諸表基準性の原則

この原則は,「連結財務諸表は, 企業集団に属する親会社及び子会社が一般に公正妥当と認められる企業会計の基準に準拠して作成した個別財務諸表を基礎として作成しなければならない」というもので, 連結原則特有のものである。この原則の意味するところは, まず連結財務諸表は, 親会社と子会社の会計帳簿から誘導されるのではなく, 各々の適正な個別財務諸表を前提に作成されるということである。よって, 連結の対象となる個別財務諸表は, 一般に公正妥当と認められた会計原則に準拠して作成されなければならないため, 連結財務諸表に与える影響について重要性が乏しい場合を除いて, 連結会計基準（注2）に「親会社及び子会社の財務諸表が, 減価償却の過不足, 資産や負債の過大又は過小計上等により当該会社の財政状態及び経営成績を適正に示していない場合には, 連結財務諸表の作成上これを適正に修正して連結決算を行う」とあるように, 個別財務諸表が会計原則に準拠していない場合には, 連結に先立って, これを修正する必要性を規定している。

3　明瞭性の原則

この原則は,「連結財務諸表は, 企業集団の状況に関する判断を誤らせないよう, 利害関係者に対し必要な財務情報を明瞭に表示するものでなければならない」というもので, 企業会計原則における明瞭性の原則に当たるものである。

ただし, 連結原則の場合は, 科目の集約性が要求されている。たとえば, 連結貸借対照表における棚卸資産の一括表示, 連結損益計算書における売上原価の棚卸計算法的な表示を省略し, 売上原価のみの表示等である。

4　継続性の原則

この原則は，「連結財務諸表作成のために採用した基準及び手続は，毎期継続して適用し，みだりにこれを変更してはならない」というもので，企業会計原則における継続性の原則に相当するものである。これは企業会計原則と同様に，連結財務諸表の期間比較性の確保や，利益操作の排除を目的としている。

連結原則の継続性の原則には，親子会社間の会計処理の原則・手続，連結財務諸表固有の会計処理の原則・手続・表示，連結の範囲等連結会計固有の事項も含まれる。

5　重要性の原則

この原則は前述したように連結会計基準（注１）に示されているものであるが，その本質は企業会計原則における重要性の原則と相違はなく，利害関係者の判断を誤らせない限り，連結に関する処理および表示について簡便法を適用することが認められているというものである。重要性の原則の適用例としては以下のものがある。

①　連結の範囲の決定
②　子会社の決算日が連結決算日と異なる場合の仮決算の手続
③　連結のための個別財務諸表の修正
④　子会社の資産及び負債の評価
⑤　のれんの処理
⑥　未実現損益の消去
⑦　連結財務諸表の表示

第3章 概念フレームワーク

1 総　論

会計基準を設定するに当たり，第2章1節において説明した会計公準と同様に，会計の前提となる仮定や会計の目的を最初に規定し，これらの仮定や目的と最もうまく首尾一貫するように，具体的な会計処理のルールを導き出す演繹（えんえき）的アプローチとして，概念フレームワークの規定というものがある1）。

ここで，概念フレームワークの説明に入る前に，わが国の会計基準の設定主体について簡単に説明する。旧証券取引法では，従来パブリック・セクターとして，旧大蔵大臣の諮問機関である企業会計審議会により会計基準が制定されてきたが，平成13（2001）年8月7日にプライベート・セクターとして「企業会計基準委員会」（Accounting Standards Board of Japan，以下，ASBJと略す）が発足し，その運営母体としての「財団法人財務会計基準機構」（Financial Accounting Standards Foundation，以下，FASFと略す）が同年7月26日に設立された。ちなみに，企業会計審議会は平成15（2003）年10月31日公表の「企業結合に係る会計基準の設定に関する意見書」を最後に会計基準設定の使命が終わっている。

それ以降は，ASBJが論点ごとに随時，「企業会計基準」を「企業会計基準第○号」という名称で公表し（この他，「企業会計基準」を適用する場合の具体的な指針を詳述した「企業会計基準適用指針」，および正式な企業会計基準が設定されるまでの間，実務での取扱いを暫定的に定めた「実務対応報告」を公表），実際には，

1）桜井久勝『財務会計講義（第22版）』中央経済社，2021年，55頁参照。

これらの基準に基づいて財務諸表が作成されている[2]。

つまり，わが国においても，官主導から民間主導に会計基準の設定主体が移行されたことになる。国際的にみれば，会計基準の設定主体は従来より民間機構であり，国際会計基準審議会（International Accounting Standards Board，以下，IASBと略す。その前身は国際会計基準委員会（International Accounting Standards Committee，以下，IASCと略す））や，財務会計基準審議会（Financial Accounting Standards Board，以下，FASBと略す）が相当する。

IASBは，新たな会計基準を国際財務報告基準（International Financial Reporting Standards，以下，IFRSと略す）の名称に変えて設定し，IASBが作成する会計基準はIFRSと総称され，その内容は，IASCが作成したIASとIASBが作成している狭義のIFRSから構成される。

さて，わが国では，平成16（2004）年７月に討議資料『財務会計の概念フレームワーク』がASBJの基本概念ワーキング・グループにより公表され，平成18（2006）年12月，正式にASBJより討議資料『財務会計の概念フレームワーク』が公表された。

アメリカではFASBにより「財務会計諸概念に関するステートメント」（Statements of Financial Accounting Concepts，以下，SFACと略す）が諸外国に先駆けて公表され，引き続き，このFASBの概念フレームワークを踏まえる形でIASCより「財務諸表の作成及び表示に関するフレームワーク」が公表され，すでに概念フレームワークが構築されている。

概念フレームワークとは，法律を制定する場合のフレームワークである憲法と同様に，会計基準の設定にあたり，合憲か違憲かを判断するための標準であり，いいかえれば会計基準を設定するための基準であるといえる。GAAPまたはGAIAP（generally accepted international accounting principles，一般に認められた国際的な会計原則）は，会計公準からではなくこの概念フレームワークにもとづき設定されている[3]。

FASBによれば，概念フレームワークとは，「首尾一貫した会計基準を導き

2）桜井，前掲書，51－52頁参照。

3）広瀬義州『財務会計（第13版）』中央経済社，2015年，30頁。

出すと考えられ，かつ財務会計及び財務報告の性格，機能及び限界を規定する相互の関連する基本目的並びに根本原理の整合的な体系」であると定義され，会計に関する「一種の憲法である」とされている[4]。

IASCによれば，概念フレームワークは，外部の利用者のための財務諸表の作成および表示の基礎をなす諸概念を述べたもので，国によって社会，経済および法律上の環境が異なること，ならびに各国が国内の基準を設定するときに財務諸表の利用者の異なる要求を考慮することから，それぞれに差異がみられ，これらの差異を狭めることをその責務として構築されたものである。つまり，IASCは，財務諸表の作成および表示に関係する規則，会計基準および手続の調和に努めることにより，経済的意思決定に有用な情報を提供するために作成される財務諸表に焦点を当てているといえる[5]。

この概念フレームワークは，わが国の企業会計原則のモデルとなった，サンダース・ハットフィールド・ムーアによる『ＳＨＭ会計原則』，ペイトン・リトルトンによる『会社会計基準序説』といった「古典的な概念フレームワーク」に代わるものとして登場したものとみることもできる[6]。

では，わが国の討議資料『財務会計の概念フレームワーク』（以下，概念フレームワークと略す）の概要について簡単にみる。同討議資料は，「財務報告の目的」，「会計情報の質的特性」，「財務諸表の構成要素」，そして「財務諸表における認識と測定」の４つの部分から成り立っている。

2　財務報告の目的

「財務報告の目的」では，財務報告を支える基本的な前提や概念の中の目的について言及している。財務報告はさまざまな役割を果たしているが，その目的は，投資家による企業成果の予測と企業価値の評価に役立つような企業の財

4）平松一夫・広瀬義州訳『FASB財務会計の諸概念（増補版）』中央経済社，2002年，６頁（訳者まえがき）。

5）日本公認会計士協会訳『国際会計基準書2001』同文舘出版，2001年，22頁。

6）小栗崇資・熊谷重勝・陣内良昭・村井秀樹編『国際会計基準を考える：変わる会計と経済』大月書店，2003年，34頁。

務状況の開示にあるとしている。つまり，自己の責任で将来を予測し投資の判断をする人々のために，企業の投資のポジション（ストック）とその成果（フロー）が開示されるとみているのである。また，会計情報の副次的な利用についても述べられている。

3 会計情報の質的特性

「会計情報の質的特性」では，財務報告の目的を達成するにあたり，会計情報が備えるべき質的な特性について論じられている。

財務報告の目的は，企業価値評価の基礎となる企業成果，つまり将来キャッシュ・フローの予測に役立つ情報を提供することにあり，この目的を達成するにあたり，会計情報に求められる最も基本的な特性は，意思決定有用性であるとしている。会計情報が投資家の意思決定に有用であることは，意思決定目的に関連する情報であること（relevance to decision），内的な整合性のある会計基準に従って作成された情報であること（internal consistency），および一定の水準で信頼できる情報であること（reliability）に支えられているのである。

ここで，有用性を支える特性として，意思決定との関連性，内的な整合性，信頼性を挙げている。意思決定との関連性とは，会計情報が将来の投資の成果についての予測に関連する内容を含み，企業価値の推定を通じた投資家による意思決定に積極的な影響を与えて貢献することをいう。

内的な整合性とは，個別の会計基準が，会計基準全体を支える基本的な考え方と矛盾しないことをいう。ちなみに，海外の概念書との最大の違いは，会計情報の意思決定有用性を支える特性として，意思決定との関連性と信頼性に加え，この内的な整合性を取り上げた点にある。これは，整合的な基準から生み出された会計情報は有用であるとみるのが，広く合意された考え方であるといえるからである。

信頼性とは，中立性，検証可能性，表現の忠実性等に支えられ，会計情報が信頼に足る情報であることをいう。

さらに，この３つの特性間の関係についても言及し，３つの特性のすべてが同時に満たされる場合，いくつかの特性間にトレード・オフの関係がみられる場合があることを指摘している。

4 財務諸表の構成要素

投資のポジションと成果を表すため，貸借対照表においては資産・負債・純資産という3つの構成要素が，損益計算書においては収益・費用・純利益という3つの構成要素が開示され，さらにこれらに加えて包括利益という要素が開示されることもあり，同討議資料で定義を与える財務諸表の構成要素は上記の7つである。

同討議資料では構成要素の定義を確定する作業を容易するため，かつ国際的な動向を尊重して，まず資産と負債を定義し，貸借対照表上で負債に該当しない貸方項目は，すべて純資産に分類している。これと同時に，純利益を重視して，純利益を生み出す投資の正味ストックとしての資本を，純資産から分けて定義しており，その結果，純資産には資本に属さない部分が含まれ，純資産と資本が同義ではないことを明示するため，純資産を資本とその他の要素に区分している。

また，同討議資料では純利益に対応する資本を報告主体の所有者に帰属するものと位置づけ，この資本は，純利益を生み出す投資の正味ストックを表しているものとしている。

純利益と包括利益の併存についても言及しており，純利益の情報は長期にわたり投資家に広く利用され，その有用性を指示する経験的証拠も確認され，純利益に従来どおりの独立した地位を与えることにしているが，包括利益に対しても純利益を超える有用性が見い出される可能性もあるとし，独立した地位を与えている。

5 財務諸表における認識と測定

ここでは，「財務諸表の構成要素」で定義が与えられた各種構成要素について，財務諸表に計上するタイミングと，それらに与えられる測定値の意味が記述されている。

まず，認識および測定の定義等概要と基礎概念について述べられ，認識についての記述がある。具体的には，構成要素の認識に関する一般的な制約について，認識の契機ならびに認識に求められる蓋然性（がいぜんせい）が述べられている。各種構成要素の認識は，契約の少なくとも一方の履行がその契機となり，さらに，いったん認識した資産・負債に生じた価値の変動も，新たな構成要素を認識する契機となるとされる。なお，これは双務契約であり，双方が未履行の段階にとどまるものは，原則として，財務諸表上認識しないことになっているが，金融商品に属する契約の一部については，たとえば，決済額と市場価格との差額である純額を市場で随時取引できる金融商品等，例外的に，双務未履行の段階で財務諸表に計上することが認められている。

また，各種構成要素の項目が，財務諸表上での認識対象となるためには，認識の契機の事象が生じることに加え，一定程度の発生の可能性が求められている。一定程度の発生の可能性とは，財務諸表の構成要素に関わる将来事象が，一定水準以上の確からしさで生じると見積もられることをいう。

次に測定についての記載があり，資産の測定，負債の測定，収益の測定，費用の測定の項目から成り立っている。資産の測定では，取得原価，市場価格，割引価値，入金予定額（決済価額または将来収入額），そして被投資企業の純資産額にもとづく額を取り上げている。負債の測定では，支払予定額（決済価額または将来支出額），現金受入額，割引価値，そして市場価格を取り上げている。

収益の測定では，交換に着目した収益の測定，市場価格の変動に着目した収益の測定，契約の部分的な履行に着目した収益の測定，そして被投資企業の活動成果に着目した収益の測定を取り上げている。費用の測定では，交換に着目した費用の測定，市場価格の変動に着目した費用の測定，契約の部分的な履行に着目した費用の測定，そして利用の事実に着目した費用の測定を取り上げている。

6 認識および測定の定義

わが国の概念フレームワークによれば，次のように定義されている。

財務諸表における認識とは，構成要素の定義を満たす諸項目を財務諸表の本体に計上することをいう。

財務諸表における測定とは，財務諸表に計上される諸項目に貨幣額を割り当てることをいう。

7 資産負債アプローチと収益費用アプローチ

FASBが昭和51（1976）年に公表した『FASB討議資料　財務会計および財務報告のための概念フレームワークに関する論点の分析：財務諸表の構成諸要素とその測定』では，「連携した財務諸表における２つの利益測定アプローチ」として，資産負債アプローチと収益費用アプローチが提示されている。つまり，資産・負債中心観と収益・費用中心観の２つの利益観を示し，この２つの利益観を対比させている。

資産負債アプローチとは，利益を１会計期間における営利企業の正味資源の増分とみなし，資産・負債の増減額にもとづいて定義する考え方をいう。一方，収益費用アプローチとは，利益を利潤を得てアウトプットを獲得し販売するためにインプットを利用する際の企業の効率性の測定値とみなし，１会計期間の収益と費用の差額にもとづいて定義する考え方をいう。

つまり，資産負債アプローチによった場合の収益と費用の定義は次のようになる。収益とは，増資その他資本取引以外の取引によって資本（期末純財産）を増加させる原因となる事実をいい，費用とは，収益を生み出すための努力として増資その他の資本取引以外の取引によって資本（期末純財産）を減少させる原因となる事実をいう。

また，収益費用アプローチによった場合の収益と費用の定義は次のようになる。収益とは，財貨の販売または用役の提供といった企業の経済活動により獲得した経済対価すなわちアウトプットをいう。費用とは，財貨の販売または用役の提供といった企業の経済活動のための価値犠牲すなわちインプットをいう[7)]。

７）洪慈乙「財務報告制度における意思決定有用性アプローチ――国際財務報告基準（IFRS）の序文によせて」『山形大学紀要（社会科学）』第33巻第２号，2002年，121頁参照。

8 包括利益と純利益

前述した資産負債アプローチと収益費用アプローチによる利益観に対応してそれぞれ包括利益と純利益という２つの利益概念がある。

包括利益の概念を初めて提示したのは，FASBによるSFAC第３号「営業利益の財務諸表の諸要素」であり（SFAC第３号は第６号に改定される），その後，FASB財務会計基準（FAS）第130号「包括利益の報告」が公表された。

以下，わが国の概念フレームワークに沿ってみていく。

包括利益とは，特定期間における純資産の変動額のうち，報告主体の所有者である株主，子会社の非支配株主，および将来それらになりうるオプションの所有者との直接的な取引によらない部分をいう。直接的な取引の典型例は親会社の増資による親会社株主持分の増加，いわゆる資本連結手続を通じた非支配株主持分の発生，新株予約権の発行等である。

純利益とは，特定期間の期末までに生じた純資産の変動額（報告主体の所有者である株主，子会社の非支配株主，および将来それらになりうるオプションの所有者との直接的な取引による部分を除く）のうち，その期間中にリスクから解放された投資の成果であって，報告主体の所有者に帰属する部分をいう。純利益は，純資産のうちもっぱら資本だけを増減させることになる。純利益は，稼得利益と累積的影響額に分類される。

企業の投資の成果は，投下した資金と回収した資金の差額にあたるネット・キャッシュ・フローであり，各期の利益の合計がその額に等しくなることが，利益の測定にとって基本的な制約となる。包括利益と純利益はともにこの制約を満たすが，このうち純利益はリスクから解放された投資の成果であり，それは一般に，キャッシュ・フローの裏づけが得られたか否かで判断される。

純利益は，収益から費用を控除した後，非支配株主に帰属する当期純利益を加減して求められる。ここでいう非支配株主に帰属する当期純利益とは，特定期間中にリスクから解放された投資の成果のうち，子会社の非支配株主に帰属する部分をいう。

次に，包括利益と純利益との関係をみてみよう。

まず，包括利益のうち投資のリスクから解放されていない部分を「その他の包括利益」という。その他の包括利益には，その他有価証券評価差額金，為替換算調整勘定等が含まれ，実際の財務諸表においても，多くの企業でこれらの項目が記載されている。包括利益から，その他の包括利益および非支配株主に帰属する当期純利益を除き，過年度に計上されたその他の包括利益のうち期中に投資のリスクから解放された部分で，報告主体の所有者である株主に帰属する部分を加える（リサイクルする）と，純利益が求められる。純利益には過年度のその他の包括利益のリサイクル部分が含まれるため，同一年度においては，純利益は包括利益の部分集合にならないことになる。リサイクリングとは，未実現利益として表示されたものを実現した段階で実現損益へ振り替える処理をいう。

簡単に，包括利益と純利益の関係を算式で示せば，

包括利益＝純利益＋その他の包括利益

となる。

その他の包括利益は，損益計算書には掲載されず，直接，貸借対照表の資本の部に注入される項目で，「損益計算書外持分特殊項目」と呼ばれる。損益計算書外持分特殊項目の性格について簡単にみてみる。これは，出資者からの拠出でも出資者への分配でもない。また，FASBは資本維持概念として物的資本維持概念ではなく財務的資本維持概念を採用しているため，資本維持修正項目となることはありえないわけで，ゆえにこの項目は，出資者との取引による持分の変動ではなく，同時に負債でも稼得利益でもないとみることができる。

よって，損益計算書外持分特殊項目は，負債ではないがゆえに消去法的に持分に計上されているもので，出資者からの資本および包括利益といった，持分の内訳項目のいずれにも該当しない，新たな持分カテゴリーにおいて認識されるものであるといわざるを得ない。しかし，こうした損益計算書外持分特殊項目の存在は批判を生んだため，FAS第130号では，この項目は「その他の包括利益」として包括利益の一部に含まれ，新たな持分カテゴリーとしての存在は否定されることになった[8)]。

持分変動を表す包括利益は，まさに資産・負債中心観に合致するもので，こ

うした包括利益概念においては，原価配分と稼得利益を重視する考え方である収益・費用中心観から大きく離脱し，資産・負債中心観への傾倒が起きており，「過去・原価情報思考」から「未来・時価情報思考」へと重心移動が生じているとみることができる。このような流れは，IASBの業績報告プロジェクトのなかでも近年強まってきており，IASC概念フレームワークが公表された当時は，包括利益に関してまったく触れられていなかったが，FASBと協調し，包括利益概念の導入が積極的に進められている[9)]。

わが国においては，平成23（2011）年３月31日以後終了する連結会計年度の年度末に係る連結財務諸表より包括利益を表示することになったが，その後平成25年９月に公表された「企業結合に関する会計基準」および「連結財務諸表に関する会計基準」等の改正により，平成27（2015）年４月１日以後開始する連結会計年度の連結財務諸表において当期純利益（改正前の少数株主調整前当期純利益）にその他の包括利益の内訳項目を加減して包括利益を表示することとなった。なお，個別財務諸表への適用を求めるかどうかについては当面の間，適用しないこととなっている。また，包括利益を表示する計算書は，①当期純利益を計算する損益計算書と，包括利益を計算する包括利益計算書とで表示する形式（２計算書方式），または，②当期純利益の計算と包括利益の計算を１つの計算書（「連結損益及び包括利益計算書」）で表示する形式（１計算書方式）のいずれかの形式による。なお，連結財務諸表における具体的な表示例は，**資料３－１**を参照されたい[10)]。

８）池田幸典「包括利益会計における会計的認識問題とその理論的含意」『企業会計』第55巻第11号，2003年，107－108頁参照。

９）小栗ほか，前掲書，36－37頁参照。

10）「連結財務諸表に関する会計基準」および「包括利益の表示に関する会計基準」

〔資料3－1〕包括利益の表示例

連結財務諸表における表示例

【2計算書方式】

〈連結損益計算書〉

売上高	10,000
———————————	
税金等調整前当期純利益	2,200
法人税等	900
当期純利益	1,300
非支配株主に帰属する当期純利益	300
親会社株主に帰属する当期純利益	1,000

〈連結包括利益計算書〉

当期純利益	1,300
その他の包括利益	
その他有価証券評価差額金	530
繰延ヘッジ損益	300
為替換算調整勘定	△180
持分法適用会社に対する持分相当額	50
その他の包括利益合計	700
包括利益	2,000
(内訳)	
親会社株主に係る包括利益	1,600
非支配株主に係る包括利益	400

【1計算書方式】

〈連結損益及び包括利益計算書〉

売上高	10,000
———————————	
税金等調整前当期純利益	2,200
法人税等	900
当期純利益	1,300
(内訳)	
親会社株主に帰属する当期純利益	1,000
非支配株主に帰属する当期純利益	300
その他の包括利益	
その他有価証券評価差額金	530
繰延ヘッジ損益	300
為替換算調整勘定	△180
持分法適用会社に対する持分相当額	50
その他の包括利益合計	700
包括利益	2,000
(内訳)	
親会社株主に係る包括利益	1,600
非支配株主に係る包括利益	400

第4章 資産会計（1）
──総論・現金及び預金・有価証券──

1 総　論

1 資産の概念

資産は会計において非常に重要な概念の1つであり，その資産の本質については，①換金可能なもの，②用役潜在能力（サービス・ポテンシャルズ）あるいは将来の経済的便益を有するものといった概念がある。

IASBによれば，資産が有する将来の経済的便益とは，企業への現金及び現金同等物の流入に直接的にまたは間接的に貢献する潜在能力をいう。

かつて資産の概念は，企業の清算を前提とした財産計算を重視する会計制度のもとで，企業が一定時点において保有する有形・無形の物財または権利を指すものとして，静態的・法律的な概念として規定されていた。これは，①に該当する概念で，静態論会計における資産の本質に合致するものである。

これに対して，継続企業（ゴーイング・コンサーン）を前提とし，期間損益計算を重視する今日の会計制度のもとでは，資産とは，将来において発現すると期待される経済的利益が当該企業に帰属し，かつ，貨幣額によって合理的に測定できるものをいうと定義される。これは，②に該当する概念で，動態論会計における繰延資産等をも説明できるものであるといえる。

この定義をもう少し詳しくみてみる。まず「将来において発現すると期待される経済的利益」とは，企業にとっての経済的な役立ち，つまり収益獲得能力を指し，現在から将来に向けて発現することが期待されるものを意味するといえる。「当該企業に帰属し」とは，ある企業にとっての帰属性を意味し，企業がその経済的利益を独占的・排他的に享受することを指すものであるといえる。

「貨幣額によって合理的に測定できるもの」とは，今日の制度会計においては，貨幣額により合理的に測定できないものはその資産性を認め難く，貨幣的に測定できない事象は会計の対象ではないということを意味すると考えられる[1)]。

アメリカ会計学会（AAA）における資産の定義は，「1957年版会計基準」において「特定の会計単位内で事業目的のために投ぜられた経済的資源（economic resources）であり，見込まれる経営活動に役立つ給付可能性の総体（aggregates of service-potentials）をいう」と規定されている。しかし，この定義は経済的資源に繰延資産が含まれるかどうかに疑問があり，また，サービス・ポテンシャルズという表現もわかりにくいことから，最近アメリカでは，サービス・ポテンシャルズの代わりに「将来の経済的便益」（future economic benefits）という表現がよく用いられている[2)]。

わが国の討議資料「財務会計の概念フレームワーク」および「貸借対照表の純資産の部の表示に関する会計基準」によれば，資産とは，過去の取引または事象の結果として，報告主体（entity）が支配（control）している経済的資源（economic resources），またはその同等物と定義している。ここでいう支配とは，所有権の有無にかかわらず，報告主体が経済的資源を利用し，そこから生み出される便益を享受できる状態をいう。経済的資源とは，キャッシュの獲得に貢献する便益の集合体（benefits）をいう。これは市場での処分可能性（marketability）を有する場合もあれば，そうでない場合もある。なお，経済的資源の同等物とは，典型的には，将来において支配する可能性のある経済的資源をいう。この定義は，前述したAAAのものとほぼ同様のものであるといえる。

なお，FASBの資産の定義も，過去の取引または事象の結果として，ある特定の実体により取得または支配されている，発生の可能性の高い将来の経済的便益であるとしている。「発生の可能性の高い」という用語を定義に含めてい

1）加古宜士『財務会計概論（第９版）』中央経済社，2010年，36頁。
2）中村忠編著『財務会計の基礎知識（第２版）』中央経済社，1998年，31頁。

るが，これは，事業およびその他の経済活動は，結果のほとんどが確実でないという不確実性によって特徴づけられる環境の中で起こるということを認めることを意図しているといえる[3)]。

2　資産の分類

（1）流動・固定分類

資産を流動と固定とに分類するのは，資金循環のプロセス（特に循環期間）を重視し，企業の財務流動性，特に短期支払能力を判断するにあたり有用な表示をするためである。流動と固定の分類基準には，１年基準（ワン・イヤー・ルール）と正常営業循環基準があり，企業会計原則では両基準の併用を指示している。B／S原則四において，「資産，負債及び資本の各科目は，一定の基準に従つて明瞭に分類しなければならない。(一) 資産は，流動資産に属する資産，固定資産に属する資産及び繰延資産に属する資産に区分しなければならない。仮払金，未決算等の勘定を貸借対照表に記載するには，その性質を示す適当な科目で表示しなければならない」と規定し，さらに企業会計原則注解【注16】に具体的な流動・固定の区分の適用例が示されている。

１年基準（ワン・イヤー・ルール）とは，貸借対照表日の翌日から起算して１年以内に費用化，決済，あるいは期限が到来するものを流動項目とし，１年を超えて費用化，決済，あるいは期限が到来するものを固定項目とする分類基準である。

正常営業循環基準とは，当該企業の主目的である営業取引により生じた仕入債務・売上債権・棚卸資産および現金を流動項目とし，それ以外を固定項目とする分類基準である。

この２つの基準を適用しながら，流動資産と固定資産（繰延資産はその性質の特殊性から分類の問題は生じない）に分類していくが，原則として，まず正常営業循環基準が適用され，正常営業循環過程にないとされた資産については１年基準が適用される。なお，経過勘定項目，棚卸資産，有形固定資産等，例外

３）平松一夫・広瀬義州訳『FASB財務会計の諸概念（増補版)』中央経済社，2002年，297頁。

的に上記手順に従わずに流動・固定分類されるものもある。

① 流動資産

流動資産とは，現金および比較的短期間のうちに回収または販売等により現金となる資産，もしくは比較的短期間のうちに費用化する資産をいう。

流動資産は，当座資産，棚卸資産，その他の流動資産に分類される。当座資産は，現金及び預金，金銭債権，売買目的有価証券等をいう。棚卸資産は，商品，製品，半製品，原材料，仕掛品等を指す。その他の流動資産には，1年以内に費用化する前払費用，1年以内に回収される未収金，立替金，前払金，未収収益等が含まれる。

② 固定資産

固定資産とは，通常の営業過程において，使用または利用目的で長期的に所有する資産，他会社を支配する目的もしくは取引上の便宜を得る目的で所有する株式または出資金，長期的利殖を目的として所有する有価証券，償還期限または費用化が貸借対照表日の翌日から1年を超える債権または長期前払費用等を指す。

固定資産は，有形固定資産，無形固定資産，投資その他の資産に分類される。

(2) 貨幣・非貨幣分類

この分類は，財の経済的性格を重視したものである。

① 貨幣性資産

貨幣性資産とは，未だ収益獲得のための財貨または用役に投下されていないか，または既にそのような投下過程を終了して回収され，次の新たな収益獲得のために投下されるのを待機中の資本をいう。貨幣性資産の評価は，原則として回収可能額（収入額）による。

貨幣性資産に属する主な項目は，現金及び預金，受取手形，売掛金，売買目的有価証券，立替金，未収金，未収収益，貸付金等である。

② 非貨幣性資産

非貨幣性資産とは，回収可能性がありまたは投下資本の効果が将来になお持続する未回収の投下資本をいう。これには，企業内部に投下され経営活動の進行に伴って費用化する費用性資産と，企業外部に投下された投下額の直接的な回収が期待される外部投資の資産等がある。非貨幣性資産の評価は，原則として取得原価または支出額による。

非貨幣性資産に属する主な項目は，棚卸資産，有形固定資産，無形固定資産，前払費用，長期前払費用等の費用性資産，建設仮勘定，出資金，関係会社株式等である。

3　資産の評価基準

資産の評価は，資産の評価時点（過去・現在・将来）によって，（１）取得原価主義（過去），（２）時価主義（現在），（３）割引現価主義（将来）に分類できる。

（1）取得原価主義

取得原価主義とは，資産の評価の基礎をその資産を取得するために実際に要した支出額に求める考え方をいう。

取得原価主義によれば，過去原価に基づいて評価するため，当該資産を保有している限り未実現利益を計上せず，第９章で説明する実現主義を遵守することができる。また，取得原価主義は，実際の第三者取引にもとづいた支出額を評価基準とするため，資産価額には客観性・検証可能性が確保できる。一方で，取得原価主義によれば，時価の変動にもとづく評価替えが行われないことから，期末の評価額（過去の支出額）が期末時価と乖離し，利害関係者にとって有用な情報が提供できないともいえる。

（2）時価主義

時価主義とは，資産評価の基礎をその資産の期末時価に求める考え方をいう。

時価主義によれば，期末現在の時価にもとづいて評価するため，企業が保有する資産の現在の経済的実態をより適切に表し，利害関係者に対して投資意思決定に有用な情報を提供することができるといえる。一方ですべての資産に客観的な市場価格が存在するとは限らず主観的になりやすいという測定の困難性や資産の評価益を計上することにより実現主義が遵守できないという問題が生じる。

（3）割引現価主義

割引現価主義とは，資産の評価の基礎をその資産から得られる将来キャッシュ・フローを一定の割引率で割り引いた現在価値に求める考え方をいう。

割引現価主義によれば，将来獲得されるであろうキャッシュ・フローを基礎に評価するため，資産の経済的便益（収益獲得能力）を表現できるといえる。一方で将来キャッシュ・フローの見積もりには，経営者の主観が強く入り込んでくるうえに不確実性が伴うことや将来キャッシュ・フローは多数の資産が集まってはじめて意味を持つものが多いといえるため，そうした資産を個別に切り離して見積もった金額では理論的な意味合いが薄れるといった問題が生じる。

2 現金及び預金

現金とは，手持ちの貨幣を指し，通貨，小口現金，手許にある当座小切手，送金小切手，送金為替手形，預金手形，郵便為替証書，振替貯金払出証書，株式配当金領収書，期限の到来した公社債の利札等が含まれる。

預金とは，金融機関に対する預金，貯金および掛金，郵便貯金，郵便振替貯金ならびに金銭信託を指す。ただし，1年以内に期限の到来しないものを除く（1年基準の適用）。

3 有価証券

会計上の有価証券とは，原則として，金融商品取引法第2条に定義する有価証券をいい，株式，社債，その他の債券をいう。ただし，金融商品取引法に定義するもの以外のものであっても，金融商品取引法上の有価証券に類似し，会計上の有価証券として取り扱うことが適当と認められるものについても有価証券の範囲に含める。例としては国内CD（譲渡性預金）がある。なお，有価証券は金融資産に該当し，「金融商品に関する会計基準」に従って会計処理する。

1 分　類

有価証券については，保有目的等の観点から，売買目的有価証券（時価の変動により利益を得ることを目的として保有する有価証券），満期保有目的の債券（満期まで所有する意図をもって保有する社債その他の債券），子会社株式及び関連会社株式，その他有価証券（売買目的有価証券，満期保有目的の債券，子会社株式および関連会社株式以外の有価証券）に区分し，それぞれの区分に応じて，貸借対照表価額，評価差額等の処理を定めている。

2　取得原価の決定

有価証券を購入により取得した場合には，購入代価に購入手数料等の付随費用を加算した価額をもって取得原価とする。重要性の乏しい付随費用は取得原価に加算しないことができる。

有価証券を贈与された場合には，贈与を受けた時の取引所価格，市場価格またはこれに準ずる公正な評価額をもって取得原価とする。

有価証券を払込みにより取得した場合には，その払込金額をもって取得原価とする。なお，発行会社が株式分割を行ったことにより取得した場合には，持株数のみが増加し取得原価には影響を与えない。

3　評価方法および表示

（1）売買目的有価証券

B/S 価額：時　価
評価差額：当期の損益 → 有価証券運用損益（営業外損益）
B/S 表示：有価証券（流動資産）

売買目的有価証券については，投資者にとっての有用な情報は有価証券の期末時点での時価に求められると考えられるため，期末時価をもって貸借対照表価額とする。また，売却することについて事業遂行上等の制約がなく，時価の変動にあたる評価差額が企業にとっての財務活動の成果と考えられることから，その評価差額は当期の損益として処理をする。

なお，売買目的有価証券は，有価証券として流動資産に計上し，評価差額は有価証券運用損益（または，有価証券評価損益）として営業外損益に計上する。

設例4－1 売買目的有価証券の期末評価

以下の有価証券に関する決算整理仕訳を示しなさい。

① 当期中に1,000で株式を取得し，売買目的有価証券に分類した。

② 期末時価は1,100である。

《解説・解答》

（1）決算整理仕訳

（借）有価証券 100 （貸）有価証券運用損益 100＊1

＊1 期末時価1,100－帳簿価額1,000＝100

（2）財務諸表表示

貸借対照表：有価証券1,100（期末時価）

損益計算書：有価証券運用益100

（2）満期保有目的の債券

① 会計処理および表示

B/S 価額：原則として償却原価

B/S 表示：①満期が1年内 ⟶ 有価証券（流動資産）

②満期が1年超 ⟶ 投資有価証券（固定資産）

満期保有目的の債券については，時価が算定できるものであっても，満期まで保有することによる約定利息および元本の受取りを目的としており，満期までの間の金利変動による価格変動のリスクを認める必要がないことから，原則として，償却原価法にもとづいて算定された価額（以下，償却原価という）をもって貸借対照表価額とする。

なお，満期保有目的の債券は，1年基準により有価証券または投資有価証券として流動資産または固定資産に計上する。

② 償却原価法

償却原価法とは，金融資産または金融負債を債権額または債務額と異なる金額で計上した場合において，当該差額に相当する金額を弁済期または償還期に至るまで毎期一定の方法で取得価額に加減する方法をいう。なお，当該加減額は受取利息または支払利息に含めて処理し，満期保有目的の債券の場合には有価証券利息（営業外収益）に含めて処理する。

償却原価法は，有価証券利息をその利息期間（受渡日から償還日まで）にわたって期間配分する方法であり，利息法と定額法の２つの方法がある。原則として利息法によるものとするが，継続適用を条件として，簡便法である定額法を採用することができる。

（１）利息法（原則）

利息法とは，債券のクーポン受取総額と金利調整差額の合計額を債券の帳簿価額に対し一定率（「実効利子率」という）となるように，複利をもって各期の損益に配分する方法をいい，当該配分額とクーポン計上額との差額を帳簿価額に加減する。

（２）定額法（容認）

定額法とは，債券の金利調整差額を取得日（または受渡日）から償還日までの期間で除して各期の損益に配分する方法をいい，当該配分額を帳簿価額に加減する。

設例４－２　満期保有目的の債券の期末評価

以下の有価証券に関する仕訳を示しなさい。

①　×１年１月１日に以下の社債を950で取得し，満期保有目的の債券に分類した。なお，償却原価法（定額法）により処理する。

償還日：×５年12月31日（償還期間５年）

債券額：1,000

年利率：３％（利払日は毎年12月31日）

②　期末時価は1,100である。

《解説・解答》

（１）取得時（×１年１月１日）の仕訳

（借）投資有価証券　950　（貸）現金及び預金　950

（２）クーポン利息計上時（×１年12月31日）の仕訳

（借）現金及び預金　30　（貸）有価証券利息　30＊1

＊1　債権額1,000×３％＝30

（３）決算整理仕訳（×１年12月31日）

（借）投資有価証券　10＊1　（貸）有価証券利息　10

＊1　$(\text{債権額}1{,}000-\text{取得原価}950)\times\dfrac{1\text{年}\ (\times1/1/1\sim\times1/12/31)}{5\text{年}\ (\times1/1/1\sim\times5/12/31)}=10$

（注）債権額と取得原価の差額50を償還日までの５年にわたって期間配分するため，当期（１年）に対応する10を取得原価（投資有価証券）に加えるとともに当該金額を有価証券利息として計上する。なお，期末時価が把握できる場合であっても時価評価はしない。

（４）財務諸表表示

貸借対照表：投資有価証券960（償却原価＝取得原価950＋償却額10）

損益計算書：有価証券利息40（＝クーポン利息30＋償却額10）

（３）子会社株式及び関連会社株式

B/S 価額：取得原価

B/S 表示：関係会社株式（固定資産）

子会社株式は，子会社を支配し，子会社を通じて事業を行うことを目的として保有する株式であり，関連会社株式は，関連会社への影響力の行使を目的として保有する株式である[4]。

そのため，事実上の事業投資と同様の会計処理を行うことが適当である。したがって，事業投資と同じく時価の変動を財務活動の成果とは捉えないという考え方にもとづき，取得原価をもって貸借対照表価額とする。

なお，子会社株式および関連会社株式は，関係会社株式として固定資産に計

4）子会社株式とは，子会社が発行する株式をいい，関連会社株式とは，関連会社が発行する株式をいう。親会社とは他の会社の意思決定機関を支配している会社をいい，子会社とは当該他の会社をいう。また，関連会社とは，親会社及び子会社が，出資，人事，資金，技術，取引等の関係を通じて，子会社以外の他の会社の財務及び営業又は事業の方針決定に対して重要な影響を与えることができる場合における当該他の会社をいう。

上する。

> **設例4－3** 子会社株式及び関連会社株式の期末評価
>
> 以下の有価証券に関する決算整理仕訳を示しなさい。
>
> ①　当期中に1,000で子会社株式を取得した。
>
> ②　期末時価は1,100である。

《解説・解答》

（1）決算整理仕訳

仕訳なし

（2）財務諸表表示

貸借対照表：関係会社株式1,000（取得原価）

（4）その他有価証券

①　会計処理および表示

B/S価額：時　価

評価差額：①評価益 ⟶ その他有価証券評価差額金　（純資産の部）

②評価損 ─┬→ 原則：その他有価証券評価差額金　（純資産の部）
　　　　　└→ 容認：投資有価証券評価損　（営業外費用）

B/S表示：①１年内に満期の到来する債券 ⟶ 有価証券　（流動資産）

②①　以　外 ⟶ 投資有価証券　（固定資産）

その他有価証券は，持ち合い株等の業務上の関係を有する企業の株式や市場動向によっては売却を想定している有価証券等が該当し，一義的にその属性を定めることは困難と考えられる。そのため，金融資産の評価に関する基本的な考え方にもとづいて，時価をもって貸借対照表価額とする。また，その他有価証券の時価は投資者にとって有用な投資情報であるが，その他有価証券については，事業遂行上等の必要性から直ちに売買・換金を行うことには制約を伴う要素もあり，評価差額を直ちに当期の損益として処理することは適切ではないと考えられる。そのため，原則として，その他有価証券の評価差額を当期の損益として処理することなく，税効果を調整の上，純資産の部に記載する考え方を採用した。一方で企業会計上，保守主義の観点から，これまで低価法にもとづき銘柄別の評価損を損益計算書へ計上することが認められてきた点を考慮し，時価が取得原価を下回る銘柄の評価損は損益計算書に計上する方法によることもできることとした。

なお，その他有価証券のうち，株式は投資有価証券として固定資産に計上し，債券は1年基準により有価証券または投資有価証券として流動資産または固定資産に計上する。評価差額は，原則としてその他有価証券評価差額金として純資産の部の評価・換算差額等に計上し，評価損については投資有価証券評価損として営業外費用に計上することも認められる。

② 評価差額の処理方法

	評価益の場合	評価損の場合
全部純資産直入法	その他有価証券評価差額金	その他有価証券評価差額金
部分純資産直入法	その他有価証券評価差額金	投資有価証券評価損

a 全部純資産直入法（原則）

全部純資産直入法とは，評価差額（評価差益および評価差損）の合計額を純資産の部に計上する方法をいう。

b 部分純資産直入法（容認）

部分純資産直入法とは，時価が取得原価を上回る銘柄に係る評価差額（評価益）は純資産の部に計上し，時価が取得原価を下回る銘柄に係る評価差額（評価損）は当期の損失として処理する方法をいう。

設例4－4 その他有価証券の期末評価

以下の有価証券に関する決算整理仕訳を示しなさい。なお，税効果会計は無視する。

① 当期中に1,000で株式を取得し，その他有価証券に分類した。

② 期末時価は1,100である。

《解説・解答》

（１）決算整理仕訳

（借）投資有価証券　100（貸）その他有価証券評価差額金 100*1

＊1　期末時価1,100－帳簿価額1,000＝100

（２）財務諸表表示

貸借対照表：投資有価証券1,100（期末時価）

　　　　　　その他有価証券評価差額金100

損益計算書：計上されない。

（５）市場価格のない株式等の取扱い

市場価格のない株式は，取得原価をもって貸借対照表価額とする。市場価格のない株式とは，市場において取引されていない株式をいう。また，出資金など株式と同様に持分の請求額を生じさせるものは，同様の取扱いとする。

なお，個別財務諸表の附属明細表（有価証券明細表）において，期末に保有する有価証券の明細が開示されている。

4　有価証券の減損処理

（１）時価のある有価証券

①　会計処理

B/S 価額：時価（著しい下落を反映）
評価差額：当期の損失（特別損失）

売買目的有価証券以外の有価証券のうち時価のあるものについて時価が著しく下落したときは，回復する見込みがあると認められる場合を除き，当該時価をもって貸借対照表価額とし，評価差額を当期の損失として処理（減損処理）しなければならない。

②　時価の著しい下落

時価のある有価証券の時価が「著しく下落した」ときとは，必ずしも数値化できるものではないが，以下の各場合にあてはめて考える。

（1）時価が取得原価に比べて50％程度以上下落した場合

「著しく下落した」ときに該当する。この場合には，合理的な反証がない限り，時価が取得原価まで回復する見込みがあるとは認められないため，減損処理を行わなければならない。

（2）時価が取得原価に比べて30％～50％下落した場合

状況に応じ個々の企業において時価が「著しく下落した」と判断するための合理的な基準を設け，当該基準にもとづき回復可能性の判定の対象とするかどうかを判断する。

（3）時価が取得原価に比べての下落率がおおむね30％未満の場合

一般的には「著しく下落した」ときに該当しないものと考えられる。

③　時価の回復可能性

時価の下落について「回復する見込みがある」と認められるときとは，株式の場合，時価の下落が一時的なものであり，期末日後おおむね１年以内に時価が取得原価にほぼ近い水準にまで回復する見込みのあることを合理的な根拠をもって予測できる場合をいう。したがって，時価が回復する見込みがない場合のみならず，時価が回復するかが不明な場合にも減損処理が求められる。

④　減損処理後の取得原価

減損処理を行った場合，減損処理の基礎となった時価により帳簿価額を付け替えて取得原価を修正し，以後，修正後の取得原価と毎期末時価とを比較して評価差額を算定する。

（2）市場価格のない株式等

①　会 計 処 理

B/S 価額：実質価額（著しい低下を反映）
評価差額：当期の損失（特別損失）

市場価格のない株式等は取得原価をもって貸借対照表価額とするとされているが，当該株式の発行会社の財政状態の悪化により実質価額が著しく低下したときは，相当の減額を行い，評価差額は当期の損失として処理（減損処理）しなければならない。

②　実質価額

実質価額＝１株当たりの純資産額（評価差額等を加味）×所有株式数

実質価額とは，一般に公正妥当と認められる会計基準に準拠して作成した財務諸表を基礎に，原則として資産等の時価評価にもとづく評価差額等を加味して算定した純資産額をいう。なお，この際に基礎とする財務諸表は，決算日までに入手し得る直近のものを使用し，その後の状況で財政状態に重要な影響を及ぼす事項が判明していればその事項も加味する。

また，通常は，１株当たりの純資産額に所有株式数を乗じた金額が当該株式の実質価額であるが，会社の超過収益力や経営権等を反映して，１株当たりの純資産額を基礎とした金額に比べて相当高い価額が実質価額として評価される場合もある。

③　実質価額の著しい低下

実質価額が「著しく低下したとき」とは，少なくとも株式の実質価額が取得原価に比べて50％程度以上低下した場合をいう。

④　実質価額の回復可能性

実質価額が著しく低下した場合には，一般には回復可能性はないものと判断され，減損処理をしなければならない。ただし，実質価額について，回復可能性が十分な証拠によって裏付けられる場合には，期末において相当の減額をしないことも認められる。特に子会社や関連会社の場合には，財務諸表を実質ベースで作成したり，事業計画等を入手することが可能であるため，この結果として回復可能性が十分な証拠によって裏付けられるケースが考えられる。

⑤　減損処理後の取得原価

減損処理を行った場合，減損処理の基礎となった時価により帳簿価額を付け替えて取得原価を修正する。

設例４－５ 有価証券の減損処理

以下の有価証券に関する決算整理仕訳を示しなさい。なお，時価および実質価額の回復可能性はないものとし，税効果会計は無視する。

銘柄	分類	当初取得原価	当期末時価	備考
Ａ社株式	その他有価証券	1,000	400	
Ｂ社株式	その他有価証券	2,000	900	（注１）
Ｃ社株式	子会社株式	6,000	把握困難	（注２）

（注１）前期末に減損処理を行っている。前期末時価は700である。

（注２）決算日までに入手し得る直近の財務諸表の概要は以下のとおりである。なお，Ｃ社の発行済株式数は100株であり，当社は60株を保有している。また，Ｃ社の諸資産の時価は3,000である。

諸資産：2,800　　諸負債：2,000　　純資産：800

《解説・解答》

（１）決算整理仕訳

ａ）Ａ社株式

（借）投資有価証券評価損 600＊1　（貸）投資有価証券 600

＊1　取得原価1,000－当期末時価400＝600

（注）当期末時価が取得原価に比べて60％下落しているため，減損処理を行う。

ｂ）Ｂ社株式

（借）投資有価証券 200　（貸）その他有価証券評価差額金 200＊1

＊1　当期末時価900－修正取得原価（前期末時価）700＝200

（注）前期末に減損処理を行っているため，取得原価が当初の2,000から700に修正されている。

ｃ）Ｃ社株式

（借）関係会社株式評価損 5,400＊1　（貸）関係会社株式 5,400

＊1　取得原価6,000－当期末実質価額600＊2＝5,400

（注）当期末実質価額が取得原価に比べて90％下落しているため，減損処理を行

う。

＊2　１株当たりの純資産額(評価差額等を加味)@10＊3×所有株式数60株＝600

＊3　(諸資産(時価)3,000－諸負債2,000)÷発行済株式数100株＝@10

（２）財務諸表表示

貸借対照表：投資有価証券（Ａ社株式）400（当期末時価，減損処理）
　　　　　　投資有価証券（Ｂ社株式）900（当期末時価）
　　　　　　その他有価証券評価差額金（Ｂ社株式）200
　　　　　　関係会社株式（Ｃ社株式）600（当期末実質価額，減損処理）

損益計算書：投資有価証券評価損（Ａ社株式）600（特別損失）
　　　　　　関係会社株式評価損（Ｃ社株式）5,400（特別損失）

第5章 資産会計（2）
——金銭債権・棚卸資産——

1 金銭債権

1 意　義

金銭債権とは，一定の金銭をもって支払を受ける権利，つまり貨幣請求権をいい，受取手形，売掛金，貸付金その他の債権をいう。

2 貸借対照表価額

B/S 価額：取得原価（または償却原価）－貸倒引当金

金銭債権の貸借対照表価額は，取得価額から貸倒見積高に基づいて算定された貸倒引当金を控除した金額とする。ただし，債権を債権金額より低い価額または高い価額で取得した場合において，取得価額と債権金額との差額の性格が金利の調整と認められるときは，償却原価から貸倒見積高に基づいて算定された貸倒引当金を控除した金額としなければならない。

3 貸倒見積高の算定

（1）債権の３区分

債権の貸倒見積高は，債権の区分に応じてそれぞれ算定する。債権は債務者の財政状態および経営成績等に応じて，一般債権，貸倒懸念債権，破産更生債権等の３つに区分する。

① 一般債権

一般債権とは，経営状態に重大な問題が生じていない債務者に対する債権をいう。具体的には，貸倒懸念債権および破産更生債権等以外の債権として区分されることとなる。

② 貸倒懸念債権

貸倒懸念債権とは，経営破綻の状況には至っていないが，債務の弁済に重大な問題が生じているかまたは生じる可能性の高い債務者に対する債権をいう1)。

③ 破産更生債権等

経営破綻または実質的に経営破綻に陥っている債務者に対する債権をいう2)。

(2) 債権の3区分に応じた貸倒見積高の算定方法

一般債権	→貸倒実績率法
貸倒懸念債権	→財務内容評価法 →キャッシュ・フロー見積法
破産更生債権等	→財務内容評価法

① 一般債権

(1) 算定方法

一般債権については，貸倒実績率法により貸倒見積高を算定する。

---

1) 債務の弁済に重大な問題が生じているとは，現に債務の弁済がおおむね1年以上延滞している場合や，弁済条件の大幅な緩和を行っている場合（弁済期間の延長，弁済の一時棚上げ，元金または利息の一部免除等）が含まれる。また，債務の弁済に重大な問題が生じる可能性の高いとは，業況が低調ないし不安定であり，または財務内容に問題があり，過去の経営成績または経営改善計画の実現可能性を考慮しても債務の一部を条件どおりに弁済できない可能性の高いことをいう。なお，財務内容に問題があるとは，現に債務超過である場合のみならず，債務者が有する債権の回収可能性や資産の含み損を考慮すると実質的に債務超過の状態に陥っている状況を含む。

2) 経営破綻に陥っている債務者とは，法的，形式的な経営破綻の事実が発生している債務者をいい，たとえば，破産，清算，会社整理，会社更生，民事再生，手形交換所における取引停止処分等の事由が生じている債務者である。また，実質的に経営破綻に陥っている債務者とは，法的，形式的な経営破綻の事実は発生していないものの，深刻な経営難の状態にあり，再建の見通しがない状態にあると認められる債務者である。

（２）貸倒実績率法

貸倒見積高＝債権残高×貸倒実績率

貸倒実績率法とは，債権全体または同種・同類の債権ごとに，債権の状況に応じて求めた過去の貸倒実績率等合理的な基準により貸倒見積高を算定する方法をいう。なお，貸倒見積高は債権残高に貸倒実績率を乗じて算定する。

（３）貸倒実績率

$$貸倒実績率＝\frac{翌期以降における貸倒損失額}{ある期における債権残高}$$

＊当期を最終年度とする２～３算定期間分求め，平均値を算定する。

貸倒実績率は，ある期における債権残高を分母とし，翌期以降における貸倒損失額を分子として算定するが，貸倒損失の過去のデータから貸倒実績率を算定する期間は，一般には，債権の平均回収期間が妥当である。ただし，当該期間が１年を下回る場合には，１年とする。なお，当期末に保有する債権について適用する貸倒実績率を算定するにあたっては，当期を最終年度とする算定期間を含むそれ以前の２～３算定期間に係る貸倒実績率の平均値による。

設例５－１　一般債権の貸倒見積高（貸倒実績率法）

資料を参照して，一般債権当期末残高に係る貸倒見積高を算定しなさい。なお，当期は×４年３月期である。

1．一般債権当期末残高：50,000
2．債権の平均回収期間は３カ月とする。
3．×４年３月期に適用する貸倒実績率は，過去３算定年度に係る貸倒実績率の平均値とする。なお，過去の貸倒実績は次のとおりである。

	×１年３月期	×２年３月期	×３年３月期
期末残高	10,000	20,000	30,000
上記債権に対する実際貸倒損失	350	200	450

《解説・解答》

（1）×4年3月期に適用する貸倒実績率

(3.5%＊1＋1.0%＊2＋1.5%＊3)÷３＝2.0%

＊1　×１年３月期の貸倒実績率＝350÷10,000＝3.5%

＊2　×２年３月期の貸倒実績率＝200÷20,000＝1.0%

＊3　×３年３月期の貸倒実績率＝450÷30,000＝1.5%

（2）一般債権当期末残高に係る貸倒見積高（解答）

一般債権当期末残高50,000×貸倒実績率2.0%＝貸倒見積高1,000

貸倒見積高＝債権残高×貸倒実績率

②　**貸倒懸念債権**

（1）算定方法

貸倒懸念債権については，債権の状況に応じて，財務内容評価法またはキャッシュ・フロー見積法のいずれかにより貸倒見積高を算定する。ただし，同一の債権については，債務者の財政状態および経営成績の状況等が変化しない限り，同一の方法を継続して適用する。

（2）財務内容評価法

貸倒見積高＝(債権額－担保処分・保証回収見込額)

×債務者の状況に応じた引当率

財務内容評価法とは，債権額から担保の処分見込額および保証による回収見込額を減額し，その残額について債務者の財政状態および経営成績を考慮して貸倒見積高を算定する方法をいう。なお，債務者の状況を判断するにあたって一般事業会社においては資料を入手することが困難な場合もあり，たとえば貸倒懸念債権と初めて認定した期には，引当率を50%とし，次年度以降において毎期見直す等の簡便法を採用することも考えられる。

（3）キャッシュ・フロー見積法

貸倒見積高＝債権の帳簿価額－将来キャッシュ・フローの割引現在価値

キャッシュ・フロー見積法とは，債権の元本の回収および利息の受取りに係るキャッシュ・フローを合理的に見積もることができる債権については，債権の元本および利息について元本の回収および利息の受取りが見込まれるときから当期末までの期間にわたり当初の約定利子率で割り引いた金額の総額と債権の帳簿価額との差額を貸倒見積高とする方法をいう。

設例５－２ 貸倒懸念債権の貸倒見積高（財務内容評価法）

資料を参照して，貸倒懸念債権当期末残高に係る貸倒見積高を財務内容評価法により算定しなさい。なお，当期は×４年３月期である。

1．Ａ社に対する貸付金：100,000
2．上記債権は返済期日を１年以上経過しているが回収できておらず，当期末に貸倒懸念債権に分類した。なお，財務内容評価法により貸倒見積高を算定し，担保の処分見込額を除いた残額の50％を引き当てる。
3．上記債権について，担保を設定しており，当期末時点での処分見込額は10,000であった。

《解説・解答》

（債権額100,000－担保処分見込額10,000）×50％＝貸倒見積高45,000

貸倒見積高＝（債権額－担保処分・保証回収見込額）
×債務者の状況に応じた引当率

設例５－３ 貸倒懸念債権の貸倒見積高（キャッシュ・フロー見積法）

資料を参照して，貸倒懸念債権当期末残高に係る貸倒見積高をキャッシュ・フロー見積法により算定しなさい。なお，当期は×４年３月期である。

1．Ａ社に対する貸付金：100,000（返済期日×６年３月31日）
2．上記債権は当初年利率５％の条件であったが，当期利払後に今後の利払を年利率１％とする条件緩和を行い，当期末に貸倒懸念債権に分類した。

《解説・解答》

（1）将来キャッシュ・フローの割引現在価値

$$\frac{\times 5/3\ 利息1{,}000^{*1}}{1.05}+\frac{\times 6/3\ (利息1{,}000^{*1}+元本100{,}000)}{(1.05)^2}=92{,}562$$

（小数点以下四捨五入）

（注）将来の元利金の受取（キャッシュ・フロー）を当初の約定利子率５％で現在価値に割り引く。

＊1　元本100,000×条件変更後の年利率１％＝1,000

（2）貸倒見積高の算定（解答）

債権の帳簿価額100,000

－将来キャッシュ・フローの割引現在価値92,562＝貸倒見積高7,438

貸倒見積高＝債権の帳簿価額－将来キャッシュ・フローの割引現在価値

（注）将来キャッシュ・フローの割引現在価値92,562は，貸付金から得られる将来キャッシュ・フローについて回収可能性の変化のみを反映させた金額を示している。つまり，当初の約定どおり回収できたとするならば将来キャッシュ・フローの割引現在価値は100,000となり債権額と一致するが，条件緩和を行ったことにより割引現在価値が92,562へと変化したため，当初の見積キャッシュ・フローからの減損額7,438を貸倒見積高とするのである。なお，将来キャッシュ・フローの割引現在価値の変化を示すと**図表５－１**のとおりとなる。

図表５－１　将来キャッシュ・フローの割引現在価値の変化

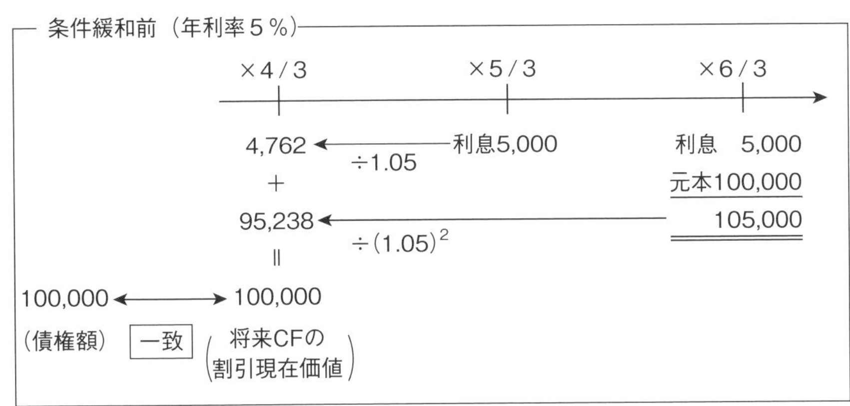

条件緩和

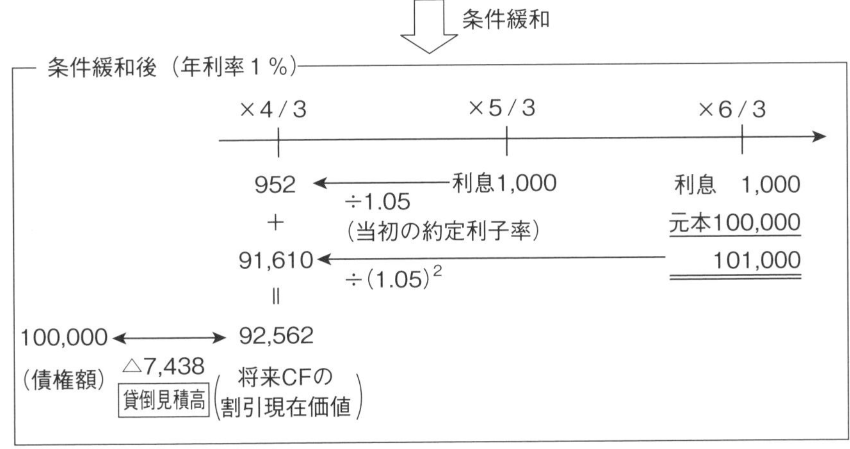

③　破産更生債権等

貸倒見積高＝(債権額－担保処分・保証回収見込額)×100％

破産更生債権等については，財務内容評価法により債権額から担保の処分見込額および保証による回収見込額を減額し，その残額を貸倒見積高とする。貸倒懸念債権と異なり，原則として担保の処分見込額および保証による回収見込額以外のすべて（100％）を貸倒見積高とする。

設例５－４ 破産更生債権等の貸倒見積高（財務内容評価法）

資料を参照して，破産更生債権等当期末残高に係る貸倒見積高を算定しなさい。なお，当期は×４年３月期である。

1．A社に対する貸付金：100,000
2．A社は当期中に会社更生法の申し立てを行ったため，当期末に当該債権を破産更生債権等に分類した。
3．上記債権について，担保を設定しており，当期末時点での処分見込額は10,000であった。

《解説・解答》

(債権額100,000－担保処分見込額10,000)×100％＝貸倒見積高90,000

貸倒見積高＝(債権額－担保処分・保証回収見込額)×100％

2　棚卸資産

1　意　　義

棚卸資産とは，生産・販売・管理活動を通じて売上収益をあげることを目的として消費される資産である。「連続意見書第四」によれば，棚卸資産に該当するものは，次のどれかに該当する財貨または用役とされている。

①　通常の営業過程において販売するために保有する財貨または用役

② 販売を目的として現に製造中の財貨または用役

③ 販売目的の財貨または用役を生産するために短期間に消費されるべき財貨

④ 販売活動および一般管理活動において短期間に消費されるべき財貨

例をそれぞれ挙げれば，①は商品，製品等，②は半製品，仕掛品等，③は原材料，工場用消耗品等，④は事務用消耗品，包装用資材等である。

2　購入単価の決定

（１）購入による場合

取得原価＝送り状価額－値引・割戻＋付随費用
　　　　＝購入代価＋付随費用

棚卸資産を購入によって取得した場合には，購入代価に引取費用等の付随費用を加算した価額をもって取得原価とする。「連続意見書第四」等を考慮すれば，具体的には，次のような算式になる。ただし，重要性の乏しい付随費用は取得原価に加算しないことができる。付随費用には，外部副費と内部副費がある。

（２）製造による場合

取得原価＝適正な原価計算基準に従って算定された価額

棚卸資産を製造により取得した場合には，適正な原価計算基準に従って算定された価額をもって取得原価とする。原価計算手続は，正常な実際原価による。正常な実際原価とは，原価計算基準三（四）でも示されているように，「経営の正常な状態を前提とする」としている。なお，消費量が実際消費量である限り，実際原価であり，価格については予定価格も認められている。予定価格が認められる理由は，計算の迅速化が挙げられるが，それよりも，製品原価の変動を除去することができることから，予定価格の使用が理論的に高く評価されている。また，この他に，予定原価や標準原価も認められており，この場合，当該原価が適正に決定され，その適用期間を通算して原価差額発生額が合理的に僅少であることが条件となっている。

3 原価の配分

B／S原則五において「資産の取得原価は，資産の種類に応じた費用配分の原則によつて，各事業年度に配分しなければならない」とあり，棚卸資産の原価配分とは，棚卸資産原価を，当期の収益に対応する当期の費用と，将来の収益に対応する次期以降の費用に配分することをいう。

費用＝消費量×単価の算式で示されるように，棚卸資産の原価配分は，数量計算の方法と単価計算の方法との組み合わせによる。

(1) 数量計算

① 払出数量の算定法

棚卸資産の払出数量の算定法には，（1）継続記録法と，（2）棚卸計算法がある。

（1）継続記録法

継続記録法とは，棚卸資産の種類ごとに受入と払出の数量を継続して記録し，その帳簿記録によって棚卸資産の当期払出数量および期末在庫数量を明らかにする方法をいう。

（2）棚卸計算法

棚卸計算法とは，期末に実地棚卸を行って期末在庫数量を確認し，これを期首在庫数量と当期受入数量の合計から控除して，当期払出数量を間接的・一括的に計算する方法をいう。

② 制度上の処理

制度上は，原則として継続記録法が採用されている。これは，払出を記録するため，払出数量を正確に算定でき，売上原価を正確に算定できるからである。しかし，継続記録法のみでは棚卸減耗を把握できないという欠点があるため，期末において実地棚卸を実施し，期末帳簿数量と期末実地数量の差額に払出単価を乗じた金額を棚卸減耗費として計上する[3)]。

3）実地棚卸を行うことによって，紛失や盗難等の販売以外の原因で帳簿棚卸数量より実地棚卸数量が減少している場合がある。この商品の減少のことを棚卸減耗という。

棚卸減耗費についてまとめると以下のとおりとなる。

棚卸減耗費＝払出単価×（期末帳簿数量－期末実地数量）

(2) 単価計算

棚卸資産の払出単価の算定方法には，①個別法，②先入先出法，③平均原価法，④売価還元法がある。なお，企業会計原則では，後入先出法も認められているが，平成20年改正「棚卸資産の評価に関する会計基準」において廃止された。

①　個　別　法

個別法とは，棚卸資産の取得原価を異にするに従い区別して記録し，その個々の実際原価によって単価の配分を行う方法をいう。

②　先入先出法

先入先出法とは，最も古く取得されたものから順次払出しが行われると仮定して単価の配分を行う方法をいう。

③　平均原価法

平均原価法とは，取得した棚卸資産の平均原価を算出し，この平均原価によって期末棚卸品の価額を算定する方法をいう。

④　売価還元法

売価還元法とは，異なる品目の資産を値入率の類似性に従って適当なグループにまとめ，１グループに属する期末商品の売価合計額に原価率を適用して期末棚卸品の価額を算定する方法をいう。

4　評　　価

棚卸資産の評価に関する会計基準では，保有目的の観点から，①通常の販売目的で保有する棚卸資産と，②トレーディング目的で保有する棚卸資産とに分けて会計処理を規定している。

（1）通常の販売目的で保有する棚卸資産

①　貸借対照表価額

B/S価額：①取得原価 ＜ 正味売却価額 ⟶ 取得原価
　　　　 ②取得原価 ＞ 正味売却価額 ⟶ 正味売却価額
　　　　 　②の場合，取得原価－正味売却価額＝P/L商品低価評価損

取得原価をもって貸借対照表価額とし，期末における正味売却価額が取得原価よりも下落している場合には，当該正味売却価額をもって貸借対照表価額とする。この場合において，取得原価と当該正味売却価額との差額は当期の費用（商品低価評価損）として処理する。

②　正味売却価額

正味売却価額＝売価－見積追加製造原価・見積販売直接経費

正味売却価額とは，売価から見積追加製造原価および見積販売直接経費を控除したものをいう。

なお，売却市場において市場価格が観察できないときには，合理的に算定された価額を売価とする。これには，期末前後での販売実績にもとづく価額を用いる場合や，契約により取り決められた一定の売価を用いる場合を含む。

また，営業循環過程から外れた滞留または処分見込等の棚卸資産について，合理的に算定された価額によることが困難な場合であっても，以下の方法により収益性の低下の事実を適切に反映するよう処理する。

a　帳簿価額を処分見込価額（ゼロまたは備忘価額を含む）まで切り下げる方法

b　一定の回転期間を超える場合，規則的に帳簿価額を切り下げる方法

③　収益性の低下に係る損益の表示（商品低価評価損）

商品低価評価損：原則として売上原価

収益性の低下による簿価切下額は売上原価とする。ただし，棚卸資産の製造に関連し不可避的に発生すると認められるときには製造原価として処理し，収益性の低下にもとづく簿価切下額が，重要な事業部門の廃止・災害損失の発生等の臨時の事象に起因し，かつ，多額であるときには，特別損失に計上する。

（２）トレーディング目的で保有する棚卸資産（貸借対照表価額，損益の表示）

トレーディング目的で保有する棚卸資産とは，短期的な市場価格の変動を利用して利益を得る目的で保有されている棚卸資産をいう。

時価をもって貸借対照表価額とし，帳簿価額との差額は，当期の損益（原則として，純額で売上高）として処理する。

設例５－５ 棚卸資産の期末評価

資料を参照して，期末商品に係る決算整理仕訳を示しなさい。

1．期末帳簿棚卸高は1,000（取得単価@10，帳簿数量100個）であった。

2．期末に実地棚卸を行った結果，実地数量は90個であった。

3．期末における見積売価は@８である。なお，商品を売却するために販売手数料が@１発生する。

《解説・解答》

（１）決算整理仕訳

ａ）棚卸減耗費の計上

（借）棚卸減耗費	100＊1	（貸）商　　品	100

＊1　取得単価@10×（帳簿数量100個－実地数量90個）＝100

ｂ）商品低価評価損の計上

（借）商品低価評価損	270＊2	（貸）商　　品	270

＊2　（取得単価@10－正味売却価額@７＊3）×実地数量90個＝270

＊3　見積売価@８－見積販売直接経費（販売手数料）@１＝正味売却価額@７

（２）財務諸表表示

貸借対照表：商品630（＝正味売却価額@７×実地数量90個）

損益計算書：棚卸減耗費100＊1

商品低価評価損270＊2

第6章 資産会計（3）
——固定資産・繰延資産——

1 固定資産

固定資産とは，1年基準にもとづき，貸借対照表日の翌日から起算して1年を超えて現金化される資産または現金化されることを本来の目的としない資産をいい，有形固定資産，無形固定資産，投資その他の資産に分類される。

1 有形固定資産

(1) 意　義

有形固定資産とは，当該企業の主たる営業活動のため，原則として，1年以上使用または利用することを目的として所有する資産のうち，具体的な形態を持つものをいう。具体的には，建物，機械装置，車両運搬具，工具器具備品等の償却資産と，土地，建設仮勘定等の非償却資産とがある。

(2) 取得原価の決定

固定資産の取得原価は，その取得の形態により，次のように決定される。

① 購　入

取得原価＝購入代価＋付随費用

有形固定資産を購入により取得した場合には，購入代価に購入手数料等の付随費用を加算した価額をもって取得原価とする。

② 自家建設

取得原価＝適正な原価計算基準に従って算定された価額

有形固定資産を自家建設した場合には，適正な原価計算基準に従って算定された価額をもって取得原価とする。

③ 現物出資

取得原価＝現物出資の目的たる財産の価額（公正な評価額）

有形固定資産を現物出資の対価として受け入れた場合には，現物出資の目的たる財産の価額（公正な評価額）をもって取得原価とする。

④ 交　　換

取得原価＝交換に供された自己資産の適正な簿価

有形固定資産を有形固定資産との交換により取得した場合には，交換に供された自己資産の適正な簿価をもって取得原価とする。有形固定資産を自己所有の株式，社債等の交換により取得した場合には，当該有価証券の時価または適正な簿価をもって取得原価とする。

⑤ 贈　　与

取得原価＝時価等を基準とした公正な評価額

有形固定資産を贈与された場合には，時価等を基準とした公正な評価額をもって取得原価とする。

（３）資本的支出と収益的支出

資本的支出：価値増加のための支出 ⟶ 資産計上（取得原価に算入）
収益的支出：機能維持のための支出 ⟶ 費用計上（修繕費）

有形固定資産に関する支出には，資本的支出と収益的支出とがある。

資本的支出とは，その支出により当該固定資産の耐用年数が延びるか給付能力が増大する場合のもので，この支出は当該有形固定資産の取得原価に算入される。収益的支出とは，その支出が単に現状を維持するにとどまる場合のもので，このような支出は，取得原価に算入せず，支出した年度に修繕費として費用処理される。

設例６－１ 資本的支出と収益的支出

以下の取引の仕訳を示しなさい。

1．建物（耐用年数30年，前期までの使用年数20年）について当期首に修繕を行い，代金30,000を支払った。

2．修繕の結果，当該建物の耐用年数が５年延長することとなった。なお，支出額のうち，支出後の残存耐用年数に占める延長耐用年数に対応する金額を価値増加に対する支出と考えるものとする。

《解説・解答》

（借）建物	10,000＊1	（貸）現金及び預金	30,000
修繕費	20,000＊2		

＊1　$\text{支出額30,000} \times \dfrac{\text{延長耐用年数５年}}{\text{支出後の残存耐用年数15年}^{*3}} = 10,000$

＊2　支出額30,000－10,000＊1＝20,000

＊3　耐用年数30年－前期までの使用年数20年＋延長耐用年数５年＝15年

（４）原価配分（減価償却）

固定資産の原価配分とは，固定資産の原価を，経済的用役が費消された分の原価と，未費消分の原価に配分することをいう。

①　**減価償却の意義**

減価償却とは，有形固定資産の原価を使用できる各会計期間に，あらかじめ定められた一定の計画にもとづいて，計画的，規則的に配分し，同一価額だけ資産価額を減少させていく会計手続である。

減価償却の目的は，適正な費用（原価）配分を行うことにより，毎期の損益計算を正確ならしめることである。このために，減価償却は，所定の減価償却方法に従い，計画的，規則的に実施されなければならないわけで，これを正規の減価償却と呼ぶ。

② 減価償却の財務的効果

減価償却の財務的効果としては，固定資産（固定資本）の流動化と自己金融効果（自己金融機能）を挙げることができる。

固定資産の流動化とは，減価償却を通じて，固定資産に投下された資金が，貨幣性資産により回収されたり，棚卸資産のような流動資産に転化されることをいう。

自己金融効果とは，減価償却は支出を伴わない費用であるので，減価償却費を計上することにより，減価償却費計上額だけ資金が企業に内部留保されるというものである。

③ 減価の種類と発生原因

有形固定資産の減価には，物理的減価と機能的減価の２つがある。

物理的減価とは，時の経過，使用，天災，事故等により物理的に損耗することによるものをいう。

機能的減価とは，陳腐化，不適応化により，機能的にその利用価値が減ずるものをいう。

減価の種類には，通常減価と偶発減価がある。通常減価は，耐用年数や利用可能量の見積もりの際に考慮し，減価償却費として計上されるものである。物理的減価では，時の経過や使用による場合に，機能的減価では，陳腐化や不適応化による場合に，通常減価として扱われる。

偶発減価は，当初は予測できなかったものであり，判明した時点で臨時損失として計上されるものである。物理的減価の天災や事故による場合に，偶発減価として扱われる。

（５）減価償却の計算要素・計算方法

① 減価償却の計算要素

減価償却の計算要素には，償却基礎価額（取得原価），残存価額，償却基準の３つがある。

償却基礎価額は，有形固定資産の取得原価，つまり有形固定資産の取得に要する支出額をいう。

残存価額は，耐用年数到来時，あるいは総利用可能量の利用終了時において予想される売却価額や利用価額等の総収入額をいい，見積もりにより決定される。

償却基準には，耐用年数と利用度がある。

②　計算方法

固定資産は，棚卸資産と違って，その費消部分を物量的に把握することができないので，耐用年数や利用度を償却基準として用いて，減価償却が計算される。

耐用年数とは，固定資産の使用可能期間をいう。耐用年数を償却基準とする計算方法には，定額法，定率法，級数法がある。

利用度を償却基準とする計算方法には生産高比例法等がある。

（1）定　額　法

$$減価償却費 = \frac{取得原価 - 残存価額}{耐用年数}$$

定額法とは，固定資産の耐用年数中，毎期均等額の減価償却費を計算する方法をいう。したがって，定額法では1年当たりの減価償却費は同じになる。

（2）定　率　法

減価償却費＝帳簿価額×年償却率

定率法とは，固定資産の帳簿価額（取得原価 － 減価償却累計額）に毎期一定の償却率を乗じて，減価償却費を計算する方法をいう。したがって，期間が経過するに伴い，毎期の償却額は逓減（ていげん）する逓減法の1つである。

（3）級　数　法

級数法とは，固定資産の耐用期間中，毎期一定の額を算術級数的に逓減した減価償却費を計上する方法をいう。したがって，期間が経過するに伴い，毎期の償却額は逓減する逓減法の1つである。

（4）生産高比例法

$$減価償却費 = (取得原価 - 残存価額) \times \frac{当期実際利用量}{見積総利用可能量}$$

生産高比例法とは，当該資産による生産または用役の提供の度合に比例して減価償却費を計算する方法をいう。なお，生産高比例法は，固定資産の利用に比例して減価が発生し，当該固定資産の総利用可能量が物量的に測定できるときに合理性を持つが，耐用年数に比べて利用度の推定は困難な場合が多くある点に注意が必要である。

(6) 減価償却の単位

減価償却は，減価償却単位の設定にもとづいて，個別償却と総合償却がある。

個別償却とは，個々の有形固定資産ごとに減価償却費を計算，記帳する方法をいう。

総合償却とは，2つ以上の有形固定資産を一括して減価償却費を計算，記帳する方法をいう。さらに，総合償却には，多数の異種資産群（耐用年数を異にする資産群）に適用するいわゆる狭義の総合償却と，性質や用途に共通性を有する資産群や耐用年数の等しい同種資産群に適用するいわゆる組別償却（グループ償却）がある。

2 無形固定資産

(1) 意　義

無形固定資産とは，具体的な物財ではないが，長期にわたり経営活動において利用されるもので，収益を獲得するうえで他企業との競争にあたり有用なものをいう。

無形固定資産には，①法律上の権利，②ソフトウェア，③のれんがある。

① 法律上の権利

各種の法律にもとづく権利としての無形固定資産には，特許権（特許法），商標権（商標法），意匠権（意匠法），著作権（著作権法），借地権（借地法，借地借家法），鉱業権（鉱業法），地上権（民法）等がある。

② ソフトウェア

ソフトウェアとは，コンピュータを機能させるように指令を組み合わせて表現したプログラム等をいう。また，後述するとおり，ソフトウェア制作費は製作目的別に会計処理されるが，無形固定資産に計上されるのは，以下のソフトウェア制作費である。

（1）市場販売目的ソフトウェア制作費のうち，バージョンアップ（製品の改良・強化）に要した金額

（2）自社利用ソフトウェアのうち，その提供により将来の収益獲得または費用削減が確実であると認められる場合の適正な原価

③ の れ ん

のれんとは，ある企業が経営に成功し，その平均収益力が同種他企業のそれよりも大きい場合，その超過収益力をいう。のれんは，企業の物的組織または人的組織に存在する超過収益力の要因である組織価値であるといえる。企業の中には，商製品・サービスの品質の高さ（技術力，ノウハウ），会社・ブランドの知名度の高さ（伝統，ブランド力）等の要因により，同業他社よりも収益性が高い企業が存在する。このような企業を買収・合併する場合には，買収先企業から受け入れる資産・負債の金額を上回る多額の対価（現金や株式）が必要となる。このときの支払対価と受け入れた資産・負債の差額がのれんの取得原価となる。この会計処理をパーチェス法というが，詳しくは第20章，第21章「企業結合会計」で説明する。

ただし，のれんが資産として計上されるのは，買収・合併等の対価の支払を伴う有償取得の場合（買入のれん）に限られる。これは，企業外の第三者に対価を支払うという取引が伴わない場合に，のれんの資産計上を認めることは，未実現利益の計上を意味することになるからである。のれんの計上は，他企業の買収・合併等によって取得する買入のれんに限定され，企業の経営努力によって創出される自己創設のれんについては認められていない。

設例6－2 のれんの計上

以下の取引の仕訳を示しなさい。

1．A事業（A事業資産3,000，A事業負債1,000）を2,500で買収し，対価は現金で支払った。

2．A事業資産および負債について，買収時の時価と帳簿価額の乖離はないものとする。

《解説・解答》

（借）	A事業資産	3,000＊1	（貸）	A事業負債	1,000＊1
	のれん	500＊3		現金及び預金	2,500＊2

＊1　受け入れた資産・負債の時価

＊2　支払対価（買収金額）

＊3　支払対価2,500＊2－受け入れた資産・負債の時価2,000＊4＝500

＊4　資産の時価3,000＊1－負債の時価1,000＊1＝2,000

（2）取得原価の決定

無形固定資産を有償で取得した場合には，その支払対価をもって取得原価とする。なお，のれん以外の無形固定資産を無償で取得した場合には，公正な評価額をもって取得原価とする。

（3）償　　却

①　法律上の権利

法律上の権利については，法定有効年限（あるいは税法上の償却期間）を上限として原則として，残存価額をゼロとした定額法で償却をする。なお，鉱業権については生産高比例法の適用も認められている。また，非償却資産（借地権等）については原価配分されない。

②　の　れ　ん（参考 参照：69頁）

のれんについては，理論的には，償却不要説と償却必要説とがあるが，現行制度上，20年以内のその効果の及ぶ期間にわたって，定額法その他の合理的な方法により規則的に償却する。

③　ソフトウェア

ソフトウェアについては，ソフトウェアの性格に応じて合理的な方法で償却される。具体的な処理は後述する。

参　考

のれんの償却

のれんの会計処理としては，①規則的な償却を行う方法（償却必要説）と，②規則的な償却を行わず，のれんの価値が損なわれた時に減損処理を行う方法（償却不要説）が考えられる。現行制度上，わが国では，①償却必要説の処理によっており，国際的な会計基準では②償却不要説の処理によっている。

②の償却不要説によれば，以下の理由から償却の必要性はないとされる。

（1）のれんは，企業活動の継続によって，その価値が増大することはあっても減退することは考えられない。

（2）意味ある耐用年数を決めることができず，恣(し)意(い)的な基準となる。

一方，①の償却必要説によれば，以下の理由から償却が必要とされる。

（1）企業結合の成果たる収益と，その対価の一部を構成する投資消去差額の償却という費用の対応が可能になる。

（2）のれんは投資原価の一部であることに鑑みれば，のれんを規則的に償却する方法は，投資原価を超えて回収された超過額を企業にとっての利益とみる考え方とも首尾一貫している。

（3）企業結合により生じたのれんは時間の経過とともに自己創設のれんに入れ替わる可能性があるため，企業結合により計上したのれんの非償却による自己創設のれんの実質的な資産計上を防ぐことができる。これは，のれんは，企業活動の継続によってその価値が維持されているようにみえるが，それは有償取得ののれんが減退する一方で，自己創設のれんが発生しているからにほかならないと考えている。したがって，有償取得ののれんを償却しないことは，自己創設のれんを資産化するのと同じ結果となるといえるのである。

わが国では償却必要説に一定の合理性があることおよび子会社化して連結する場合と，資産および負債を直接受け入れ，当該会社を消滅させた場合の経済的な同一性に着目し，正の値であるのれんと投資消去差額の会計処理との整合性を図る等の観点から，規則的な償却を採用した。

（4）ソフトウェアの会計処理

ソフトウェアについては，「研究開発費等に係る会計基準」に従って会計処理する。

①　ソフトウェア制作費に係る会計処理

ソフトウェア制作費については，従来の取得形態別ではなく，制作目的別に会計処理を行う。研究開発目的以外のソフトウェア制作費に係る会計処理は次のようになる。なお，研究開発目的のソフトウェア制作費は研究開発費として当期の費用として処理される。

（1）受注制作のソフトウェアに係る会計処理

受注制作のソフトウェアの制作費は，請負工事の会計処理に準じて処理する。

（2）市場販売目的のソフトウェアに係る会計処理

市場販売目的のソフトウェアである製品マスターの制作費は，研究開発費に該当する部分を除き，資産として計上する。ただし，製品マスターの機能維持に要した費用は，資産として計上してはならない。したがって，製品マスターの制作費のうちバージョンアップ（製品の改良・強化）に要した金額を「ソフトウェア」として無形固定資産に計上する。

（3）自社利用のソフトウェアに係る会計処理

ソフトウェアを用いて外部へ業務処理等のサービスを提供する契約等が締結されている場合のように，その提供により将来の収益獲得が確実であると認められる場合には，適正な原価を集計した上，当該ソフトウェアの制作費を「ソフトウェア」として無形固定資産に計上する。

社内利用のソフトウェアについては，完成品を購入した場合のように，その利用により将来の収益獲得または費用削減が確実であると認められる場合には，当該ソフトウェアの取得に要した費用を「ソフトウェア」として無形固定資産に計上する。

②　無形固定資産に計上された「ソフトウェア」の償却

（1）市場販売目的のソフトウェア

①　見込販売数量（または見込販売収益）にもとづく償却額
②　残存有効期間にもとづく均等配分額
③　減価償却費＝①と②のいずれか大きい金額

ソフトウェアの性格に応じて，見込販売数量にもとづく方法または見込販売収益にもとづく方法により償却すべきである。ただし，毎期の減価償却額は，残存有効期間にもとづく均等配分額を下回ってはならない。

したがって，毎期の減価償却額は，見込販売数量（または見込販売収益）にもとづく償却額と残存有効期間にもとづく均等配分額とを比較し，いずれか大きい額を計上することになる。この場合，当初における販売可能な有効期間の見積もりは，原則として３年以内の年数とし，３年を超える年数とするときには，合理的な根拠にもとづくことが必要である。

設例6－3 市場販売目的ソフトウェアの償却

市場販売目的ソフトウェアについて（1）見込販売数量にもとづく方法により償却をする場合，（2）見込販売収益にもとづく方法により償却する場合において，×1年度および×2年度の減価償却費を算定しなさい。

1．計上されたソフトウェア：30,000

2．当該ソフトウェアの見込有効期間：3年

3．販売開始時における見込販売数量および見込販売収益

	見込販売数量	見込販売単価	見込販売収益
×1年度	1,800個	@100	180,000
×2年度	400個	@85	34,000
×3年度	800個	@45	36,000
合計	3,000個	—	250,000

4．販売開始時の見込みどおりに各年度の販売収益が計上されたものとし，当該ソフトウェアの見込有効期間にも変更はなかったものとする。

《解説・解答》

（1）見込販売数量にもとづく方法により償却する場合

1）×1年度

a）減価償却費の金額

① 見込販売数量にもとづく償却額：18,000＊1

② 残存有効期間にもとづく均等配分額：10,000＊2

③ 減価償却費＝①と②のいずれか大きい金額：18,000（①）

＊1　$30{,}000 \times \dfrac{\text{当年度実績}1{,}800\text{個}}{\text{当年度実績}1{,}800\text{個} + \text{次年度以降見込（}400\text{個} + 800\text{個）}} = 18{,}000$

＊2　30,000÷残存有効期間3年＝10,000

b）×1年度末貸借対照表のソフトウェアの金額

取得原価30,000－当年度償却18,000＊1＝12,000

２）×２年度

ａ）減価償却費の金額

①　見込販売数量にもとづく償却額：4,000＊3
②　残存有効期間にもとづく均等配分額：6,000＊4
③　減価償却費＝①と②のいずれか大きい金額：6,000（②）

＊3　$\times 1年度末B/S12{,}000 \times \frac{当年度実績400個}{当年度実績400個 + 次年度見込800個} = 4{,}000$

＊4　×１年度末B/S12,000÷残存有効期間２年＝６,000

ｂ）×２年度末貸借対照表のソフトウェアの金額

×１年度末B/S12,000－当年度償却6,000＊4＝６,000

（２）見込販売収益にもとづく方法により償却する場合

１）×１年度

ａ）減価償却費の金額

①　見込販売数量にもとづく償却額：21,600＊1
②　残存有効期間にもとづく均等配分額：10,000＊2
③　減価償却費＝①と②のいずれか大きい金額：21,600（①）

＊1　$30{,}000 \times \frac{当年度実績180{,}000}{当年度実績180{,}000 + 次年度以降見込（34{,}000 + 36{,}000）} = 21{,}600$

＊2　30,000÷残存有効期間３年＝10,000

ｂ）×１年度末貸借対照表のソフトウェアの金額

取得原価30,000－当年度償却21,600＊1＝8,400

２）×２年度

ａ）減価償却費の金額

①　見込販売数量にもとづく償却額：4,080＊3
②　残存有効期間にもとづく均等配分額：4,200＊4
③　減価償却費＝①と②のいずれか大きい金額：4,200（②）

$$*3\quad \times 1\text{年度末B/S}\,8{,}400 \times \frac{\text{当年度実績}34{,}000}{\text{当年度実績}34{,}000 + \text{次年度見込}36{,}000} = 4{,}080$$

＊4　×１年度末B/S 8,400÷残存有効期間２年＝4,200

b）×２年度末貸借対照表のソフトウェアの金額

×１年度末B/S 8,400－当年度償却4,200＊4＝4,200

（2）自社利用のソフトウェア

利用の実態に応じて最も合理的と考えられる減価償却方法を採用すべきであるが，一般的には定額法による償却が合理的である。

償却の基礎となる耐用年数としては，当該ソフトウェアの利用可能期間によるべきであるが，原則として５年以内の年数とし，５年を超える年数とするときには，合理的な根拠にもとづくことが必要である。

利用可能期間については，適宜見直しを行うこととし，各事業年度における減価償却額の計算にあたっては，以下の方法による。

$$\text{減価償却費} = \text{前年度末未償却残高} \times \frac{\text{当年度の期間}}{\text{見直し後の残存利用可能期間}}$$

設例6－4 自社利用ソフトウェアの償却

自社利用ソフトウェアについて当年度の減価償却費を算定しなさい。

1．×１年度期首に計上されたソフトウェア：300,000
2．取得時における当該ソフトウェアの見込利用可能期間：５年
3．償却方法：定額法
4．×２年度末において利用可能期間の見直しを行ったところ，×２年度を含めた残存利用可能期間が３年であることが明らかになった（結果として当初からの利用可能期間は４年となった)。

《解説・解答》

1）×2年度減価償却費の金額

$$240{,}000^{*1}\times\frac{\text{当年度の期間1年（×2年度）}}{\text{見直し後の残存利用可能期間3年（×2〜×4年度）}}=80{,}000$$

＊1　300,000－前年度償却額（300,000÷5年）＝前年度末未償却残高240,000

2）×2年度末貸借対照表のソフトウェアの金額

前年度末未償却残高240,000＊1－当年度償却額80,000＝160,000

3　投資その他の資産

投資その他の資産とは，営業目的以外で長期間にわたって保有する固定資産をいう。具体的には，関係会社株式，その他流動資産に属しない有価証券，出資金，長期貸付金のほか，流動資産，有形固定資産，無形固定資産または繰延資産に属するもの以外の長期資産がある。

2　繰延資産

1　意　義

繰延資産とは，企業会計原則ではB／S原則一Dにて「将来の期間に影響する特定の費用」とされ，さらに注解【注15】でその内容について「既に対価の支払が完了し又は支払義務が確定し，これに対応する役務の提供を受けたにもかかわらず，その効果が将来にわたつて発現するものと期待される費用をいう」とある。そしてこの特定の費用は，「その効果が及ぶ数期間に合理的に配分するため，経過的に貸借対照表上繰延資産として計上することができる」と規定している。

このように繰延資産とは，役務の提供を受け，これに対する支出を行った（もしくは支払義務が確定した）が，それを全額その支出された会計期間の費用とせず，支出以降の数期間にわたる費用とするために設けられる貸借対照表の借方項目である。これは，損益計算において，支出された期に全額が費用とされなかったということにもとづくもので，繰延資産の経済的価値を評価して資産計上されているというわけではない。

2　繰延べの根拠

すでに財貨，用役を消費しているのに，消費した期の費用とはせずに次期以降に繰り延べる根拠について，次の２つの考え方がある。

１つ目は，効果の発現に着目し，これを費用収益対応の原則と関係させる考え方である。企業が財貨，用役を消費するのは，そのことにより収益獲得や費用節減という効果を得ようとするからである。この効果は，直接的なものもあれば間接的なものもあり，また，消費と同時に効果が得られるものもあれば，消費してから効果が発現するまで時間を要したり，効果が長期間に及ぶものもある。よって，繰延資産とは，効果が発現した期の収益に対応させて費用に計上するために繰り延べられたものであるとする考え方である。

２つ目は，財貨，用役を消費した期に，それに要した支出額を全額費用として計上すると，収益が小さい場合にはこれを負担することはできず会計政策上好ましくなく，１会計期間の費用とはせず，複数の会計期間に負担させるために繰延処理を行うという考え方である。

3　制度上の取扱い

会計理論においては，上記の理由から，効果の発現が将来において期待される限り，すべての発生費用を繰り延べるべきである。

しかし，債権者保護を重視する商法（会社法の前身である）においては，効果の発現の予想には多大な不確実性が伴うことや換金価値を有しない資産の計上は，資本の空洞化を招くおそれがあり，会社債権者の利益を害することから繰延資産の計上を制限すべきであると考えていた。

会社法の施行後は，会社計算規則73条３項５号において，「繰延資産として計上することが適当であると認められるもの」として繰延資産の規定があるものの，制度上は，同規則３条の「一般に公正妥当と認められる企業会計の基準その他の企業会計の慣行をしん酌しなければならない」により，「繰延資産の会計処理に関する当面の取扱い」に従って会計処理が行われる。なお，同５条２項において相当の償却を行う旨の規定がある。商法による繰延資産計上の制限は，「繰延資産の会計処理に関する当面の取扱い」においても，以下のように継承されている。

①　繰延資産として資産計上できる項目を，下記５項目に限定している。
　　株式交付費，社債発行費等，創立費，開業費，開発費
②　繰延資産の計上は容認処理とし，原則は費用計上とする。
③　繰延資産に計上した項目については，最長償却期間が定められている。
④　一定の場合に繰延資産の計上額が，分配可能額から控除される。

4　繰延資産の会計処理

（1）株式交付費

①　意　　義

株式交付費とは，株式募集のための広告費，金融機関の取扱手数料，証券会社の取扱手数料，目論見書・株券等の印刷費，変更登記の登録免許税，その他株式の交付等のために直接支出した費用をいう。

なお，繰延資産に該当する株式交付費は，繰延資産の性格から，企業規模の拡大のためにする資金調達などの財務活動に係る費用を前提としているため，株式の分割や株式無償割当てなどに係る費用は，繰延資産には該当しない。

②　会計処理

原則：支出時の費用（営業外費用）
容認：繰延資産計上（３年以内で定額法により償却）

原則として，支出時に費用（営業外費用）として処理する。ただし，企業規模の拡大のためにする資金調達などの財務活動に係る株式交付費については，繰延資産に計上することができる。この場合には，株式交付のときから３年以内のその効果の及ぶ期間にわたって，定額法により償却をしなければならない。

（2）社債発行費等

①　意　　義

社債発行費とは，社債募集のための広告費，金融機関の取扱手数料，証券会社の取扱手数料，目論見書・社債券等の印刷費，社債の登記の登録免許税その

他社債発行のため直接支出した費用をいう。また，新株予約権の発行に係る費用についても，資金調達などの財務活動に係るものについては，社債発行費と同様に扱うことができる。

② 会計処理

原則：支出時の費用（営業外費用）
容認：繰延資産計上（社債償還までの期間にわたり利息法により償却）

原則として，支出時に費用（営業外費用）として処理する。ただし，社債発行費を繰延資産に計上することができる。この場合には，社債の償還までの期間にわたり利息法により償却をしなければならない。なお，償却方法については，継続適用を条件として，定額法を採用することができる。また，新株予約権の発行に係る費用については，新株予約権の発行のときから，３年以内のその効果の及ぶ期間にわたって，定額法により償却をしなければならない。

(3) 創 立 費

① 意 義

創立費とは，会社の負担に帰すべき設立費用，たとえば，定款および諸規則作成のための費用，株式募集その他のための広告費，目論見書・株券等の印刷費，創立事務所の賃借料，設立事務に使用する使用人の給料，金融機関の取扱手数料，証券会社の取扱手数料，創立総会に関する費用その他会社設立事務に関する必要な費用，発起人が受ける報酬で定款に記載して創立総会の承認を受けた金額ならびに設立登記の登録免許税等をいう。

② 会計処理

原則：支出時の費用（営業外費用）
容認：繰延資産計上（５年以内で定額法により償却）

原則として，支出時に費用（営業外費用）として処理する。ただし，創立費を繰延資産に計上することができる。この場合には，会社の成立のときから５年以内のその効果の及ぶ期間にわたって，定額法により償却をしなければならない。

(4) 開　業　費

①　意　　義

開業費とは，土地，建物等の賃借料，広告宣伝費，通信交通費，事務用消耗品費，支払利子，使用人の給料，保険料，電気・ガス・水道料等で，会社成立後営業開始時までに支出した開業準備のための費用をいう。

②　会計処理

原則：支出時の費用（原則：営業外費用　容認：販売費及び一般管理費）
容認：繰延資産計上（5年以内で定額法により償却）

原則として，支出時に費用（営業外費用）として処理する。ただし，開業費を繰延資産に計上することができる。この場合には，開業のときから5年以内のその効果の及ぶ期間にわたって，定額法により償却をしなければならない。なお，「開業のとき」には，その営業の一部を開業したときも含むものとする。また，開業費を販売費及び一般管理費として処理することができる。

(5) 開　発　費

①　意　　義

開発費とは，新技術または新経営組織の採用，資源の開発，市場の開拓等のために支出した費用，生産能率の向上または生産計画の変更等により，設備の大規模な配置替えを行った場合等の費用をいう。ただし，経常費の性格をもつものは開発費には含まれない。

②　会計処理

原則：支出時の費用（売上原価または販売費及び一般管理費）
容認：繰延資産計上（5年以内で定額法により償却）

原則として，支出時に費用（売上原価または販売費及び一般管理費）として処理する。ただし，開発費を繰延資産に計上することができる。この場合には，支出のときから5年以内のその効果の及ぶ期間にわたって，定額法その他の合理的な方法により規則的に償却しなければならない。

なお，「研究開発費等に係る会計基準」の対象となる研究開発費については，発生時に費用として処理しなければならないことに留意する必要がある。

第7章
負債会計

1 総　論

1 負債の概念

負債とは，当該企業が負うべき経済的負担であって，かつ，貨幣額によって合理的に測定できるものをいう[1]。

負債に共通している特徴は，他の企業（個人を含む）に対する現在の支払義務を具体化したものであり，それは将来の一定の時点に資産の譲渡によって決済され，資産の定義とは逆に，資産を減少させる性質をもっているもの（経済的便益の犠牲分）であるという点にある[2]。

わが国の討議資料『財務会計の概念フレームワーク』および「貸借対照表の純資産の部の表示に関する会計基準」によれば，負債とは，過去の取引または事象の結果として，報告主体が支配している経済的資源を放棄もしくは引き渡す義務，またはその同等物をいうとしている。ここでいう義務の同等物には，法律上の義務に準ずるものが含まれる。

IASBにおける負債の定義は，「過去の事象から発生した当該企業の現在の債務であり，これを決済することにより経済的便益を包含する資源が当該企業から流出する結果になると予想されるもの」となっている。IASBによれば，負債の基本的特徴は，企業が現在の債務を負っていることであるとし，現在の債

1）新井清光・川村義則『新版現代会計学〈第３版〉』中央経済社，2020年，119頁。
2）広瀬義州『財務会計（第13版）』中央経済社，2015年，304頁。

務を履行するために企業は，通常，相手方の請求権を満足させるために，経済的便益を引き渡すことになるとしている。また，負債の中には，かなりの程度の見積もりを用いることによってのみ測定できるものがあるとし，引当金も負債に含まれる旨を述べている[3)]。

FASBによる負債は，「経済的便益の将来での発生の可能性の高い犠牲である。そして，その経済的便益の犠牲は，過去の取引あるいは事象の結果として，将来において特定の経営体が他の経営体に対して，将来，資産を引き渡しあるいは用役を提供するという現時点での犠牲から生ずる」という表現にみることができる。ここに経済的便益とは資産である。つまり，この考え方は，資産のマイナスを負債とし，負債は資産の払出（支出）と結びついているといえる[4)]。

わが国の会計基準，IASB，およびFASBの負債に対する考え方は同様の立場であり，将来における資産の引渡しの要素を重視しているものといえる。

さて，企業会計の負債には，法律上の債務と法律上の債務ではない会計的な負債に分かれる。法律上の債務は，さらに，確定債務と条件付債務に分かれる。

確定債務とは，法律や契約により相手方である債権者，債務の履行期日およびその金額が確定しているものを指す。たとえば，支払手形，買掛金，借入金，社債等である。

条件付債務とは，一定の契約条件が発生した際に，履行義務が確定する債務を指す。たとえば，退職給付引当金や製品保証引当金等である。

一方，会計的な負債とは，期間損益計算または実質優先主義の観点から計上される経済的負担を指す。たとえば，修繕引当金，未払費用，リース負債等である。

実質優先主義とは，取引または事象の経済的実質が法的形式と異なっている場合には，経済的実質を重視する立場をいう。リース負債の計上は，実質優先主義の観点からの計上である。

なお，今まで見てきた負債を狭義の負債とすると，広義の負債といった場合には，保証債務等の偶発債務も含まれる。

3）日本公認会計士協会訳『国際会計基準書2001』同文舘出版，2001年，32－43頁参照。
4）中村忠編著『財務会計の基礎知識（第２版）』中央経済社，1998年，71－72頁。

2　負債の分類

B／S原則四（二）では，負債を流動負債と固定負債の2つに区分することが規定されている。流動・固定の分類は，当該企業の流動性（支払能力）を明示するためのものである。

流動負債には，正常営業循環基準により，企業の主目的たる営業取引によって生じた債務と，1年基準により，企業の主目的たる営業取引以外の原因から生じた債務で，貸借対照表日の翌日から起算して1年以内に支払期限が到来するもの，通常1年以内に使用される見込みの引当金，経過勘定項目（未払費用，前受収益）が含まれる。

企業の主目的たる営業取引によって生じた債務には，支払手形，買掛金（通常の営業取引により生じた未払金等も含む），前受金等が含まれる。通常の取引以外の取引にもとづいて発生した支払手形については1年基準を適用する。

企業の主目的たる営業取引以外の原因から生じた債務には，預り金，短期借入金，未払金（通常の営業取引以外の取引により生じたもの）等が含まれる。

通常1年以内に使用される見込みの引当金は，製品保証引当金，売上割戻引当金，返品調整引当金，工事補償引当金，賞与引当金，修繕引当金等である。

固定負債には，社債や長期借入金等の長期債務，通常1年を超えて使用される見込みの引当金が含まれる。

社債とは，企業が社債券を発行して資金調達を行ったことから生じる債務である。社債の発行形態には，平価発行，割引発行，打歩（うちぶ）発行がある。また社債の償還形態には，その償還の時点から定時償還と随時償還があり，また償還の金額により一括償還と分割償還がある。

通常1年を超えて使用される見込みの引当金には，退職給付引当金，特別修繕引当金等が挙げられる。

2 引　当　金

1 意　　義

企業の活動業績を反映した適切な期間損益計算を行うためには，いまだ財貨または用役の消費が確定しておらず，支出または支払義務の確定がなされていない場合であっても，費用もしくは損失を見越計上する必要がある。

引当金について企業会計原則の注解【注18】では，「将来の特定の費用又は損失であつて，その発生が当期以前の事象に起因し，発生の可能性が高く，かつ，その金額を合理的に見積ることができる場合には，当期の負担に属する金額を当期の費用又は損失として引当金に繰入れ，当該引当金の残高を貸借対照表の負債の部または資産の部に記載するものとする」と規定している。

この規定は，引当金の設定要件を示しており，一般には次の４つに分解できる。第１に将来の特定の費用または損失であること，第２にその発生が当期以前の事象に起因していること，第３に発生の可能性が高いこと，第４にその金額を合理的に見積ることができることである。

引当金の設定根拠について検討してみる。

まず，引当金の設定根拠を，原因発生主義という発生主義の拡張に求めるものである。一般に費用の発生とは，財貨・用役の消費とそれと同時に生じていると推定されている経済価値の減少を意味する。しかし，いまだ財貨・用役が消費されていなくても，その原因事実の発生をもって経済価値の減少を把握する考え方があり，これを原因発生主義と呼ぶ。

また，費用収益対応の原則に求める考え方がある。通常は費用の発生が収益の発生よりも時間的に先行するものと考えられるが，収益の発生が費用の発生よりも先行する場合には，費用と収益を対応させるために，収益を認識した期に費用を見越し計上するというものである。

このように引当金が，当期の費用に見越計上を前提として設定されるのは，この費用収益対応の原則に従って，当期に帰属する収益に対して，当期の帰属する費用を正しく負担させ，もって毎期の損益計算を正確ならしめることを目的としているからである。言い換えれば，引当金の設定は，当期の収益に対応する費用を，発生主義の原則に従って正しく割り当てるために行われるものであるといえる[5]。

2　分　類

引当金は，評価性引当金と負債性引当金に分類される。さらに，負債性引当金は，債務性引当金と，非債務性引当金に分類できる。

評価性引当金は貸倒引当金のみで，特定の資産に対する評価勘定として機能する引当金であり，資産の部に記載される。

負債性引当金とは，独立的負債項目として設定された引当金で，負債の部に記載される。

債務性引当金には，製品保証引当金，売上割戻引当金，賞与引当金，工事補償引当金，退職給付引当金が含まれ，法的な性質から，ある特定の事象が生じた場合に確定債務に転化する性質の条件付債務である引当金をいう。なお，退職給付引当金については，第15章で説明する。

非債務性引当金には，修繕引当金，特別修繕引当金，債務保証損失引当金，損害補償損失引当金が含まれる。これらの引当金は，負債ではあるが債務ではないもので，いわば純会計的負債というべきものであって，もっぱら期間損益計算を合理的に行うために設定される引当金であるといえる[6]。

また，これらの引当金とは別に，租税特別措置法や特別法による準備金というものがある。

租税特別措置法上の準備金は，引当金の計上要件を満たすものについては，引当金として処理し負債の部に記載する。引当金の計上要件を満たさないものについては，利益留保の性格を有しているので，利益処分により任意積立金として処理し純資産の部に記載する。

特別法上の準備金は，引当金の計上要件を満たすものについては，引当金として処理し負債の部に記載する。引当金の計上要件を満たさないものについて

5）加古宜士『財務会計概論（第９版）』中央経済社，2010年，96－97頁。

6）新井・川村，前掲書，123頁。

は，利益留保の性格を有してはいるが，特定業種の公益性の観点から，その計上が特別の法令で強制されており，またその繰入れおよび取崩しの条件が定められていること等から，引当金として処理し負債の部に記載する。

第8章 純資産会計

1 総　論

わが国の概念フレームワークにおいて，資産，負債，株主資本の定義がなされ，「貸借対照表の純資産の部の表示に関する会計基準」では，資産や負債に該当しないものは，純資産の部に表示されることとされた。純資産とは資産と負債の差額概念と捉えることができる。概念フレームワークによれば，株主資本とは，純資産のうち報告主体の所有者である株主（連結財務諸表の場合には親会社株主）に帰属する部分をいう。よって，伝統的には，純資産・資本は，株主資本に等しくなると理解されてきたが，現行基準では，純資産の部には，株主資本と，これに該当しない株主資本以外の各項目が記載されることになっている。これは，金融商品会計により，その他有価証券評価差額金の純資産への直接注入が認められるなど，従来の資本の部に，株主資本とは異質なものが含まれることになったことによる。

1　株主資本

株主資本は，資本金，資本剰余金，利益剰余金，そして自己株式からなる。資本金および資本剰余金は，企業の元本たる払込資本である。資本剰余金は，会社法にもとづき資本金としなかった部分の資本準備金と，資本準備金には含められない「その他資本剰余金」に分類される。

株式の払込金額は，その全額を資本金に組み入れるのが原則である。しかし，その２分の１までは資本金としないことができ，資本金に組み入れなかった部分は株式払込剰余金と呼ばれ，資本準備金の１項目である。会社法は，現金等の社外流出を伴う利益の分配を行うたびに，利益の一部を利益準備金として積み立てることを要求しているが，この積立は，資本準備金と利益準備金の合計額が資本金の４分の１に達するまで行わなければならない。

現在，株式の額面制度および最低払込金額を５万円とする制度は廃止され，また，株式会社は1,000万円以上の資本金を有しなければならないという最低資本金制度も廃止されている。

次に，増資および減資について説明する。

増資には，会計上，純資産の増加の有無により，形式的増資と実質的増資がある。形式的増資とは純資産が増加しない増資をいい，たとえば，株主資本内部での振替による増資などがある。実質的増資とは純資産が増加する増資をいい，たとえば，金銭等の出資を受ける増資などがある。

減資にも，純資産の減少の有無により，形式的減資と実質的減資がある。形式的減資は無償減資で，純資産が減少しない減資をいい，たとえば，資本金の資本準備金への振替などがある。実質的減資は有償減資で，純資産が減少する減資をいい，たとえば，剰余金の分配を伴う資本金の取り崩しなどがある。

減資差益について説明する。減資差益（資本金減少差益）とは，減資により減少する資本金の額が，株式消却または払戻しのために要した金額および欠損の塡補に充てた金額を超える場合の，その超過額をいう。この金額は，過去に株主が振り込んだ資本を源泉とすることから，株主総会の決議を経て資本準備金とするのが適切であるといえるが，会社法では，「その他資本剰余金」とすることも許されており，分配可能額に含められる。

次に，自己株式について説明する。

自己株式は，資本の払戻しという考え方（資本控除説）にたち，株主資本の末尾において控除形式で表示される。以前は，いわゆる資産説の立場にたち，流動資産の部に他の株式と区別して記載する等，資産計上が認められていた。

自己株式の処分差額の会計処理は次のようである。

自己株式処分差益については，自己株式の処分が新株の発行と同様の経済的実態を有する点を考慮して，その処分差額も株主からの払込資本と同様の経済的実態を有すると考え，資本剰余金の「その他資本剰余金」として処理する。自己株式処分差損についても同様に考え，資本剰余金の額の減少とし，「その他資本剰余金」から減額する。

組織再編に関する内容は，第20章，第21章「企業結合会計（１），（２）」で説明する。

利益剰余金は，企業がその活動により獲得した果実たる利益で，配当として株主に分配される残額である留保利益（稼得資本）である。利益剰余金は，会社法において規定されている配当不能の部分である利益準備金と，利益準備金以外の「その他利益剰余金」に分類される。その他利益剰余金の内容は，任意積立金と繰越利益剰余金である。任意積立金には，配当平均積立金，減債積立金といった目的積立金と，別途積立金などの無目的積立金がある。繰越利益剰余金は，期末において，積み立てられても配当されてもいない利益剰余金である。

会社法では，資本準備金と利益準備金は一本化され「準備金」として整理されている。また，「その他資本剰余金」と「その他利益剰余金」も「剰余金」として一本化されている。資本準備金と利益準備金は配当不能部分，その他資本剰余金とその他利益剰余金は配当可能部分となる。

なお，会社法による配当制限（分配可能額の規定）に関する内容は②節で説明する。

2　株主資本以外

株主資本以外の各項目は次のようである。

それは，①評価・換算差額等，②株式引受権，③新株予約権であり，そして連結貸借対照表では，④非支配株主持分が加わる。

（１）評価・換算差額等

評価・換算差額等には，その他有価証券評価差額金，繰延ヘッジ損益，為替換算調整勘定等がある。

（２）株式引受権

株式引受権とは，取締役の報酬等として株式を無償交付する取引のうち，事後交付型に該当する場合の報酬費用の相手勘定として計上されるものをいう。

（３）新株予約権

新株予約権とは，株式会社に対して行使することにより，その会社の株式の交付を受けることができる権利をいう。

新株予約権は従来負債の部に計上されることになっていた。それは，権利行使の有無が確定されるまでの間は，その性格が確定しないため，仮勘定として負債に計上されていた。しかし，新株予約権は，返済義務のある負債ではなく，負債の部に計上することは適当ではないことから，純資産の部に記載されることになった。新株予約権は，株主とは異なる新株予約権者との取引によるものであり，株主に帰属するものではないことから，株主資本とは区別して，表示されることになった。

（4）非支配株主持分

非支配株主持分については，第16章～第18章「連結会計（1）～（3）」で説明する。

2 分配可能額

1 意　義

株主に対して交付する金銭等の帳簿価額の総額は，その効力発生日における分配可能額を超えてはならない[1)]。

株式会社では株主は有限責任であるため，株主に対して無制限な配当を行うと債権者の担保となる企業の財産的基礎を弱めることになる。そのため，会社法では債権者保護の観点から，分配可能額を定めている。

2 分　配（財産規制の対象となる行為）

分配（財源規制の対象となる行為）は，①自己株式の取得と②剰余金の配当である。ただし，合併，分割および事業の譲受等により会社が自己株式を不可避的に取得する場合や，法律の規定にもとづいて義務として取得する場合については財産規制は課されない。

1）効力発生日とは，剰余金の配当の会計処理を行う日であり，株主総会決議によって行う場合には，株主総会決議日である。

3　分配可能額の算定式

分配可能額＝(分配時の) 剰余金－(分配時の) 自己株式
－(期中の)自己株式の処分の対価

分配可能額は，剰余金の額から分配時における自己株式の帳簿価額および期中に自己株式を処分した場合における当該自己株式の対価の額を控除した額により算定される。なお，臨時計算書類を作成し，株主総会の承認等を受けた場合，その臨時決算日までの期間利益（または損失）および自己株式の処分の対価を分配可能額の算定に反映することができる。

(1) 剰余金の額

分配の基準となる剰余金の額は，最終事業年度の末日における剰余金の額から期中の変動を反映させた「分配時の剰余金」である。

なお，剰余金は「株主資本＋自己株式－資本金－準備金」とされ，違う形で表現すれば「その他資本剰余金＋その他利益剰余金」となる。

(2) 自己株式

自己株式の処分があった場合，剰余金の額は変動するが，当該自己株式処分差額を分配可能額に反映させるのは，あくまで，決算（臨時決算を含む）を経てからとするため，自己株式の処分の対価を剰余金の額から控除することとしている。

ここで**図表８－１**にて，分配可能額算定における剰余金の額および自己株式について図解するので参照されたい。

図表8－1 分配可能額算定における「剰余金の額」,「自己株式」

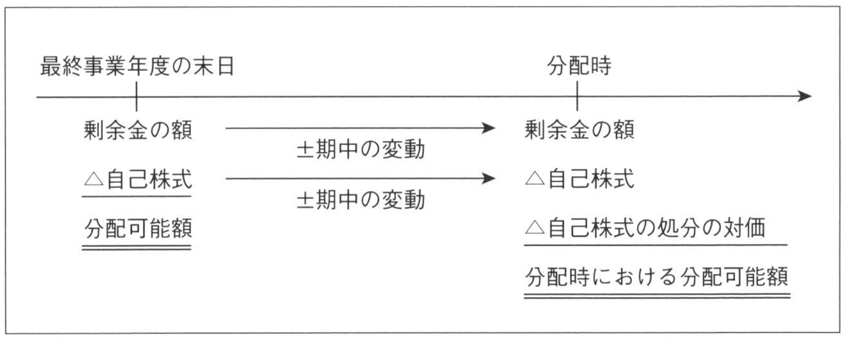

設例8－1 分配可能額

資料を参照して，分配可能額を算定しなさい。

1．前期貸借対照表における純資産の部の金額は以下のとおりである。

資本金：100,000　資本準備金：20,000　その他資本剰余金：3,000

利益準備金：2,000　その他利益剰余金：47,000　自己株式：10,000

2．期首から分配時までに以下の取引が行われている。

・　利益剰余金の配当5,000を行ったため，利益準備金が500増加し，その他利益剰余金が5,500減少している。

・　自己株式7,000を取得している。

・　期中に自己株式1,000（帳簿価額）を1,200で処分したため，その他資本剰余金が200増加し，自己株式が1,000減少している。

《解説・解答》

①　分配時の剰余金の額

前期末50,000＊1－剰余金の配当5,500＋自己株式処分200＝44,700

＊1　その他資本剰余金3,000＋その他利益剰余金47,000＝50,000

②　分配時の自己株式の額

前期末10,000＋自己株式取得7,000－自己株式処分1,000＝16,000

③　期中の自己株式の処分の対価：1,200

④　分配可能額の算定

剰余金44,700－自己株式16,000－自己株式の処分の対価1,200＝27,500

分配可能額＝（分配時の）剰余金－（分配時の）自己株式
－（期中の）自己株式の処分の対価

ここで**図表８－２**にて**設例８－１**における分配可能額の算定過程を図解するので参照されたい。

自己株式の処分により，剰余金の額が200増加するが，当該自己株式処分差額を分配可能額に反映させるのは，あくまで決算を経てからである。また，自己株式の処分により，自己株式の額が1,000減少するが，当該自己株式の帳簿価額は取得時に分配にあたるものとして剰余金から控除されたものであり，分配可能額に反映させるのは，あくまで決算を経てからである。したがって，自己株式の処分の対価1,200（＝自己株式処分差額200＋自己株式の帳簿価額1,000）を分配時の剰余金の額から控除する。

図表８－２　設例８－１における分配可能額の算定

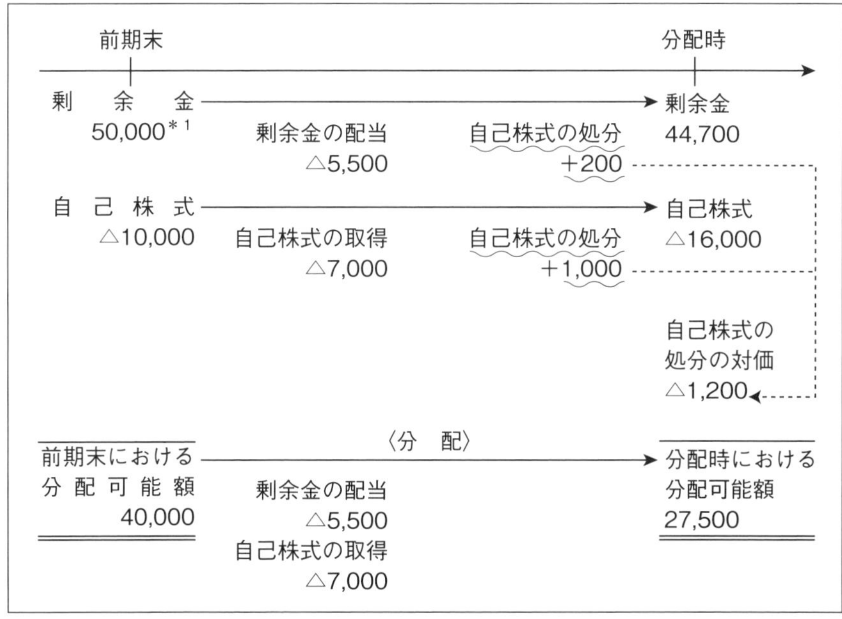

4　その他有価証券評価差額金

①その他有価証券評価差額金 ≧ 0の場合 → 分配規制なし
②その他有価証券評価差額金 ＜ 0の場合 → マイナス残高を減額

前期貸借対照表におけるその他有価証券評価差額金は剰余金の金額には含まれないが，分配可能額算定上，その他有価証券評価差額金のマイナス残高は減額項目となる。なお，繰延ヘッジ損益は対象外となる点に留意する。これは，ヘッジの有効性を考慮する限り，見合いのヘッジ対象に係る利益が存在するからである。

5　のれん等調整額

(1) 意　義

・のれん等調整額＝資産計上したのれんの額÷２＋繰延資産
・資 本 等 金 額＝資本金の額＋準備金の額

のれん等調整額とは，資産の部に計上したのれんの額を２で除した金額と繰延資産の部に計上した額の合計をいう。また，資本等金額とは前期末貸借対照表における資本金の額と準備金（資本準備金および利益準備金）の額の合計をいう。

(2) 分配規制

前期貸借対照表にのれん等調整額が生じている場合，分配可能額の算定上，剰余金の金額から減額される。減額される金額は以下の手順で算定する。

１．のれん等調整額 ≦ 資本等金額の場合
→ 分配規制「ゼロ」
２．のれん等調整額 ≦ 資本等金額＋その他資本剰余金の場合
→ 分配規制「のれん等調整額－資本等金額」
３．のれん等調整額 ＞ 資本等金額＋その他資本剰余金の場合
a　のれん÷２ ≦ 資本等金額＋その他資本剰余金
→ 分配規制「のれん等調整額－資本等金額」
b　のれん÷２ ＞ 資本等金額＋その他資本剰余金
→ 分配規制「その他資本剰余金＋繰延資産」

上記の分配規制をまとめると，以下のとおりとなる。

①「のれん等調整額＞資本等金額」の場合，「のれん等調整額－資本等金額」を分配可能額から控除する（債権者を保護する）。

②　ただし，①に該当する場合であっても「のれん÷２＞資本等金額＋その他資本剰余金」であるならば，のれんに関して控除する金額はその他資本剰余金を限度額とする（のれんに関する控除に限度額を設定する。繰延資産は全額控除する）。

第9章 損益会計

1 総　　論

P／L原則一Aにて,「すべての費用及び収益は，その支出及び収入に基づいて計上し，その発生した期間に正しく割当てられるように処理しなければならない。ただし，未実現収益は，原則として，当期の損益計算に計上してはならない。前払費用及び前受収益は，これを当期の損益計算から除去し，未払費用及び未収収益は当期の損益計算に計上しなければならない」とある。

この原則には次の内容が含まれている。まず，前段の部分では，費用および収益の認識基準であるいわゆる発生主義を謳って(うた)おり，現金および現金等価物の支出・収入にもとづいて，期間的費用および収益を計上すべきであることを要請している。費用および収益の測定の原則としては，収支額基準（収支主義，取引価額の原則）を採用している。この場合の支出額および収入額は，当期のもののみならず，過去および将来のものをも含んでいる。

さらに但し書きにおいて，収益の認識基準としてのいわゆる実現主義を謳っており，収益の認識は一般的には発生主義ではなく，実現主義によるものとしている。

以下では，損益計算を支える重要な原則である，発生主義，実現主義，費用収益対応の原則について説明していく。

2 発生主義

費用は，発生主義によって認識する。発生主義とは，費用を発生の事実にもとづき認識することをいう。発生の事実とは，企業に投下された財貨または用役が，収益を生み出すために費消され，またはその価値を減少させていく過程をいう。このように，発生主義の発生の範囲には，財貨または用役の価値減少事実の発生のみと見る狭義のものと，価値減少事実の発生のみならず，価値減少原因事実の発生をも含むとする広義のものがある。

たとえば，製品保証引当金等の繰入は，財貨または用役の価値減少事実が発生していないにもかかわらず費用として認識するが，狭義の発生の立場にたつと，これは発生主義ではなく，後述する費用収益対応の原則によるものと考えられる。

制度会計上，できるだけ期間的な経営成績を反映させるため，費用の認識には発生主義が採用されている。

一方，収益の認識には一般にはこの発生主義は採用されていない。収益の発生事実を考えてみると，それは企業に投下された財貨または用役が，企業活動の進行につれて，その価値を増加させていく過程をいうが，この場合，収益はかなり恣意的にまたは主観的な見積りにもとづいて計上され，一般原則にある保守主義の原則にも反するものであるといえる[1)]。よって，収益の認識にはより厳格な基準が必要となり，次に説明する実現主義が採用される。

3 実現主義

収益の認識には，これまでは実現主義が採用されてきた。実現主義とは，収益を実現の時点で認識することをいう。実現とは，企業外部の第三者に対する財貨または用役の提供と，その対価として現金または売上債権等の貨幣性資産の取得という２つの要件が成立することをいう。一般的に実現の時点は，商品

1）加古宜士『財務会計概論（第９版）』中央経済社，2010年，145頁。

または製品の販売時点ということになり，具体的には，実現主義は販売基準として適用されることになる。

実現主義には，その内容および適用範囲の観点から，販売基準のように今見た2つの要件を満たしたもののみを収益計上するという狭義の実現主義と，工事進行基準や生産基準等のように，実現が保証されているものまでを含み，制度上認められている収益認識のすべてとする広義の実現主義がある。

このように実現主義を損益計算に導入するのは，とりわけ収益計上に対して，客観性と確実性を付与しようという考え方が根底にあると考えられる。この客観性と確実性は，発生主義による収益計上に制限を課すものである。

発生主義により収益を認識した場合，価値増加の事実をもって収益を認識することとなるが，多数の利害関係者が存在する企業会計においては，収益額にはより高度な客観性が要求され，金額の測定に恣意(しい)性が入る余地がある発生主義は，制約を受けなければならないといえる。また，発生主義により収益を認識しても，将来その収益がその企業の成果として獲得されるか否かは不確実であり，翌期以降になり収益が消滅する危険性も大いにある。よって，損益計算に確実性をもたせる意味からも，発生主義による収益の認識は制限されるのである。

なお，現行制度上は，原則として「収益認識基準」等の定めに従うこととされている。

4　費用収益対応の原則

次に，実現主義（現行制度上は，「収益認識基準」等の定めに従って）で認識する収益と発生主義で認識する費用の関係について見ていく。収益とは企業活動により生み出される成果であり，費用とはその成果獲得のために犠牲となった努力であるといえる。この両者を対応させようとする概念が費用収益対応の原則であるが，収益と費用との間に因果関係を見出し，成果と努力を対比して，正味成果を把握するために期間損益計算を行っていこうという思考を有しているといえる。

この考え方は，企業会計原則においても，P／L原則一Cに「費用及び収益は，その発生源泉に従つて明瞭に分類し，各収益項目とそれに関連する費用項目とを損益計算書に対応表示しなければならない」として示されている。

費用収益対応の原則とは，当期の実現収益に対応するものとして期間費用を捉え，両者の差額である期間利益が正味成果としての性格を持つことを規定する原則である。この原則の役割は，実現主義により期間収益を決定し，発生主義により認識された費用の中から当期の費用とすべき期間費用となるものを決定することである。よって，実現収益に対応しない発生費用は当期の期間費用とはならずに，次期以降の実現収益に対応するものとされる。

ここで，収益と費用との対応関係を認識するための方法について考える。この対応は，商品・製品等の売上収益を基本として行われるが，この場合の対応には2つあり，（1）個別的対応（直接的対応ともいう）と（2）期間的対応（間接的対応ともいう）がある。

（1）個別的対応

個別的対応とは，売上高と売上原価のように，その収益と費用が商品または製品を媒介とする直接的・個別的な対応をいう。

（2）期間的対応

期間的対応とは，売上高と販売費及び一般管理費のように，会計期間それ自体を唯一の媒介として行われる間接的な対応をいう。本来であれば理論的には，すべての収益および費用は，商品または製品といった特定の生産物を媒介として個別的対応にもとづいて把握すべきであるが，販売費及び一般管理費のような項目は，特定の生産物に直接的に結びつけることは困難であり，この期間的対応の概念は実務上やむを得ないものであるといえる。

なお，費用収益対応の原則は，その対応により利益を計算するという実質的な側面と，その対応を損益計算書に表示するという形式的な側面がある。

第10章
収益認識会計

1 総　　論

1　導入の経緯

わが国では，「企業会計原則」に「売上高は，実現主義の原則に従い，商品等の販売又は役務の給付によって実現したものに限る。」とされているものの，収益認識に関する包括的な会計基準はこれまで開発されてこなかった。一方，国際会計基準審議会（IASB）および米国財務会計基準審議会（FASB）は，共同して収益認識に関する包括的な会計基準の開発を行い，2014年５月に「顧客との契約から生じる収益」（IASB：IFRS第15号・FASB：Topic606，概ね同一の基準）が公表されている。

これらの状況を踏まえ，わが国でもIFRS第15号を踏まえた収益認識に関する包括的な会計基準の見直しに向けた検討が開始され，2018年３月に「収益認識に関する会計基準（以下，収益認識基準という）」等が公表された。

2　基準の開発にあたっての基本的な方針

企業会計基準委員会（ASBJ）は，収益認識に関する会計基準の開発にあたっての基本的な方針として，IFRS第15号と整合性を図るよう国内外の企業間における財務諸表の比較可能性の観点から，IFRS第15号の基本的な原則を取り入れ，会計基準を定めることとした。また，これまでわが国で行われてきた実務等に配慮すべき項目がある場合には，比較可能性を損なわせない範囲で代替的な取扱いを追加することとした。

上記の方針のもと，連結財務諸表に関して，次の方針を定めた。

（1）IFRS第15号の定めを基本的にすべて取り入れる。

（2）適用上の課題に対応するために，代替的な取扱いを追加的に定める。代替的な取扱いを追加的に定める場合，国際的な比較可能性を大きく損なわせないものとすることを基本とする。

（1）の方針を定めた理由は，次のとおりである。

① 収益認識に関する包括的な会計基準の開発の意義の１つとして，国際的な比較可能性の確保が重要なものと考えられること

② IFRS第15号は，５つのステップに基づき，履行義務の識別，取引価格の配分，支配の移転による収益認識等を定めており，部分的に採用することが困難であると考えられること

したがって，収益認識基準は，基本的にIFRS第15号の会計基準の内容を基礎とした定めと追加的に定めた代替的な取扱いによって構成される。

また，基本的には，連結財務諸表と個別財務諸表において同一の会計処理を定めることとした。

3　基本となる原則と５つのステップ

収益認識基準の基本となる原則は，「約束した財又はサービスの顧客への移転を当該財又はサービスと交換に企業が権利を得ると見込む対価の額で描写するように，収益を認識すること」である。また，本基準では，この基本となる原則に従って収益を認識するため，以下の５つのステップを示している。

<収益を認識するための５つのステップ>

収益の認識単位を決定する	ステップ１ 顧客※1との契約※2を識別する	収益認識基準の定めは，顧客と合意し，かつ，所定の要件を満たす契約に適用する。
	ステップ２ 契約における履行義務※3を識別する	契約において顧客への移転を約束した財又はサービスが，所定の要件を満たす場合には別個のものであるとして，当該約束を履行義務として区分して識別する。

収益の金額を算定する	ステップ3 取引価格※4を算定する	変動対価又は現金以外の対価の存在を考慮し，金利相当分の影響及び顧客に支払われる対価について調整を行い，取引価格を算定する。
	ステップ4 契約における履行義務に取引価格を配分する	契約において約束した別個の財又はサービスの独立販売価格※5の比率に基づき，それぞれの履行義務に取引価格を配分する。独立販売価格を直接観察できない場合には，独立販売価格を見積る。
収益の認識時期を決定する	ステップ5 履行義務を充足した時に又は充足するにつれて収益を認識する	約束した財又はサービスを顧客に移転することにより履行義務を充足した時に又は充足するにつれて，充足した履行義務に配分された額で収益を認識する。履行義務は，所定の要件を満たす場合には一定の期間にわたり充足され，所定の要件を満たさない場合には一時点で充足される。

収益認識会計基準における「用語の定義」によると，以下のとおりである。

※1　顧客とは，対価と交換に企業の通常の営業活動により生じたアウトプットである財又はサービスを得るために当該企業と契約した当事者をいう。

※2　契約とは，法的な強制力のある権利及び義務を生じさせる複数の当事者間における取決めをいう。

※3　履行義務とは，顧客との契約において，次のいずれかを顧客に移転する約束をいう。

- 別個の財又はサービス（あるいは別個の財又はサービスの束）
- 一連の別個の財又はサービス（特性が実質的に同じであり，顧客への移転のパターンが同じである複数の財又はサービス）

※4　取引価格とは，財又はサービスの顧客への移転と交換に企業が権利を得ると見込む対価の額（ただし，第三者のために回収する額を除く。）をいう。

※5　独立販売価格とは，財又はサービスを独立して企業が顧客に販売する場合の価格をいう。

2 原則的な取扱い

1 ステップ1 契約の識別

(1) 基本的な取扱い

収益認識基準を適用するにあたっては，次の①から⑤の要件（契約識別要件）のすべてを満たす顧客との契約を識別する。

① 当事者が，書面，口頭，取引慣行等により契約を承認し，それぞれの義務の履行を約束していること。
② 移転される財又はサービスに関する各当事者の権利を識別できること。
③ 移転される財又はサービスの支払条件を識別できること。
④ 契約に経済的実質があること（すなわち，契約の結果として，企業の将来キャッシュ・フローのリスク，時期又は金額が変動すると見込まれること）。
⑤ 顧客に移転する財又はサービスと交換に企業が権利を得ることとなる対価を回収する可能性が高いこと。当該対価を回収する可能性の評価にあたっては，対価の支払期限到来時における顧客が支払う意思と能力を考慮する。

また，顧客との契約が契約識別要件を満たさない場合において，顧客から対価を受け取った際には，次の①または②のいずれかに該当するときに，受け取った対価を収益として認識する。

① 財又はサービスを顧客に移転する残りの義務がなく，約束した対価のほとんどすべてを受け取っており，顧客への返金は不要であること。
② 契約が解約されており，顧客から受け取った対価の返金は不要であること。

顧客から受け取った対価は，①または②のいずれかに該当するまで，あるいは，契約識別要件が事後的に満たされるまで，将来における財またはサービスを移転する義務または対価を返金する義務として，負債を認識する。

<従来からの変更点>

従来の取扱い	収益認識会計基準（現行制度）
一般的な定めはない。	対象となる契約は，書面による場合だけでなく，口頭や取引慣行による場合も含まれる。

（2）契約の結合

同一の顧客（当該顧客の関連当事者を含む）と同時またはほぼ同時に締結した複数の契約について，次の①から③のいずれかに該当する場合には，当該複数の契約を結合し，単一の契約とみなして処理する。

①　当該複数の契約が同一の商業的目的を有するものとして交渉されたこと

②　１つの契約において支払われる対価の額が，他の契約の価格または履行により影響を受けること

③　当該複数の契約において約束した財またはサービスが，単一の履行義務となること

<従来からの変更点>

従来の取扱い	収益認識会計基準（現行制度）
一般的な定めはない。	同一の顧客と同時またはほぼ同時に締結した複数の契約について，一定の要件に該当する場合には，当該複数の契約を結合し，単一の契約とみなして処理する。

（3）契約変更

契約変更は，契約の当事者が承認した契約の範囲または価格（あるいはその両方）の変更であり，契約の当事者が，契約の当事者の強制力のある権利およ

び義務を新たに生じさせる変更または既存の強制力のある権利および義務を変化させる変更を承認した場合に生じるものである。

① 独立した契約として処理する場合

契約変更について，次のⅰ及びⅱの要件のいずれも満たす場合には，当該契約変更を独立した契約として処理する。

ⅰ 別個の財またはサービスの追加により，契約の範囲が拡大されること。

ⅱ 変更される契約の価格が，追加的に約束した財又はサービスに対する独立販売価格に特定の契約の状況に基づく適切な調整を加えた金額分だけ増額されること。

② 契約変更を独立した契約として処理しない場合

契約変更が前項の要件を満たさず，独立した契約として処理されない場合には，契約変更日においていまだ移転していない財またはサービスについて，それぞれ次のⅰからⅲのいずれかの方法により処理する。

ⅰ いまだ移転していない財またはサービスが契約変更日以前に移転した財またはサービスと別個のものである場合	契約変更を既存の契約を解約して新しい契約を締結したものと仮定して処理する。 残存履行義務に配分すべき対価の額は，次の①および②の合計額とする。 ① 顧客が約束した対価（顧客からすでに受け取った額を含む）のうち，取引価格の見積りに含まれているが収益として認識されていない額 ② 契約変更の一部として約束された対価
ⅱ いまだ移転していない財またはサービスが契約変更日以前に移転した財またはサービスと別個のものではなく，契約変更日において部分的に充足されている単一の履行義務の一部を構成する場合	契約変更を既存の契約の一部であると仮定して処理する。 これにより，完全な履行義務の充足に向けて財またはサービスに対する支配を顧客に移転する際の企業の履行を描写する進捗度（「履行義務の充足に係る進捗度」）および取引価格が変更される場合は，契約変更日において収益の額を累積的な影響に基づき修正する。

iii　いまだ移転していない財またはサービスがｉとiiの両方を含む場合	契約変更が 変更後の契約における未充足の履行義務に与える影響を，それぞれｉまたはiiの方法に基づき処理する。

<従来からの変更点>

従来の取扱い	収益認識会計基準（現行制度）
一般的な定めはない。	契約変更ごとに要件を判断して，次のいずれかにより処理する。 ①　独立した契約として処理 ②　既存の契約を解約して新規に契約を締結したものと仮定して処理 ③　既存の契約の一部と仮定して処理 ④　②と③を組み合わせて処理

2　ステップ2　履行義務の識別

契約における取引開始日に，顧客との契約において約束した財またはサービスを評価し，次の（1）または（2）のいずれかを顧客に移転する約束のそれぞれについて履行義務として識別する。

（1）別個の財またはサービス（あるいは別個の財またはサービスの束）
（2）一連の別個の財又はサービス（特性が実質的に同じであり，顧客への移転のパターンが同じである複数の財またはサービス）

（1）別個の財又はサービス

顧客に約束した財またはサービスは，次の（1）および（2）の要件のいずれも満たす場合には，別個のものとする。

	要　件	説　明
要件（1）	当該財またはサービスから単独で顧客が便益を享受することができること，あるいは，当該財またはサービスと顧客が容易に利用できる他の資源を組み合わせて顧客が便益を享受することができること（すなわち，当該財または	契約に含まれる財又はサービスが，そもそも別個のものになる可能性があるかを判定するための要件である。 顧客が次の（1）または（2）のいずれかを行うことができる場合には，財またはサービスが別個のものとなる可

	サービスが別個のものとなる可能性があること）	能性があることに該当する。 （1）財またはサービスの使用，消費，あるいは廃棄における回収額より高い金額による売却 （2）経済的便益を生じさせる（1）以外の方法による財又はサービスの保有
要件（2）	当該財またはサービスを顧客に移転する約束が，契約に含まれる他の約束と区分して識別できること（すなわち，当該財またはサービスを顧客に移転する約束が契約の観点において別個のものとなること）	契約において顧客に財またはサービスを移転する約束が，契約の観点において別個のものであるかを判定するための要件である。 財またはサービスを顧客に移転する約束が，契約の観点において別個のものとなるかどうかの判断においては，当該財またはサービスを移転する義務の履行に係るリスクが，他の約束の履行に係るリスクと区分できるかどうかが判断の基礎となる。

（2）一連の別個の財又はサービス

一連の別個の財またはサービスは，次の（1）および（2）の要件のいずれも満たす場合には，顧客への移転のパターンが同じであるものとする。

（1）一連の別個の財またはサービスのそれぞれが，一定の期間にわたり充足される履行義務の要件を満たすこと
（2）履行義務の充足に係る進捗度の見積りに，同一の方法が使用されること

<従来からの変更点>

従来の取扱い	収益認識会計基準（現行制度）
一般的な定めはない。	顧客との契約において提供する財またはサービスを履行義務と呼ばれる単位に分割して識別するため，顧客に約束した財またはサービスについて次の要件のいずれも満たす場合には，別個のものとする。 ①　当該財またはサービスから単独で顧客が便益を享受することができること，あるいは，当該財またはサービスと顧客が容易に利用できる他の資源を組み合わせて顧客が便益を享受することができること ②　当該財またはサービスを顧客に移転する約束が，契約に含まれる他の約束と区分して識別できること

3　ステップ3　取引価格の算定

取引価格とは，財またはサービスの顧客への移転と交換に企業が権利を得ると見込む対価の額（ただし，第三者のために回収する額を除く）をいう。取引価格の算定にあたっては，契約条件や取引慣行等を考慮する。

顧客により約束された対価の性質，時期および金額は，取引価格の見積りに影響を与える。取引価格を算定する際には，次の（1）から（4）のすべての影響を考慮する。

（1）変動対価

（2）契約における重要な金融要素

（3）現金以外の対価

（4）顧客に支払われる対価

取引価格を算定する際には，財またはサービスが契約に従って顧客に移転され，契約の取消，更新または変更はないものと仮定する。

(1) 変動対価

顧客と約束した対価のうち変動する可能性のある部分を「変動対価」という。契約において，顧客と約束した対価に変動対価が含まれる場合，財又はサービスの顧客への移転と交換に企業が権利を得ることとなる対価の額を見積る。

変動対価が含まれる取引の例として，値引き，リベート，返金，インセンティブ，業績に基づく割増金，ペナルティー等の形態により対価の額が変動する場合や，返品権付き販売等がある。

契約において，顧客と約束した対価に変動対価が含まれる場合，財またはサービスの顧客への移転と交換に企業が得ることとなる対価の額を見積もる。変動対価の額の見積りにあたっては，発生し得ると考えられる対価の額における最も可能性の高い単一の金額（最頻値）による方法または発生し得ると考えられる対価の額を確率で加重平均した金額（期待値）による方法のいずれかのうち，企業が権利を得ることとなる対価の額をより適切に予測できる方法を用いる。

そして，見積られた変動対価の額については，変動対価の額に関する不確実性が事後的に解消される際に，解消される時点までに計上された収益の著しい減額が発生しない可能性が高い部分に限り，取引価格に含める。なお，見積った取引価格は，各決算日に見直し，取引価格が変動する場合には，後述する「4　取引価格の配分　（4）取引価格の事後的な変動」の定めを適用する。

＜従来からの変更点＞

従来の取扱い	収益認識会計基準（現行制度）
一般的な定めはない。 売上リベートについては，支払いの可能性が高いと判断された時点で収益の減額，または販売費として計上されていることが多いと想定される。 仮価格による取引については，販売時に仮価格で収益を認識し，その後顧客との交渉状況に応じて金額の見直しを行っていることが多いと想定される。	売上リベートや仮価格による取引等，取引の対価に変動性のある金額が含まれる場合，その変動部分を見積り，認識した収益の著しい減額が発生しない可能性が非常に高い部分に限り，収益を認識する。

(2) 契約における重要な金融要素

契約の当事者が明示的または黙示的に合意した支払時期により，財またはサービスの顧客への移転に係る信用供与についての重要な便益が顧客又は企業に提供される場合には，顧客との契約は重要な金融要素を含むものとする。

顧客との契約に重要な金融要素が含まれる場合，取引価格の算定にあたっては，約束した対価の額に含まれる金利相当分の影響を調整する。収益は，約束した財またはサービスが顧客に移転した時点で（または移転するにつれて），当該財またはサービスに対して顧客が支払うと見込まれる現金販売価格を反映する金額で認識する。

契約における取引開始日において，約束した財またはサービスを顧客に移転する時点と顧客が支払を行う時点の間が1年以内であると見込まれる場合には，重要な金融要素の影響について約束した対価の額を調整しないことができる。

(3) 現金以外の対価

契約における対価が現金以外の場合に取引価格を算定するにあたっては，当該対価を時価により算定する。現金以外の対価の時価を合理的に見積ることができない場合には，当該対価と交換に顧客に約束した財またはサービスの独立販売価格を基礎として当該対価を算定する。現金以外の対価の時価が変動する理由が，株価の変動等，対価の種類によるものだけではない場合（たとえば，企業が顧客との契約における義務を履行するにつれて時価が変動する場合）には，「変動対価の額に関する不確実性が事後的に解消される際に，解消される時点までに計上された収益の著しい減額が発生しない可能性が高い部分に限り，取引価格に含める」の定めを適用する。

企業による契約の履行に資するために，顧客が財またはサービス（たとえば，材料，設備または労働）を企業に提供する場合には，企業は，顧客から提供された財またはサービスに対する支配を獲得するかどうかを判定する。顧客から提供された財またはサービスに対する支配を獲得する場合には，当該財またはサービスを，顧客から受け取る現金以外の対価として処理する。

4　ステップ4　取引価格の配分

それぞれの履行義務（あるいは別個の財またはサービス）に対する取引価格の配分は，財またはサービスの顧客への移転と交換に企業が権利を得ると見込む対価の額を描写するように行う。

（1）独立販売価格に基づく配分

財またはサービスの独立販売価格を直接観察できる場合，契約におけるそれぞれの履行義務の基礎となる別個の財またはサービスについて，契約における取引開始日の独立販売価格を算定し，取引価格を当該独立販売価格の比率に基づき配分する。

財またはサービスの独立販売価格を直接観察できない場合，企業固有の要因，顧客に関する情報等，合理的に入手できるすべての情報を考慮し，観察可能な入力数値を最大限利用して，独立販売価格を見積る。類似の状況においては，見積方法を首尾一貫して適用する。

（2）値引きの配分

契約における約束した財またはサービスの独立販売価格の合計額が当該契約の取引価格を超える場合には，契約における財またはサービスの束について顧客に値引きを行っているものとして，当該値引きについて，契約におけるすべての履行義務に対して比例的に配分する。

なお，次の①から③の要件のすべてを満たす場合には，契約における履行義務のうち1つまたは複数（ただし，すべてではない）に値引きを配分する。

①　契約における別個の財またはサービス（あるいは別個の財またはサービスの束）のそれぞれを，通常，単独で販売していること

②　当該別個の財またはサービスのうちの一部を束にしたものについても，通常，それぞれの束に含まれる財またはサービスの独立販売価格から値引きして販売していること

③　②における財またはサービスの束のそれぞれに対する値引きが，当該契約の値引きとほぼ同額であり，それぞれの束に含まれる財またはサービス

を評価することにより，当該契約の値引き全体がどの履行義務に対するものかについて観察可能な証拠があること

（3）変動対価の配分

次の①および②の要件のいずれも満たす場合には，変動対価及びその事後的な変動のすべてを，1つの履行義務あるいは単一の履行義務に従って識別された単一の履行義務に含まれる1つの別個の財又はサービスに配分する。

① 変動性のある支払の条件が，当該履行義務を充足するための活動や当該別個の財またはサービスを移転するための活動（あるいは当該履行義務の充足による特定の結果または当該別個の財またはサービスの移転による特定の結果）に個別に関連していること

② 契約における履行義務および支払条件のすべてを考慮した場合，変動対価の額のすべてを当該履行義務あるいは当該別個の財またはサービスに配分することが，企業が権利を得ると見込む対価の額を描写すること

（4）取引価格の事後的な変動

① 契約変更によらないもの

取引価格の事後的な変動については，契約における取引開始日後の独立販売価格の変動を考慮せず，契約における取引開始日と同じ基礎により契約における履行義務に配分する。なお，取引価格の事後的な変動のうち，すでに充足した履行義務に配分された額については，取引価格が変動した期の収益の額を修正する。

② 契約変更によるもの

契約変更によって生じる取引価格の変動は，契約変更（1　（3）参照）に従って処理する。契約変更が契約変更の要件（独立した契約として処理する要件）を満たさず，独立した契約として処理されない場合には，当該契約変更を行った後に生じる取引価格の変動については，①契約変更によらないものの定めに従って，次のいずれかの方法で配分する。

イ．取引価格の変動が契約変更の前に約束された変動対価の額に起因し，当該契約変更を契約変更「未だ移転していない財又はサービスが契約変更日以前

に移転した財又はサービスと別個のものである場合」に従って処理する場合には，取引価格の変動を契約変更の前に識別した履行義務に配分する。

ロ．当該契約変更を契約変更「未だ移転していない財又はサービスが契約変更日以前に移転した財又はサービスと別個のものである場合」に従って処理しない場合には，取引価格の変動を契約変更の直後に充足されていないまたは部分的に充足されていない履行義務に配分する。

5　ステップ5　履行義務の充足による収益の認識

企業は約束した財またはサービスを顧客に移転することにより履行義務を充足した時にまたは充足するにつれて，収益を認識する。資産が移転するのは，顧客が当該資産に対する支配を獲得したときまたは獲得するにつれてである。

なお，ここでいう資産に対する支配とは，当該資産の使用を指図し，当該資産からの残りの便益のほとんどすべてを享受する能力（他の企業が資産の使用を指図して資産から便益を享受することを妨げる能力を含む）をいう。

契約における取引開始日に，識別された履行義務のそれぞれが，一定の期間にわたり充足されるものかまたは一時点で充足されるものかを判定する。

（1）収益認識の判定

①　一定の期間にわたり充足される履行義務

次のイからハの要件のいずれかを満たす場合，資産に対する支配を顧客に一定の期間にわたり移転することにより，一定の期間にわたり履行義務を充足し収益を認識する。

イ　企業が顧客との契約における義務を履行するにつれて，顧客が便益を享受すること

ロ　企業が顧客との契約における義務を履行することにより，資産が生じるまたは資産の価値が増加し，当該資産が生じるまたは当該資産の価値が増加するにつれて，顧客が当該資産を支配すること

ハ　次の要件のいずれも満たすこと

a　企業が顧客との契約における義務を履行することにより，別の用途に転用することができない資産が生じること

b　企業が顧客との契約における義務の履行を完了した部分について，対価を収受する強制力のある権利を有していること

②　一時点で充足される履行義務

履行義務が一定の期間にわたり充足されるものではない場合には，一時点で充足される履行義務として，資産に対する支配を顧客に移転することにより当該履行義務が充足されるときに，収益を認識する。

（2）履行義務の充足に係る進捗度

一定の期間にわたり充足される履行義務については，履行義務の充足に係る進捗度を見積り，当該進捗度に基づき収益を一定の期間にわたり認識する。

一定の期間にわたり充足される履行義務については，単一の方法で履行義務の充足に係る進捗度を見積り，類似の履行義務および状況に首尾一貫した方法を適用する。履行義務の充足に係る進捗度は，各決算日に見直し，当該進捗度の見積りを変更する場合は，会計上の見積りの変更として処理する。履行義務の充足に係る進捗度を合理的に見積ることができる場合にのみ，一定の期間にわたり充足される履行義務について収益を認識する。

履行義務の充足に係る進捗度を合理的に見積ることができないが，当該履行義務を充足する際に発生する費用を回収することが見込まれる場合には，履行義務の充足に係る進捗度を合理的に見積ることができるときまで，一定の期間にわたり充足される履行義務について原価回収基準により処理する。

設例10－1　収益認識の手順：ステップ1からステップ5

（1）当期首に甲社は乙社（顧客）と，商品Aの販売と4年間の保守サービスを提供する1つの契約を締結した。

（2）甲社は，当期首に商品Aを乙社に引き渡し，当期首から第4期末まで保守サービスを行う。

（3）契約書に記載された対価の額は24,000である。（商品Aの独立販売価格は22,000，保守サービスの独立販売価格は4,400とする）。

《解説・解答》

企業は以下のとおり５つのステップにもとづき，当期の収益として21,000（＝20,000＋4,000×１／４）を認識した。

［ステップ１］顧客との契約を識別する。

［ステップ２］商品Ａの販売と保守サービスの提供を履行義務として識別し，それぞれを収益認識の単位とする。

［ステップ３］商品Ａの販売および保守サービスの提供に対する取引価格を24,000と算定する。

［ステップ４］取引価格24,000を独立販売価格の比率にもとづき，それぞれの履行義務に配分する。

商品の販売：24,000×22,000／（22,000＋4,400）＝20,000

保守サービスの提供：24,000×4,400／（22,000＋4,400）＝4,000

［ステップ５］履行義務の性質にもとづき，商品Ａの販売は一時点で履行義務を充足すると判断し，商品Ａの引き渡し時に収益を認識する。また，保守サービスの提供は一定の期間にわたり履行義務を充足すると判断し，当期から第４期までの４年間にわたり収益を認識する。

参　考　**本人と代理人の区分**

顧客への財またはサービスの提供に他の当事者が関与している場合において，顧客との約束が当該財またはサービスを企業が自ら提供する履行義務であると判断され，企業が本人に該当するときには，当該財またはサービスの提供と交換に企業が権利を得ると見込む対価の総額を収益として認識する。すなわち，企業が本人に該当する場合には総額処理を行う。

顧客への財またはサービスの提供に他の当事者が関与している場合において，顧客との約束が当該財またはサービスを当該他の当事者によって提供されるように企業が手配する履行義務であると判断され，企業が代理人に該当するときには，他の当事者により提供されるように手配することと交換に企業が権利を得ると見込む報酬または手数料の金額（あるいは他の当事者が提供する財またはサービスと交換に受け取る額から当該他の当事者に支払う額を控除した純額）を収益として認識する。すなわち，企業が代理人に該当する場合には純額処理を行う。

第11章
財務諸表

1 貸借対照表

1 総　　論

B／S原則一において,「貸借対照表は, 企業の財政状態を明らかにするため, 貸借対照表日におけるすべての資産, 負債及び資本を記載し, 株主, 債権者その他の利害関係者にこれを正しく表示するものでなければならない」と, 貸借対照表の本質が規定されている。

貸借対照表は, 資産, 負債および資本を表示する報告書であり, 企業の一定時点の財政状態を明らかにするものである。現行会計基準では, 資本の部は, 株主資本以外の項目も含まれているため, 純資産の部となっている。

B／S原則一は, いわゆる貸借対照表完全性の原則を規定しているものである。この貸借対照表完全性の原則には, 網羅性の原則としての意味と, 実在性の原則としての意味の２つが含まれているといえる。つまり, 網羅性の原則とは, 存在するすべての資産, 負債, 資本をもれなく記載しなければならないということで, 実在性の原則とは存在しないものは記載してはならないということである。

ここで, 貸借対照表における静態論と動態論について簡単に触れておく。静態論（静的貸借対照表論）と動態論（動的貸借対照表論）という概念については, シュマーレンバッハがその著書『動的貸借対照表論』のなかで, 両者の本質に触れている。静態論とは会計の目的を財産計算に求める会計思考で, 決算日において企業の所有するすべての資産ならびに企業の債務に属するすべての負債を貸借対照表に収容し，その資産の評価は客観的売却時価をもってし，それゆえ静的貸借対照表は，一定時点における財産の状態を一覧表示するものである。つまり，静的貸借対照表は時点的有高貸借対照表の形式による正しい財産・資本計算の手段として理解されていた。

これに対して，動態論は会計の目的を損益計算に求める会計思考で，貸借対照表は損益計算の補助手段と解し，あくまでも損益計算の未解消項目を収容する場に過ぎないと捉える見解である。動態論会計では，損益計算の原型を収支計算と捉え，全体計算では収支計算一本で損益の計算は可能であるが，期間計算においては，収入と収益，支出と費用の食い違いが生じ，この不一致の項目を未解消項目と呼び，この未解消項目の収容の場が貸借対照表にほかならないとしている。つまり，動的貸借対照表は未解消有高項目を次期へ繰越すための損益計算にとって有用な補助手段としての地位が与えられ，言い換えれば，動的貸借対照表は収入と収益，支出と費用および収入と支出とを計算的に相互に結合するところの１つの連結帯にすぎないことになる[1)]。

2　制度上の作成原則

貸借対照表は，ある一定の規則に従って表示されている。この一定の規則がＢ／Ｓ原則にあり，これによれば，貸借対照表の明瞭表示を支える基本原則には，前述した貸借対照表完全性の原則の他に，①総額主義の原則，②区分表示の原則がある。

（１）総額主義の原則

Ｂ／Ｓ原則一Ｂには，「資産，負債及び資本は，総額によつて記載することを原則とし，資産の項目と負債又は資本の項目とを相殺することによつて，その全部又は一部を貸借対照表から除去してはならない」とあり，資産と負債または純資産の直接相殺を禁止することにより財政規模を表示することを要請している。

１）武田隆二『最新財務諸表論（第11版）』中央経済社，2008年，450頁。

(2) 区分表示の原則

B／S原則二には,「貸借対照表は, 資産の部, 負債の部及び資本の部の三区分に分ち, さらに資産の部を流動資産, 固定資産及び繰延資産に, 負債の部を流動負債及び固定負債に区分しなければならない」とあり, 第4章および第7章で述べた流動・固定分類等に従って資産および負債を分類して区分表示をすることを要請している。

現行制度上, 資産, 負債, 純資産の分類は以下のとおりとなる。

資産は流動資産, 固定資産, 繰延資産に分類される。さらに, 固定資産は, 有形固定資産, 無形固定資産, 投資その他の資産に分類される。

負債は, 流動負債, 固定負債に分類される。

純資産は株主資本, 評価・換算差額等, 株式引受権, 新株予約権に分類される。

2　損益計算書

1　総　　論

P／L原則一において,「損益計算書は, 企業の経営成績を明らかにするため, 1会計期間に属するすべての収益とこれに対応するすべての費用とを記載して経常利益を表示し, これに特別損益に属する項目を加減して当期純利益を表示しなければならない」と, 損益計算書の本質が規定されている。

損益計算書は, 収益から費用を控除した金額を利益として表示する報告書であり, 会計期間における経営成績を明らかにするものである。ここに, 収益とは, 企業の経済活動の成果としての資本増加の原因となる事実を指し, 費用とは, 成果を得るための努力としての資本減少の原因となる事実を指す。

概念フレームワークによれば, 収益とは, 純利益または非支配株主損益を増加させる項目であり, 原則として資産の増加や負債の減少を伴って生じるとし, 費用とは, 純利益または非支配株主損益を減少させる項目であり, 原則として資産の減少や負債の増加を伴って生じると規定されている。

また, 損益計算書の表示方法には, 当期業績主義にもとづくものと包括主義にもとづくものがある。

当期業績主義とは，損益計算書における利益を企業の正常な収益力に求め，企業の正常な経営活動に伴い毎期反復的に生ずる収益・費用に限って，つまり経常損益項目のみを表示しようとするものである。よって，この考え方にもとづけば，臨時損益は損益計算書には表示されない。

当期業績主義の主な論拠には，損益計算書の本来の役割は，利害関係者に対して正常収益力（経常的な収益力）を表示することにあり，非経常的な項目を損益計算書に含めると，利害関係者が収益力の判断を誤るおそれがあること等が考えられる。

包括主義とは，損益計算書における利益を企業の処分可能利益に求め，企業の正常な経営活動に伴い毎期反復的に生ずる収益・費用だけではなく，特別損益項目である臨時損益までをも含めたすべての収益・費用を表示しようとするものである。

包括主義の主な論拠には，損益計算書に経常損益のみを表示すると，それはすべての損益を表示するものではなくなり，また経常損益および特別損益の両者を含めた会計期間の期間比較ができなければ企業の正しい収益力を把握できない等が考えられる。

わが国の今日の制度会計においては，当期業績主義の長所を取り入れ，経常損益と特別損益を明確に区分した包括主義損益計算書となっている。

2　制度上の作成原則

損益計算書は，ある一定の規則に従って表示されている。この一定の規則がＰ／Ｌ原則にあり，これによれば，損益計算書の明瞭表示を支える基本原則には，①総額主義の原則，②費用収益対応表示の原則，③区分表示の原則がある。

（1）総額主義の原則

Ｐ／Ｌ原則一Ｂには，「費用及び収益は総額によつて記載することを原則とし，費用の項目と収益の項目とを直接に相殺することによつてその全部又は一部を損益計算書から除去してはならない」とあり，収益と費用の直接相殺を禁止することにより取引規模を表示することを要請している。例としては売上高と売上原価の相殺禁止や受取利息と支払利息の相殺禁止等が挙げられる。

(2) 費用収益対応表示の原則

P／L原則一Cには,「費用及び収益は, その発生源泉に従つて明瞭に分類し, 各収益項目とそれに関連する費用項目とを損益計算書に対応表示しなければならない」とあり, 同一活動から生じた収益と費用を対応させることにより活動別の利益を表示することを要請している。このことにより, 利害関係者は当該企業の経営成績に関してより多くの情報を得ることが可能となり, 適切な判断を行うことができるようになるといえる。

(3) 区分表示の原則

P／L原則二には, まず「損益計算書には, 営業損益計算, 経常損益計算及び純損益計算の区分を設けなければならない」とあり, 収益と費用を発生源泉に従って区分し, その源泉別に収益と費用を対応表示することを要請している。それぞれの計算については次のようになっている。

「A　営業損益計算の区分は, 当該企業の営業活動から生ずる費用及び収益を記載して, 営業利益を計算する。2つ以上の営業を目的とする企業にあつては, その費用及び収益を主要な営業別に区分して記載する。

B　経常損益計算の区分は, 営業損益計算の結果を受けて, 利息及び割引料, 有価証券売却損益その他営業活動以外の原因から生ずる損益であつて特別損益に属しないものを記載し, 経常利益を計算する。

C　純損益計算の区分は, 経常損益計算の結果を受けて, 前期損益修正額, 固定資産売却損益等の特別損益を記載し, 当期純利益を計算する。

D　純損益計算の結果を受けて, 前期繰越利益等を記載し, 当期未処分利益を計算する」。

① **営業損益計算**（P／L原則三）

営業損益計算の区分は, 売上高, 売上原価, 販売費及び一般管理費（販管費）により構成されている。まず, 売上高から売上原価を控除して売上総利益（または売上総損失）が計算表示され, さらに販管費を売上総利益から控除することにより営業利益（または営業損失）が計算表示される。つまり, この区分では,売上総利益（または売上総損失）と営業利益（または営業損失）の２つの損益が計算表示されている。この区分の損益表示をみれば，企業の本来の営業活動により生じた損益が分かるといえる。営業利益は本来の営業活動の成果を示したものである。なお，売上総利益は，一般的にはいわゆる粗利にほぼ相当するものである。

② **経常損益計算**（Ｐ／Ｌ原則四，五）

経常損益計算の区分は，営業損益計算で求めた営業利益をもとに，営業外収益と営業外費用により構成される。つまり，営業利益に営業外収益を加え，営業外費用を控除することにより経常利益（または経常損失）が計算表示される。

営業外収益および営業外費用とは，経常的な収益および費用のうち，当該企業の主たる営業活動以外の種々の活動から生ずる収益および費用をいう。

この区分は，営業活動により生じた営業利益をもとに，主として企業本来の営業活動に付随する財務・金融活動等の営業外の活動により生じた損益を示したものである。よって，経常利益をみれば，毎期経常的に発生する営業活動および財務・金融活動等の営業外活動による企業の収益力を把握することができる。

③ **純損益計算**（Ｐ／Ｌ原則六，七，注解【注12】，八，注解【注13】）

純損益計算の区分は，経常損益計算で求めた経常利益をもとに，特別利益と特別損失により構成される。つまり，経常利益に特別利益を加え，特別損失を控除することにより税引前当期純利益（または税引前当期純損失）が計算表示される。

特別利益および特別損失とは，その発生が臨時的な損益や，期間帰属の観点から当期に属しない期間外の損益であるものを指し，企業会計原則では，これらを臨時損益と前期損益修正とに分けている。

しかし，現行では，「会計方針の開示，会計上の変更及び誤謬の訂正に関する会計基準」により，前期損益修正について，過去の誤謬は修正再表示を行うこととし，遡及処理することとされている。

次に，税引前当期純利益（または税引前当期純損失）から当期の負担に属する法人税額，住民税額等を控除して当期純利益（または当期純損失）が表示される。この「当期の負担に属する法人税額，住民税額等」というのは，当期の利益に課せられる法人税，住民税，事業税の金額を指す。

3　株主資本等変動計算書

1　総　　論

純資産については，その期末残高を貸借対照表に記載するだけではなく，株主資本等変動計算書を作成し，株主資本の各項目については，変動事由ごとにその金額を表示し，株主資本以外の各項目については，原則として，当期変動額を純額で表示することが求められている。この計算書は，「株主資本等変動計算書に関する会計基準」に準拠して作成される。

この計算書に記載すべき項目の範囲については，主として，純資産の部のすべての項目とする考え方と，純資産のうち株主資本のみとする考え方があるが，基準では，国際的調和等の観点から純資産の部のすべての項目を範囲とする考え方を採用し，一方で，株主資本とそれ以外の項目では１会計期間における変動事由ごとの金額に関する情報の有用性が異なり，株主資本以外の各項目を変動事由ごとに表示することに対する事務負担の増大などを考慮し，表示方法に差異が設けられている。

2　制度上の作成原則

株主資本の各項目については，当期首残高，当期変動額および当期末残高に区分し，当期変動額は，新株の発行，剰余金の配当，圧縮積立金の積立，その取崩し，自己株式の取得，その処分など変動事由ごとにその金額を表示する。一方，株主資本以外の各項目については，当期首残高，当期変動額および当期末残高に区分するが，当期変動額については原則として純額で表記する。評価・換算差額等については，その他有価証券評価差額金，繰延ヘッジ損益，土地再評価差額金，その他適切な名称を付した科目に細分する。

損益計算書で算定された当期純利益は，株主資本等変動計算書において，利益剰余金のその他利益剰余金の区分の「繰越利益剰余金」の増加要因として継承される。株主資本等変動計算書の各項目の当期末残高は，貸借対照表の純資産の部に継承される。

第12章 金融商品会計

1 金融商品とは

金融商品とは，金融資産，金融負債およびデリバティブ取引に係る契約をいう。ここで，金融資産とは，現金預金，受取手形，売掛金および貸付金等の金銭債権，株式その他の出資証券および公社債等の有価証券ならびにデリバティブ取引により生じる正味の債権等をいい，金融負債とは，支払手形，買掛金，借入金および社債等の金銭債務ならびにデリバティブ取引により生じる正味の債務等をいう。デリバティブ取引以外の金融資産および金融負債は第４章〜第６章および第７章ですでに説明しているので参照されたい。

2 導入の経緯

企業会計審議会により，金融商品に係る会計基準に関して，平成２（1990）年５月に「先物・オプション取引に係る時価情報に関する意見書等」が公表され，先物取引，オプション取引および市場性のある有価証券に係る時価情報の開示基準等が整備され，その後も先物為替予約取引およびデリバティブ取引全般について，注記による時価情報の開示の拡充が行われてきた。

このような状況の中，証券・金融市場のグローバル化や企業の経営環境の変化等に対応して企業会計の透明性を一層高めていくことにより，投資者に的確な情報を提供するとともに，会計基準の国際的調和を図るなどの観点から，平成11（1999）年１月に「金融商品に係る会計基準」が公表され，平成12（2000）年４月以後開始する事業年度から適用されることとなった。

なお，金融取引をめぐる環境が変化する中で，金融商品の時価情報に対するニーズが拡大していること等を踏まえて，すべての金融商品についてその状況やその時価等に関する事項の開示の充実を図るために平成20（2008）年３月に改正が行われ，同時に企業会計基準委員会から「金融商品に関する会計基準」（以下，金融商品基準という）および「金融商品に関する実務指針」ならびに「金融商品の時価等の開示に関する適用指針」が公表されている。改正基準は平成22（2010）年３月31日以後終了する事業年度の年度末に係る財務諸表から適用され，金融商品の状況およびその時価に係るより詳細な開示が求められている。また，令和元（2019）年７月に時価の算定方法に関する詳細なガイダンスを定めた「時価の算定に関する会計基準」が公表され，令和３（2021）年４月１日以後開始する事業年度の期首から適用されている。

3　金融資産および金融負債の発生および消滅の認識

1　金融資産および金融負債の発生の認識

発生の認識：契約締結時

金融資産の契約上の権利または金融負債の契約上の義務を生じさせる契約を締結したときは，原則として，当該金融資産または金融負債の発生を認識しなければならない。金融資産または金融負債自体を対象とする取引については，当該取引の契約時から当該金融資産または金融負債の時価の変動リスクや契約の相手方の財政状態等にもとづく信用リスクが契約当事者に生じるため，契約締結時においてその発生を認識することとしたのである。

商品売買において，商品は引渡時点で認識するのに対し，金融商品は上記の理由から契約締結時（約定時）に資産・負債として認識するのである。なお，商品等の売買または役務の提供の対価に係る金銭債権債務は，例外的に当該商品等の受渡しまたは役務提供の完了によりその発生を認識するものとされている。

2　金融資産および金融負債の消滅の認識

（1）金融資産の消滅の認識

①　金融資産の消滅の認識の要件

> 金融資産の消滅の認識：
> ①　金融資産の契約上の権利を行使したとき
> ②　金融資産の権利を喪失したとき
> ③　金融資産の権利に対する支配が他に移転したとき

金融資産の契約上の権利を行使したとき，権利を喪失したときまたは権利に対する支配が他に移転したときは，当該金融資産の消滅を認識しなければならない。金融資産の契約上の権利に対する支配が他に移転したときとは，一般的にいえば，金融資産を譲渡した場合である。支配の移転には倒産隔離等が要求される[1)]。

②　条件付金融資産の譲渡

金融資産を譲渡する場合には，譲渡後において譲渡人が譲渡資産や譲受人と一定の関係を有する場合があり，このような条件付きの金融資産の譲渡については，リスク・経済価値アプローチと財務構成要素アプローチの２つの方法が考えられる。

（1）リスク・経済価値アプローチ

> 金融資産全体について一括して消滅するか否かを考える方法

リスク・経済価値アプローチとは，金融資産のリスクと経済価値のほとんど

1）金融資産の契約上の権利に対する支配が他に移転するのは，次の要件がすべて満たされた場合とされている。
①　譲渡された金融資産に対する譲受人の契約上の権利が譲渡人およびその債権者から法的に保全されていること
②　譲受人が譲渡された金融資産の契約上の権利を直接または間接に通常の方法で享受できること
③　譲渡人が譲渡した金融資産を当該金融資産の満期日前に買戻す権利および義務を実質的に有していないこと

すべてが他に移転した場合に当該金融資産の消滅を認識する方法をいう。リスク・経済価値アプローチによれば，金融資産全体について一括して消滅するか否かを考えることとなる。

（2）財務構成要素アプローチ

金融資産の要素ごとに消滅するか否かを考える方法

財務構成要素アプローチとは，金融資産を構成する財務的要素に対する支配が他に移転した場合に，当該移転した財務構成要素の消滅を認識し，留保される財務構成要素の存在を認識する方法をいう。財務構成要素アプローチによれば，金融資産の要素ごとに分解し，それぞれについて消滅するか否かを考えることとなる。

財務構成要素アプローチにおける財務構成要素としては，将来のキャッシュ・フローの流入または流出，回収または支払コスト，貸倒リスクまたは信用リスクおよびその他の要素がある。将来のキャッシュ・フローの流入または流出はマーケット・リスクを内蔵し，回収または支払コストは当該金融商品の管理・回収業務サービスに係るものである。財務構成要素の考え方は，元利のある債券または債権について元本部分と金利部分を分離して流動化したり，債権または金利の一部を流動化する要請に適合している。

（3）現行制度上の考え方

原則として財務構成要素アプローチ

証券・金融市場の発達により金融資産の流動化・証券化が進展すると，たとえば，譲渡人が自己の所有する金融資産を譲渡した後も回収サービス業務を引き受ける等，金融資産を財務構成要素に分解して取引することが多くなるものと考えられる。このような場合，リスク・経済価値アプローチでは金融資産を財務構成要素に分解して支配の移転を認識することができないため，取引の実質的な経済効果が譲渡人の財務諸表に反映されないこととなる。

このため，金融商品基準では，金融資産の譲渡に係る消滅の認識は財務構成要素アプローチによることとした。

（4）会計処理

$$消滅部分の簿価＝債権全体の簿価\times\frac{消滅部分の時価}{消滅部分の時価＋残存部分の時価}$$

金融資産または金融負債の一部がその消滅の認識要件を満たした場合には，当該部分の消滅を認識するとともに，消滅部分の帳簿価額とその対価としての受払額との差額を当期の損益として処理する。消滅部分の帳簿価額は，当該金融資産または金融負債全体の時価に対する消滅部分と残存部分の時価の比率により，当該金融資産または金融負債全体の帳簿価額を按分して計算する。また，金融資産または金融負債の消滅に伴って新たな金融資産または金融負債が発生した場合には，当該金融資産または金融負債は時価により計上する。

設例12－1 条件付金融資産の譲渡

以下の資料にもとづき，金融資産の譲渡時の仕訳を示しなさい。

（1）帳簿価額10,000の債権を（2）の条件付きで10,500の現金を対価として譲渡した。

（2）当社は買戻権（譲受人から買い戻す権利）をもち，延滞債権を買い戻すリコース義務を負い，また，譲渡資産の回収代行を行う。よって，財務構成要素アプローチにより当該債権を分解し，回収代行部分を残存部分，残りを譲渡部分と考える。

（3）時価は以下のとおりである。

① 消滅部分の対価

現　　　　金：10,500（新たな資産の発生）

買　　戻　　権：　1,000（新たな資産の発生）

リコース義務：△700（新たな負債の発生）

② 残存部分

回収サービス業務資産：1,200

（4）取引は，支配の移転のための条件を満たしている。

《解説・解答》

（1）消滅部分の帳簿価額の算定

$$10{,}000 \times \frac{\text{消滅部分の時価}10{,}800^{*1}}{\text{消滅部分の時価}10{,}800^{*1} + \text{残存部分の時価}1{,}200^{*2}} = 9{,}000$$

＊1　現金10,500＋買戻権1,000－リコース義務700＝10,800

＊2　回収サービス業務資産1,200

（2）金融資産の譲渡時の仕訳

a）譲渡（消滅）部分

（借）	現金	10,500＊3	（貸）	リコース義務	700＊3
	買戻権	1,000＊3		債権	9,000＊4
				売却益	1,800＊5

＊3　時価

＊4　譲渡部分の簿価 ⟶（1）参照

＊5　時価合計10,800＊1－簿価9,000＊4＝1,800

（注）財務構成要素アプローチにより分解された財務構成要素のうち，回収サービス業務資産以外は第三者に売却したことを示している。

b）残存部分

（借）	回収サービス業務資産	1,000	（貸）	債権	1,000＊6

＊6　全体の簿価10,000－譲渡部分の簿価9,000＊4＝残存部分の簿価1,000

（注）財務構成要素アプローチにより分解された財務構成要素のうち，回収サービス業務資産のみが当社に残ったことを示している。

（2）金融負債の消滅の認識

金融負債の消滅の認識：

①　金融負債の契約上の義務を履行したとき

②　金融負債の契約上の義務が消滅したとき

③　第一次債務者の地位から免責されたとき

金融負債の契約上の義務を履行したとき，義務が消滅したときまたは第一次債務者の地位から免責されたときは，当該金融負債の消滅を認識しなければならない。したがって，債務者は，債務を弁済したときまたは債務が免除されたときに，それらの金融負債の消滅を認識することとなる。

また，金融負債についても金融資産と同じく財務構成要素アプローチが適用され，第一次債務を引き受けた第三者が倒産等に陥ったときに二次的に責任を負うという条件の下で，債務者が金融負債の契約上の第一次債務者の地位から免責されることがあるが，この場合には，財務構成要素アプローチにより当該債務に係る金融負債の消滅を認識し，その債務に対する二次的な責任を金融負債として認識することとなる。

4　金融資産および金融負債の貸借対照表価額等

1　有価証券および金銭債権

有価証券および金銭債権の貸借対照表価額等については，第４章3節，第５章1節においてすでに説明したので参照されたい。

2　金銭債務

B/S 価額：債務額（ただし，社債の場合は償却原価）

支払手形，買掛金，借入金その他の債務は，債務額をもって貸借対照表価額とする。ただし，社債は，償却原価をもって貸借対照表価額とする。

3　デリバティブ取引により生じる正味の債権債務等

（1）デリバティブとは

従来型の金融商品は，現金預金や資金調達の手段として用いられる株式・公社債等の有価証券，貸付金，借入金等の債券，債務におおむね範囲が限られていた。これに対して，近年，従来型の金融商品から派生した先物，オプション，スワップ等の新しい金融商品が開発され，市場を形成するようになった。これらの新しい金融商品は，その基礎をなす本体的商品に含まれる財務リスクの移転を図り，これらの商品の契約価額がその基礎をなす本格的商品の価値変動に連動している点にその特徴があり，従来型の金融商品に対し，「新金融商品」「金融派生商品」ないし「デリバティブ」と総称されている。

「デリバティブ」とは，①その価値が，特定の利率，担保価格，コモディティ価格，外国為替レート，それらの指数，信用格付け，信用指数，類似した変数（基礎指標）に反応して変動し，②ある市場環境の下で類似した反応を示す他の契約に比べ，当初の投資がほとんどいらず，③将来のある日に決済されるものをいう2)。

デリバティブ取引により生じる正味の債権は金融資産となるが，これは，自企業にとって潜在的に有利な条件のもとで他企業と金融商品を交換できる契約上の権利を指す。また，デリバティブ取引により生じる正味の債務は金融負債となるが，これは，自企業にとって潜在的に不利な条件のもとで他企業と金融商品を交換しなければならない契約上の義務を指す。

（2）貸借対照表価額等

B/S 価額：時　価
評価差額：当期の損益（営業外損益）

デリバティブ取引により生じる正味の債権および債務は，時価をもって貸借対照表価額とし，評価差額は，原則として，当期の損益として処理する。

デリバティブ取引は，取引により生じる正味の債権または債務の時価の変動により保有者が利益を得または損失を被るものであり，投資者および企業双方にとって意義を有する価値は当該正味の債権または債務の時価に求められると考えられる。よって，時価をもって貸借対照表価額とすることになる。また，デリバティブ取引により生じる正味の債権および債務の時価の変動は，企業にとって財務活動の成果であると考えられることから，その評価差額は，後述するヘッジ会計を適用するものを除き，当期の損益として処理する。

つまり，デリバティブ取引により生じる正味の債権または債務は，契約の締結時にその発生を認識し，取引の意図にかかわらず，原則，時価評価を行い，

2）西川郁生『国際会計基準の知識』日本経済新聞社，2000年，109頁。

ヘッジ会計を適用するものを除いて，評価差額はすべて当期の損益に含めることになる。

ここで，デリバティブ取引の中から，先物取引，オプション取引，スワップ取引を取り上げ，各取引について簡単に説明する。

（3）先物取引

先物取引とは，対象商品を将来の一定時期に一定価格で取引することを予約する取引をいう。この先物取引は，商品先物取引と金融先物取引とに区分することができ，前者には，たとえば，大豆等の農産物や金等の鉱業生産物を対象とした先物取引等があり，後者には，たとえば，金利先物，通貨先物，債券先物，株価指数先物等がある。

設例12－2 先物取引

以下の資料にもとづき，先物取引に係る仕訳を示しなさい。なお，委託証拠金等については考慮しないものとし，決算日は3月31日である。

① ×1年12月31日に，②の条件で商品先物売契約を締結した（売約定）。

② 商品先物の契約条件

単　　位：3,000

売約定価額：108,000（1kgあたり36）

③ 商品先物の価格の推移（1kgあたりの価格を示す）

×1年12月31日：@36

×2年3月31日：@30

×2年5月31日：@21

④ ×2年5月31日に，今後の商品先物価格が上昇すると予想したため，商品先物契約を終了した。

《解説・解答》

（1）契約締結時（×1年12月31日）

仕訳なし

（注）契約締結時の価格と契約終了時の価格の差額が正味の債権債務となるが，契

約締結時には価格差が生じていないため，正味の債権債務はゼロとなる。

（2）決算時（×2年3月31日）

（借）先物取引　18,000*1　（貸）先物取引損益　18,000

＊1　（契約締結時の価格@36－決算時の時価@30）×3,000kg＝18,000

（注）正味の債権の時価18,000*1をもって貸借対照表価額とし，評価差額は当期の損益とする。

B/S価額：時　価
評価差額：当期の損益（営業外損益）

（3）契約終了時（×2年5月31日）

（借）現金及び預金	45,000*2	（貸）先物取引	18,000*1
		先物取引損益	27,000*3

＊2（契約締結時の価格@36－契約終了時の時価@21）×3,000kg＝45,000

＊3（前年度決算時の時価@30－契約終了時の時価@21）×3,000kg＝27,000

（単位：3,000kg）
×1/12/31　㊫@36
↓＋18,000*1
×2/3/31　@30
↓＋27,000*3
×2/5/31　㊮@21

（4）オプション取引

オプション取引とは，特定の金融商品を将来の一定期日または一定期間内に一定価格で購入（コール）または売却（プット）する権利（オプション）を売買する取引をいう。このオプション取引には，通貨オプション，債券オプション，株価指数オプション等がある。

設例12－3 オプション取引

以下の資料にもとづき，オプション取引に係る仕訳を示しなさい。なお，決算日は３月31日である。

① ×２年１月31日に，②の条件でプット・オプションを買い建てた。

② プット・オプションの条件

内容：通貨オプション（円コール・ドルプット）

行使価格：100／ドル

単位：1,000ドル

行使期限：×２年４月30日

×２年１月31日におけるオプション料：2,000（１ドルあたり２）

③ プット・オプションの価格（オプション料）の推移（１ドルあたりの価格を示す）

×２年１月31日：@２

×２年３月31日：@３

④ ×２年４月30日に，当該オプションを権利行使した。なお，×２年４月30日における直物為替相場は95／ドルであった。

《解説・解答》

（1）プット・オプション買建て時（×２年１月31日）

（借）通貨オプション	2,000＊1	（貸）現金及び預金	2,000

＊1　買い建て時のオプション料@２×1,000ドル＝2,000

（2）決算時（×２年３月31日）

（借）通貨オプション	1,000＊2	（貸）オプション損益	1,000

＊2（決算時のオプション料@３－買建て時のオプション料@２）×1,000ドル＝1,000

(注) 正味の債権の時価3,000＊3をもって貸借対照表価額とし，評価差額は当期の損益とする。

＊3　決算時のオプション料@３×1,000ドル＝3,000

B/S 価額：時　価
評価差額：当期の損益（営業外損益）

（3）権利行使時（×2年4月30日）

（借）現金及び預金	5,000*4	（貸）通貨オプション	3,000*3
		オプション損益	2,000*5

＊4　@5*6×1,000ドル＝5,000

＊5　(@5*6－前年度決算時のオプション料@3)×1,000ドル＝2,000

＊6　行使価格100/ドル－権利行使時の直物為替相場95/ドル＝@5

（注） ドルプット（ドルを売る権利）を行使して100/ドルで売却するとともに，直物為替相場95/ドルで購入することで，@5の現金および預金を受け取る。

（単位：1,000ドル）
×2/1/31　@2
↓＋1,000*2
×2/3/31　@3
↓＋1,000*5
×2/4/30　@5*6

（5）スワップ取引

スワップ取引とは，資金の支払いや受取りを交換（スワップ）する取引をいう。このスワップ取引には，大別して金利スワップと通貨スワップの2つがある。

なお，持分商品とは，企業の総資産から総負債を控除した残余財産の持分権を証明する契約をいい，具体的には，発行側における株式等を指す。

設例12－4 スワップ取引

以下の資料にもとづき，スワップ取引に係る仕訳を示しなさい。なお，決算日は３月31日である。

① ×１年４月１日に，②の条件でスワップ契約を締結した。

② スワップ契約の条件

内容：金利スワップ（変動金利受取・固定金利支払）

TIBOR＋１％の変動金利を受け取り，３％の固定金利を支払う。

想定元本：10,000

契約期間：×１年４月１日から×４年３月31日まで

金利交換日：毎年３月31日

③ 当年度の金利交換日（×２年３月31日）に適用されるTIBORは2.5％であった。

④ 当該金利スワップの当期決算時の時価は96（正味の債権）であった。

＊TIBOR（タイボー，Tokyo InterBank Offered Rate）とは，東京における銀行間の取引金利をいう。

《解説・解答》

（１）金利交換時（×２年３月31日）

（借）現金及び預金	50＊1	（貸）金利スワップ損益	50

＊1　想定元本10,000×{受取（TIBOR2.5％＋１％）－支払（固定金利３％）}＝50

（２）決算時（×２年３月31日）

（借）金利スワップ	96＊2	（貸）金利スワップ損益	96

＊2　決算日の時価

（注）正味の債権の時価96＊2をもって貸借対照表価額とし，評価差額は当期の損益とする。

B/S価額：時　価

評価差額：当期の損益（営業外損益）

なお，期末に存在するデリバティブ取引については，財務諸表に注記しなければならない。

5 ヘッジ会計

1 意　義

ヘッジ会計とは，ヘッジ取引のうち一定の要件を満たすものについて，ヘッジ対象に係る損益とヘッジ手段に係る損益を同一の会計期間に認識し，ヘッジの効果を会計に反映させるための特殊な会計処理をいう。

なお，ヘッジ取引とは，ヘッジ対象の資産または負債に係る相場変動を相殺するか，ヘッジ対象の資産または負債に係るキャッシュ・フローを固定してその変動を回避することにより，ヘッジ対象である資産または負債の価格変動，金利変動および為替変動といった相場変動等による損失の可能性を減殺することを目的として，デリバティブ取引をヘッジ手段として用いる取引をいう。

最近，企業は，経済活動の一環として，企業の有する資産・負債，とりわけ現金・債権債務・有価証券等について生ずる各種のリスクを，移転または回避（ヘッジ）するために，オプション，先物取引等の取引を積極的に行っている。具体的にみれば，保有する外貨建金銭債権債務について為替相場の変動から生ずる「為替リスク」，市場金利の変動に伴い借入金等について生じる「金利リスク」，あるいは，保有有価証券等の市場価値の下落によって生じる「価格リスク」等の財務上のリスクは，企業の財務内容に少なからず影響を与えるために，これらのリスクをオプション，先物取引等により，移転または回避する取引が多く利用されているのが企業の現状である。

このような企業が行う財務リスクの移転または回避行為を，「ヘッジ活動」あるいは「ヘッジ取引」という。ヘッジ会計とは，このような企業のヘッジ活動という経済的な実態を財務諸表上において適切に反映するための会計上の取扱いを指す。

ヘッジ会計が適用されるヘッジ対象とは，公正価値の変動または将来キャッシュ・フローの変動リスクにさらされている資産，負債のほか，資産または負債としてまだ認識されていない確定約定や将来の予定取引をいう。

ヘッジ手段とは，指定されたデリバティブ等で，その公正価値がヘッジ対象の公正価値の変動またはキャッシュ・フローの変動と反対方向に動くと予想されるものをいう[3)]。

ヘッジ取引のすべてについてヘッジ会計が適用されるわけではない。

まず，ヘッジ取引についてヘッジ会計が適用されるための条件として，ヘッジ対象が相場変動等による損失の可能性にさらされており，ヘッジ対象とヘッジ手段とのそれぞれに生じる損益が互いに相殺されるか（公正価値ヘッジ）またはヘッジ手段によりヘッジ対象のキャッシュ・フローが固定され，その変動が回避される関係（キャッシュ・フロー・ヘッジ）になければばならない。

上記条件を満たした場合であっても，ヘッジ対象に生じた損益とヘッジ手段に生じた損益が同一の会計期間に認識され，相殺されていれば，ヘッジ取引の効果が財務諸表に反映されているためヘッジ会計は必要ない。ヘッジ会計が必要となるのは，両者の認識時点にずれが生ずる場合である。その場合には，同一期間での認識が妨げられ，ヘッジ活動に関する経済的実態が適切に反映されないことになるため，ヘッジ対象およびヘッジ手段に係る損益を同一の会計期間に認識し，ヘッジ取引の効果を財務諸表に反映させるヘッジ会計が必要となる。

2　ヘッジ会計の方法

ヘッジ会計の方法には，（1）繰延ヘッジと（2）時価ヘッジがある。なお，原則の処理方法は繰延ヘッジであるが，諸外国で時価ヘッジが採用されていることを考慮して，時価ヘッジも認められている。

（1）繰延ヘッジ

繰延ヘッジとは，時価評価されているヘッジ手段に係る損益または評価差額を，ヘッジ対象に係る損益が認識されるまで純資産の部において繰り延べる方法をいう。つまり，ヘッジ対象に係る損益はそのままにし，ヘッジ手段に係る損益をヘッジ対象に係る損益認識時点に合わせようとする方法である。

3）西川，前掲書，116－117頁。

なお，純資産の部に計上されるヘッジ手段に係る損益または評価差額については，第19章で説明する税効果会計を適用したうえで「繰延ヘッジ利益（または，繰延ヘッジ損失)」として評価・換算差額等に表示される。

（2）時価ヘッジ

時価ヘッジとは，ヘッジ対象である資産または負債に係る相場変動等を損益に反映させることにより，その損益とヘッジ手段に係る損益とを同一の会計期間に認識する方法をいう。つまり，ヘッジ手段に係る損益はそのままにし，ヘッジ対象に係る損益をヘッジ手段に係る損益認識時点に合わせようとする方法である。

（3）ヘッジ会計の効果

以下の例を用いて，ヘッジ会計の効果について説明する。

・債券現物（その他有価証券）を×１年度中に購入している。〈ヘッジ対象〉
・債券現物の価格変動リスクを回避するために債券現物の購入と同時に債券先物の売建取引を行っている。〈ヘッジ手段〉
・×２年度中に債券現物を売却し，先物取引契約を終了した。
・債券現物および債券先物の価格（総額）は以下のとおりである。

	債券現物	債券先物
債券現物購入日	10,000	10,500
×１年度決算日	9,900	10,400
債券現物売却日	9,900	10,400

・その他有価証券の評価差額については全部純資産直入法により，税効果会計は無視する。

まず，ヘッジ会計を適用しない場合，損益認識のズレは以下のとおりとなる。

＜ヘッジ会計を適用しない場合＞

	×１期	×２期	合　計
ヘッジ対象（現物）		△100	△100
ヘッジ手段（先物）	+100		+100
損益合計	+100	△100	0

〈仕訳〉

×１期決算時

・ヘッジ対象（現物）

（借）その他有価証券評価差額金　100　（貸）投資有価証券　100

・ヘッジ手段（先物）

（借）先物取引　100　（貸）先物取引損益　100

債券現物売却時（×２期）

・ヘッジ対象（現物）

（借）現金及び預金　9,900　（貸）投資有価証券　10,000

投資有価証券売却損　100

・ヘッジ手段（先物）

（借）現金及び預金　100　（貸）先物取引　100

上記のとおり，合計では損益が通算してゼロになるが，×１期に100の利益が，×２期に100の損失が計上され，損益の認識の時点にズレが生ずることになる。

ここで，ヘッジ会計を適用した場合，どのような影響があるかを示す。

まず，繰延ヘッジを適用した場合，以下のとおりとなる。

＜繰延ヘッジ＞

	×1期	×2期	合　計
ヘッジ対象（現物）		△100	△100
ヘッジ手段（先物）	→(繰延)	+100	+100
損益合計	0	0	0

〈仕訳〉

×１期決算時

・ヘッジ対象（現物）

（借）その他有価証券評価差額金　100　（貸）投資有価証券　100

・ヘッジ手段（先物）

（借）先物取引　100　（貸）繰延ヘッジ損益　100

（注）×２期首に振戻処理が行われ，貸借対照表における先物取引，繰延ヘッジ損益はそれぞれゼロになる。

債券現物売却時（×２期）

・ヘッジ対象（現物）

（借） 現金及び預金 9,900 （貸） 投資有価証券 10,000
投資有価証券売却損 100

・ヘッジ手段（先物）

（借） 現金及び預金 100 （貸） 先物取引損益 100

（注）財務諸表の表示においては，ヘッジ対象から生じた投資有価証券売却損100とヘッジ手段から生じた先物取引利益100を同一の区分で表示し，相殺するため，損益計算書における投資有価証券売却損はゼロとなる。

上記のとおり，ヘッジ手段に係る損益を繰り延べた結果，各期におけるヘッジ対象に係る損益とヘッジ手段に係る損益認識時点が一致し，各期の損益合計はそれぞれゼロとなっている。よって，ヘッジの効果を各期の財務諸表に反映させることができる。

次に，時価ヘッジを適用した場合，以下のとおりとなる。

<時価ヘッジ>

	×1期	×2期	合　計
ヘッジ対象（現物）	△100	←(見越)	△100
ヘッジ手段（先物）	+100		+100
損益合計	0	0	0

〈仕訳〉

×１期決算時

・ヘッジ対象（現物）

（借） 投資有価証券評価損 100 （貸） 投資有価証券 100

・ヘッジ手段（先物）

（借） 先物取引 100 （貸） 先物取引損益 100

（注）財務諸表の表示においては，ヘッジ対象から生じた投資有価証券評価損100とヘッジ手段から生じた先物取引利益100を同一の区分で表示し，相殺するた

め，損益計算書における投資有価証券評価損はゼロとなる。

債券現物売却時（×２期）

・ヘッジ対象（現物）

（借）	現金及び預金	9,900	（貸）投資有価証券	9,900

（注）本来であれば期首において前期の評価差額を振り戻すこととなるが，説明の便宜上，期首振戻仕訳はなかったものとして示す。

・ヘッジ手段（先物）

（借）	現金及び預金	100	（貸）先物取引	100

上記のとおり，ヘッジ対象に係る損益を見越した結果，各期におけるヘッジ対象に係る損益とヘッジ手段に係る損益認識時点が一致し，各期の損益合計はそれぞれゼロとなっている。よって，ヘッジの効果を各期の財務諸表に反映させることができる。

最後に，**設例12－２**の先物取引をヘッジ手段として用いた場合の会計処理を示す。

設例12－５ ヘッジ会計

以下の資料にもとづき，ヘッジ取引に係る仕訳を示しなさい。なお，下記取引はヘッジ会計の要件を満たし，繰延ヘッジにより処理する。また，委託証拠金等については考慮しないものとし，決算日は３月31日である。

① ×１年12月１日に商品現物3,000を現金で購入した。なお，当該商品の価格下落リスクを回避するために×１年12月31日に，②の条件で商品先物売契約を締結した（売約定）。

② 商品先物の契約条件

　単　　　位：3,000

　売約定価額：108,000（１kgあたり36）

③ 商品現物および商品先物の価格の推移（１kgあたりの価格を示す）

	商品現物	商品先物
×1年12月1日：	@38	@42
×1年12月31日：	@33	@36
×2年3月31日：	@28	@30
×2年5月31日：	@20	@21

④　×2年5月31日に，商品現物を@20で現金売上し，同時に商品先物契約を終了した。

《解説・解答》

（1）商品現物仕入時（×1年12月1日）

（借）商品　114,000＊1　（貸）現金及び預金　114,000

＊1　仕入時現物価格@38×3,000kg＝114,000

（2）商品先物契約締結時（×1年12月31日）

仕訳なし

（注）契約締結時の価格と契約終了時の価格の差額が正味の債権債務となるが，契約締結時には価格差が生じていないため，正味の債権債務はゼロとなる。

（3）決算時（×2年3月31日）

a）商品現物に係る仕訳

仕訳なし

b）商品先物に係る仕訳

（借）先物取引　18,000＊2　（貸）繰延ヘッジ損益　18,000

＊2　（契約締結時の価格@36－決算時の時価@30）×3,000kg＝18,000

（注）正味の債権の時価18,000＊2をもって貸借対照表価額とする。ただし，評価差額は繰延ヘッジにより当期の損益とはならず，次期以降に繰り延べられる。

（4）商品現物売却時（×2年5月31日）

a）商品現物に係る仕訳

（借）現金及び預金　60,000＊3　（貸）商品　114,000＊4
　　　商品売却損　54,000＊4

＊3　@20×3,000kg＝60,000

＊4（売却時現物価格@20－仕入時現物価格@38）×3,000kg＝△54,000（損）

b）商品先物に係る仕訳

（借）	繰延ヘッジ損益	18,000	（貸）	先物取引	18,000*2
（借）	現金及び預金	45,000*5	（貸）	先物取引損益	45,000

＊5　（契約締結時の価格@36－契約終了時の時価@21）×3,000kg＝45,000

　　または，18,000*2＋27,000*6＝45,000

＊6　（前年度決算時の時価@30－契約終了時の時価@21）×3,000kg＝27,000

（注）財務諸表の表示においては，ヘッジ対象から生じた商品売却損54,000*4とヘッジ手段から生じた先物取引利益45,000*5を同一の区分で表示し，相殺するため，損益計算書における商品売却損は9,000（＝54,000*4－45,000*5）となる。よって，先物取引により，損失を45,000*5回避できたというヘッジ取引の効果を繰延ヘッジにより財務諸表に反映させることができる。

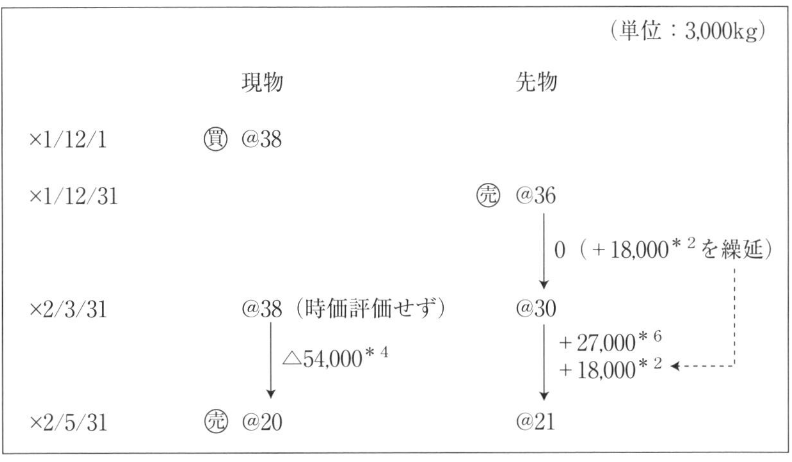

第13章 減損会計

1 減損とは

固定資産の減損とは，資産の収益性の低下により投資額の回収が見込めなくなった状態であり，減損処理とは，そのような場合に，一定の条件の下で回収可能性を反映させるように帳簿価額を減額する会計処理である。

2 導入の経緯

わが国においては，従来，固定資産の減損に関する処理基準が明確ではなかったため，固定資産の帳簿価額が価値を過大に表示したまま将来に損失を繰り延べているのではないかとの問題点が指摘されていた。また，このような状況が財務諸表への社会的な信頼を損ねているという意見や，減損に関する処理基準が整備されていないために，裁量的な固定資産の評価減が行われるおそれがあるという見方もあった。さらに，会計基準の国際的調和を図るうえでも，減損処理に関する会計基準を整備すべきとの意見があった。

このような状況の中，固定資産の減損について適正な会計処理を行うことにより，投資者に的確な情報を提供するとともに，会計基準の国際的調和を図るなどの観点から，平成14（2002）年８月に「固定資産の減損に係る会計基準（以下，減損基準という）」が公表され，平成17（2005）年４月以後開始する事業年度から適用されることとなった。

3 対象資産

固定資産
ただし，他の基準に減損処理に関する定めがある資産は除く

固定資産に分類される資産を対象資産とするが，「金融商品に関する会計基準」における金融資産，「税効果会計に係る会計基準」における繰延税金資産，「研究開発費等に係る会計基準」において無形固定資産として計上されている市場販売目的のソフトウェア，「退職給付に関する会計基準」における前払年金費用等，他の基準に減損処理に関する定めがある資産については，対象資産から除くこととする。なお，自社利用ソフトウェアについては対象となる。

4 基本的考え方

事業用の固定資産については，通常，市場平均を超える成果を期待して事業に使われているため，市場の平均的な期待で決まる時価が変動しても，企業にとっての投資の価値がそれに応じて変動するわけではなく，また，投資の価値自体も，投資の成果であるキャッシュ・フローが得られるまでは実現したものではない。そのため，事業用の固定資産は取得原価から減価償却等を控除した金額で評価され，損益計算においては，そのような資産評価に基づく実現利益が計上されている。

しかし，事業用の固定資産であっても，その収益性が当初の予想よりも低下し，資産の回収可能性を帳簿価額に反映させなければならない場合がある。このような場合における固定資産の減損処理は，棚卸資産の評価減，固定資産の物理的な滅失による臨時損失や耐用年数の短縮に伴う臨時償却などと同様に，事業用資産の過大な帳簿価額を減額し，将来に損失を繰り延べないために行われる会計処理と考えることが適当である。これは，金融商品に適用されている時価評価とは異なり，資産価値の変動によって利益を測定することや，決算日における資産価値を貸借対照表に表示することを目的とするものではなく，取

得原価基準の下で行われる帳簿価額の臨時的な減額である。

5 減損損失の認識と測定

減損処理の手順は，1．減損の兆候，2．減損損失の認識の判定，3．減損損失の測定の3つから成り，その手順は次のようである。

(減損処理の手順)
1．減損の兆候
　減損の兆候はあるか？
　　ある → 2．へ
　　ない → 減損処理しない。
2．減損損失の認識の判定
　割引前将来キャッシュ・フロー合計が帳簿価額合計を下回るか？
　　下　回　る → 3．へ
　　下回らない → 減損処理しない
3．減損損失の測定
　帳簿価額を回収可能価額まで減額する。
　(減　額　分 → P/L減損損失とする)

回収可能価額：正味売却価額 or 使用価値 → いずれか高い方
正味売却価額：時価－処分費用見込額
使用価値：将来キャッシュ・フローの現在価値

回収可能価額とは，資産または資産グループの正味売却価額と使用価値のいずれか高い方の金額をいう。経営者が合理的な判断をするかぎり，資産を売却した場合と使用した場合を比較して，より多くのキャッシュ・フローを獲得できる方を選択すると考えるのである。

正味売却価額とは，資産または資産グループの時価から処分費用見込額を控除して算定される金額をいい，使用価値とは，資産または資産グループの継続的使用と使用後の処分によって生ずると見込まれる将来キャッシュ・フローの現在価値をいう。

なお，3つの手順を検討するにあたり，合理的な範囲で資産をグルーピングする必要があるが，資産のグルーピングは，他の資産または資産グループのキャッシュ・フローからおおむね独立したキャッシュ・フローを生み出す最小の単位で行う。

1 減損の兆候

減損の兆候あり → **2**（次頁）へ
減損の兆候なし → 減損しない

資産または資産グループに減損が生じている可能性を示す事象がある場合には，当該資産または資産グループについて，減損損失を認識するかどうかの判定を行う。これは，対象資産のすべてについて次の手順である減損損失を認識するかどうかの判定を行うことが，実務上，過大な負担となることを考慮し，減損の兆候がある資産または資産グループに対象を限定する趣旨である。

減損の兆候としては，たとえば，次の事象が考えられる。

① 資産または資産グループが使用されている営業活動から生ずる損益またはキャッシュ・フローが，継続してマイナスとなっているか，あるいは，継続してマイナスとなる見込みであること[1)]

② 資産または資産グループが使用されている範囲または方法について，当該資産または資産グループの回収可能価額を著しく低下させる変化が生じたか，あるいは，生ずる見込みであること[2)]

③ 資産または資産グループが使用されている事業に関連して，経営環境が著しく悪化したか，あるいは，悪化する見込みであること[3)]

④ 資産または資産グループの市場価格が著しく下落したこと[4)]

1）継続してマイナスとは，おおむね過去2期がマイナスであったことを指すが，当期の見込みが明らかにプラスとなる場合は該当しないと考えることが適当である。また，継続してマイナスとなる見込みとは，前期と当期以降の見込みが明らかにマイナスとなる場合を指す。

2　減損損失の認識の判定

(1) 判定基準

割引前将来キャッシュ・フローの総額 < 帳簿価額 → **3**（155頁）へ
割引前将来キャッシュ・フローの総額 > 帳簿価額 → 減損しない

減損の兆候がある資産または資産グループについての減損損失を認識するかどうかの判定は，資産または資産グループから得られる割引前将来キャッシュ・フローの総額と帳簿価額を比較することによって行い，資産または資産グループから得られる割引前将来キャッシュ・フローの総額が帳簿価額を下回る場合には，減損損失を認識する。これは，減損損失を認識すべき資産を減損の存在が相当程度に確実な場合に限る趣旨である。

減損損失の測定は，将来キャッシュ・フローの見積りに大きく依存し，測定が主観的にならざるを得ない点を考慮すると，減損の存在が相当程度に確実な場合に限って減損損失を認識することが適当であると考えられること，減損の兆候がある資産または資産グループについて，これらが生み出す割引前の将来キャッシュ・フローの総額がこれらの帳簿価額を下回るときには，減損の存在が相当程度に確実であるといえることから上記基準に従って判定を行う。

2）資産または資産グループが使用される範囲または方法について生ずる当該資産または資産グループの回収可能価額を著しく低下させる変化とは，①資産または資産グループが使用されている事業を廃止または再編成すること，②当初の予定よりも著しく早期に資産または資産グループを処分すること，③資産または資産グループを当初の予定と異なる用途に転用すること，④資産または資産グループが遊休状態になったこと等をいう。

3）経営環境が著しく悪化した場合とは，①材料価格の高騰や，製・商品の店頭価格やサービス料金，賃料水準の大幅な下落，製・商品販売量の著しい減少などが続いているような市場環境の著しい悪化，②技術革新による著しい陳腐化や特許期間の終了による重要な関連技術の拡散などの技術的環境の著しい悪化，③重要な法律改正，規制緩和や規制強化，重大な法令違反の発生などの法律的環境の著しい悪化等をいう。

4）市場価格が著しく下落したことには，少なくとも市場価格が帳簿価額から50%程度以上下落した場合が該当する。

(2) 割引前将来キャッシュ・フローの総額の見積り

① 割引前将来キャッシュ・フローの見積期間

経済的残存使用年数 or 20年 ⟶ いずれか短い方

減損損失を認識するかどうかを判定するために割引前将来キャッシュ・フローを見積もる期間は，資産の経済的残存使用年数または資産グループ中の主要な資産の経済的残存使用年数と20年のいずれか短い方とする[5]。

なお，資産または資産グループ中の主要な資産の経済的残存使用年数が20年を超える場合には，20年経過時点の回収可能価額を算定し，20年目までの割引前将来キャッシュ・フローに加算する。

② 割引前将来キャッシュ・フローの総額

(1) 資産または資産グループ中の主要な資産の経済的残存使用年数が20年以下の場合

主要な資産の経済的残存使用年数経過時点における主要な資産の正味売却価額を経済的残存使用年数までの割引前将来キャッシュ・フローに加算する。**図表13－1**を参照されたい。

図表13－1 経済的残存使用年数が20年以下の場合（ex. 10年）

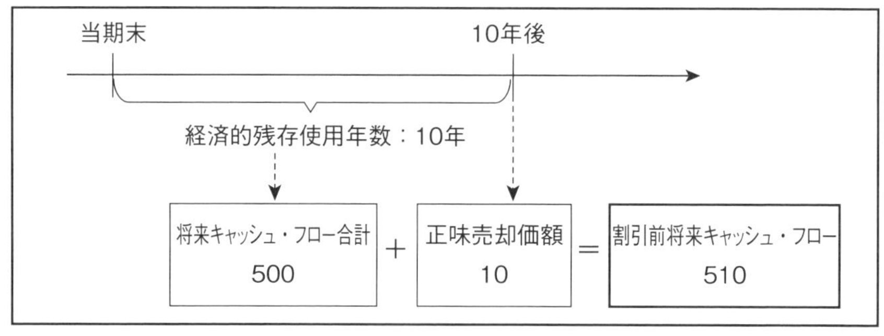

5) 主要な資産とは，資産グループの将来キャッシュ・フロー生成能力にとって最も重要な構成資産をいう。

（2）資産または資産グループ中の主要な資産の経済的残存使用年数が20年を超える場合

21年目以降に見込まれる将来キャッシュ・フローに基づいて算定された20年経過時点における回収可能価額を，20年目までの割引前将来キャッシュ・フローに加算する。**図表13－2**を参照されたい。

図表13－2 経済的残存使用年数が20年超の場合（ex. 22年）

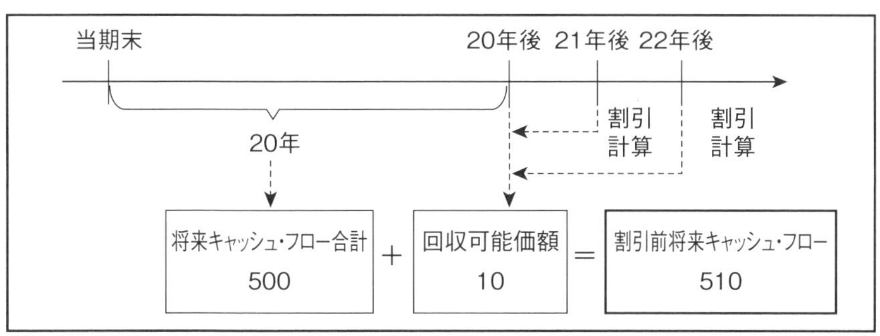

（参考）20年超の将来キャッシュ・フローを合理的に見積もることが困難な場合は20年後の正味売却価額を回収可能価額とすることができる。

3　減損損失の測定

減損損失：帳簿価額－回収可能価額

減損損失を認識すべきであると判定された資産または資産グループについては，帳簿価額を回収可能価額まで減額し，当該減少額を減損損失として当期の損失（特別損失）とする。

資産グループについて認識された減損損失は，帳簿価額にもとづく比例配分等の合理的な方法により，当該資産グループの各構成資産に配分される。

なお，使用価値の算定に当たり，割引前将来キャッシュ・フローの総額を現在価値に割り引くこととなるが，「2　減損損失の認識の判定」における割引前将来キャッシュ・フローの総額とは次に示す部分のみ異なる。

①　見積期間は経済的残存使用年数であり，20年という制限がない（見積期間

を制限する必要がない)。

② 将来キャッシュ・フローが見積りから乖離するリスクを将来キャッシュ・フローの見積りまたは割引率に反映させる。

設例13－1 固定資産の減損

以下の資料にもとづき，固定資産の減損に関する決算整理仕訳を示しなさい。

① 当社（小売業）は全国各地に多店舗展開しており，各店舗を管理単位としている。

② 関東地区Ａ店については，２年前より近隣に大型競合店が進出した影響で，営業損益が２期連続で赤字となっている。

③ Ａ店の固定資産の期末帳簿価額は3,000（建物1,500，備品500，土地1,000）である。

④ Ａ店の主要な資産は建物であり，建物の経済的使用年数は５年である。

⑤ Ａ店では今後毎年400のキャッシュ・フローの獲得が見込まれる。

⑥ Ａ店の固定資産の現在の正味売却価額は合計で1,100であり，５年後の正味売却価額は合計で600と見込まれる。

⑦ 使用価値を算定する場合に用いる割引率はすべて５％とする。

《解説・解答》

（1）思考プロセス

資産グループ	Ａ店
減損の兆候	あり ＊1
帳簿価額合計	3,000
割引前将来キャッシュ・フロー	2,600 ＊2
減損損失の認識	する ＊3
回収可能価額	2,202 ＊4
減損損失	△798 ＊5
減損処理後帳簿価額	2,202 ＊4

＊1　営業損益が２期連続で赤字

＊2　毎年のキャッシュ・フロー400×５年＋５年後の正味売却価額600＝2,600

＊3　割引前将来キャッシュ・フロー2,600＊2＜帳簿価額3,000

＊4　使用価値2,202＊6＞現在の正味売却価額1,100 → 2,202＊6

＊5　帳簿価額3,000－回収可能価額2,202＊4＝798

＊6　$\frac{400}{1.05}+\frac{400}{(1.05)^2}+\frac{400}{(1.05)^3}+\frac{400}{(1.05)^4}+\frac{1{,}000^{*7}}{(1.05)^5}=2{,}202$（小数点以下四捨五入）

＊7　400＋５年後の正味売却価額600＝1,000

（2）決算整理仕訳

（借）	減損損失	798＊5	（貸）建物	399＊8
			備品	133＊9
			土地	266＊10

＊8　帳簿価額1,500×配分比率0.266＊11＝399

＊9　帳簿価額500×配分比率0.266＊11＝133

＊10　帳簿価額1,000×配分比率0.266＊11＝266

＊11　減損損失798＊5÷帳簿価額合計3,000＝配分比率0.266

（3）財務諸表表示

貸借対照表：建物 1,101（1,500－減損損失399＊8）
　　　　　　備品　367（500－減損損失133＊9）
　　　　　　土地　734（1,000－減損損失266＊10）

損益計算書：減損損失798＊5（特別損失）

6　共用資産の取扱い

1　共用資産とは

共用資産とは，複数の資産または資産グループの将来キャッシュ・フローの生成に寄与する資産のうち，のれん以外のものをいう。たとえば，全社的な将来キャッシュ・フローの生成に寄与する本社の建物や試験研究施設が該当するが，全社的な資産でなくても，複数の資産または資産グループを含む部門全体の将来キャッシュ・フローの生成に寄与している資産は，当該部門の共用資産となる。

なお，**図表13－3**に示すとおり，同じ資産であっても，資産のグルーピングの状況や使用状況に応じて，共用資産になる場合とならない場合があることに留意する必要がある。

図表13－3 共用資産に該当するか否かの判定

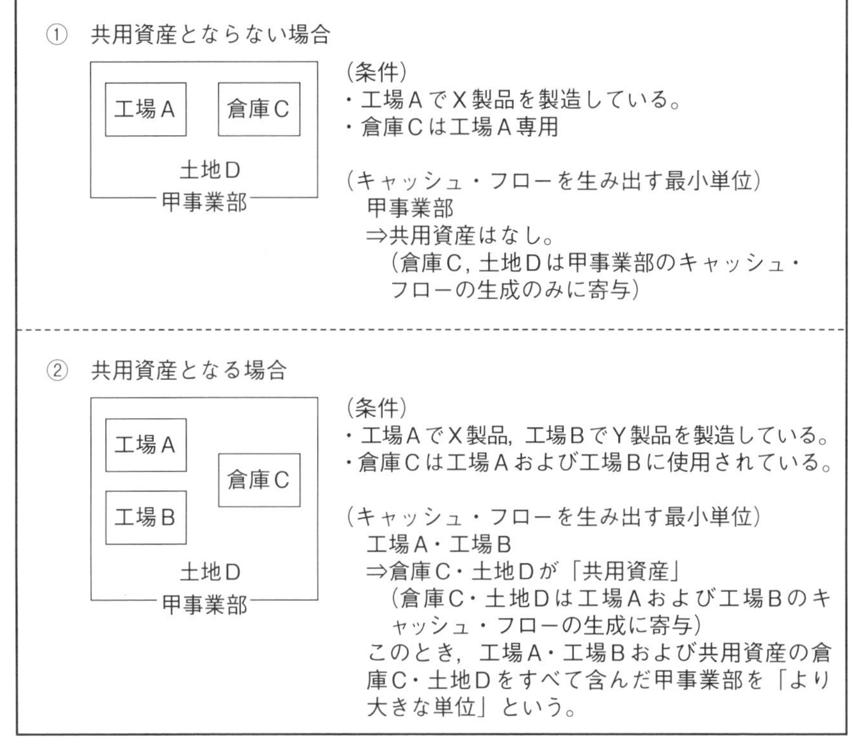

2　共用資産がある場合の減損損失の認識と測定

共用資産に減損の兆候がある場合に，減損損失を認識するかどうかの判定は，共用資産が関連する複数の資産または資産グループに共用資産を加えた，より大きな単位で行う。

なお，共用資産に係る資産のグルーピングを，共用資産が関連する複数の資産または資産グループに共用資産を加えた，より大きな単位で行う場合，減損の兆候の把握，減損損失を認識するかどうかの判定および減損損失の測定は，まず，資産または資産グループごとに行い，その後，より大きな単位で行う。

共用資産を含む，より大きな単位について減損損失を認識するかどうかを判定するに際しては，共用資産を含まない各資産または資産グループにおいて算定された減損損失控除前の帳簿価額に共用資産の帳簿価額を加えた金額と，割引前将来キャッシュ・フローの総額とを比較する。この場合に，共用資産を加えることによって算定される減損損失の増加額は，原則として，共用資産に配分する。

共用資産の帳簿価額を当該共用資産に関連する資産または資産グループに合理的な基準で配分することができる場合には，共用資産の帳簿価額を各資産または資産グループに配分したうえで減損損失を認識するかどうかを判定することができる。この場合に，資産グループについて認識された減損損失は，帳簿価額にもとづく比例配分等の合理的な方法により，共用資産の配分額を含む当該資産グループの各構成資産に配分する。

ではここで，**設例13－2**および**設例13－3**にて，共用資産がある場合の減損に関する原則および容認規定にもとづく会計処理の設例を示す。

設例13－2 固定資産の減損，共用資産がある場合（原則）

以下の資料にもとづき，固定資産の減損に関する決算整理仕訳を示しなさい。

1．甲事業部は，3つの資産グループを所有し，それぞれキャッシュ・フローを生み出す最小単位と判断される。また，3つの資産グループの共用資産を所有している。

2．資産グループB，Cおよび共用資産に減損の兆候が把握される。

3．減損損失の配分はすべて帳簿価額を基準として比例配分する。

4．各資産グループおよび共用資産のデータは以下のとおりである。

①　資産グループA：帳簿価額　5,000，割引前将来キャッシュ・フ

ローおよび回収可能価額は不明

② 資産グループB：帳簿価額　3,000，割引前将来キャッシュ・フロー 3,500，回収可能価額は不明

③ 資産グループC：帳簿価額　2,000，割引前将来キャッシュ・フロー 1,300，回収可能価額 900

④ 共　用　資　産：帳簿価額　1,000，正味売却価額600

5．甲事業部（より大きな単位）の帳簿価額合計は 11,000，割引前将来キャッシュ・フローは 9,900，回収可能価額は8,700である。

《解説・解答》

（1）キャッシュ・フローを生み出す最小単位についての減損損失の認識および測定

まず，資産グループB，Cについて減損損失の認識および測定の手続を行う。

《思考プロセス》

資産グループ	資産グループB	
減損の兆候	あり	←資料2．より
帳簿価額合計	3,000	←資料4．より
割引前将来キャッシュ・フロー	3,500	←資料4．より
減損損失の認識	しない	←割引前将来キャッシュ・フロー 3,500＞帳簿価額合計3,000

資産グループ	資産グループC	
減損の兆候	あり	←資料2．より
帳簿価額合計	2,000	←資料4．より
割引前将来キャッシュ・フロー	1,300	←資料4．より
減損損失の認識	する	←割引前将来キャッシュ・フロー 1,300＜帳簿価額合計2,000
回収可能価額	900	←資料4．より
減損損失	△1,100	←帳簿価額2,000 －回収可能価額900
減損処理後帳簿価額	900	

（2）共用資産を含めた「より大きな単位」についての減損損失の認識および測定

《思考プロセス》（注）表中の「—」はこのプロセスでは考慮しないことを示している。

	共用資産	より大きな単位	
減損の兆候	あり	—	←資料2.より
帳簿価額合計	—	11,000	←資料5.より
割引前将来キャッシュ・フロー	—	9,900	←資料5.より
減損損失の認識	—	する	←割引前将来キャッシュ・フロー9,900 < 帳簿価額合計11,000
回収可能価額	—	8,700	←資料5.より
減損損失	—	△2,300	←帳簿価額11,000－回収可能価額8,700

⇒ 減損損失の増加額：より大きな単位での減損損失2,300－資産グループCに係る減損損失1,100＝1,200

「共用資産を加えることによって算定される減損損失の増加額1,200」の配分手順

① まず，共用資産の正味売却価額を限度として「共用資産に配分」する。
② ①で配分しきれない場合，合理的な基準により「各資産グループに配分」する。

《思考プロセス》

	資産グループA	資産グループB	資産グループC	共用資産	より大きな単位
帳簿価額合計	5,000	3,000	2,000	1,000	11,000
減損損失	—	—	△1,100	—	△1,100
各資産グループごとの減損処理後帳簿価額	5,000	3,000	900	1,000	—
減損損失の増加額	—	—	—	—	△1,200
減損損失の増加額の配分①	—	—	—	△400＊1	400
減損損失の増加額の配分②	△500＊2	△300＊3	—	—	800
減損処理後帳簿価額	4,500	2,700	900	600	8,700

＊1　帳簿価額1,000－正味売却価額600＝400

＊2　$800^{*4} \times \frac{\text{資産グループAの帳簿価額5,000}}{8,000^{*5}} = 500$

＊3　$800^{*4} \times \frac{\text{資産グループBの帳簿価額3,000}}{8,000^{*5}} = 300$

＊4　共用資産を加えることによって算定される減損損失の増加額1,200－共用資産への配分額400＊1＝800

＊5　資産グループAの帳簿価額5,000＋資産グループBの帳簿価額3,000＝8,000

（3）減損損失に関する決算整理仕訳

(注) 厳密には資産グループの内訳である各資産（建物等）に配分する。

（借）減損損失	2,300	（貸）	共用資産	400
			資産グループA	500
			資産グループB	300
			資産グループC	1,100

設例13－3 固定資産の減損処理・共用資産がある場合（容認）

以下の資料にもとづき甲事業部の固定資産の減損に関する決算整理仕訳を示しなさい。

1．甲事業部は，３つの資産グループを所有し，それぞれキャッシュ・フローを生み出す最小単位と判断される。また，３つの資産グループの共用資産を所有している。

2．共用資産の帳簿価額を各資産グループに配分する方法を採用している。なお，共用資産の帳簿価額1,000のうち，資産グループAに500，資産グループBに300，資産グループCに200配分する。

3．共用資産配分後の資産グループB，Cに減損の兆候が把握される。

4．ある資産グループに減損損失が生じた場合，共用資産配分前の帳簿価額と共用資産の配分額に基づいて当該減損損失を資産グループと共用資産に配分する。

5．共用資産配分前の各資産グループのデータは以下のとおりである。

① 資産グループＡ：帳簿価額 5,000
② 資産グループＢ：帳簿価額 3,000
③ 資産グループＣ：帳簿価額 2,000
④ 共　用　資　産：帳簿価額 1,000

6．共用資産配分後の各資産グループのデータは以下のとおりである。
① 資産グループＡ：帳簿価額　？　，割引前将来キャッシュ・フローおよび回収可能価額は不明
② 資産グループＢ：帳簿価額　？　，割引前将来キャッシュ・フロー 3,680，回収可能価額は不明
③ 資産グループＣ：帳簿価額　？　，割引前将来キャッシュ・フロー 1,420，回収可能価額 990

《解説・解答》

（1）思考プロセス

資産グループ	資産グループＢ	
帳簿価額合計	3,000	←資料5．より
共用資産配分額	300	←資料2．より
配分後の帳簿価額合計	3,300	←配分前3,000＋配分額300
減損の兆候	あり	←資料3．より
割引前将来キャッシュ・フロー	3,680	←資料6．より
減損損失の認識	しない	←割引前将来キャッシュ・フロー 3,680 ＞ 配分後帳簿価額3,300

資産グループ	資産グループＣ	
帳簿価額合計	2,000	←資料5．より
共用資産配分額	200	←資料2．より
配分後の帳簿価額合計	2,200	←配分前2,000＋配分額200
減損の兆候	あり	←資料3．より
割引前将来キャッシュ・フロー	1,420	←資料6．より

減損損失の認識	する
回収可能価額	990
減損損失	△1,210

←割引前将来キャッシュ・フロー1,420 ＜ 配分後帳簿価額2,200
←資料6．より
←配分後帳簿価額2,200 －回収可能価額990

⇒「減損損失1,210」を資産グループCと共用資産に配分する。

（2）減損損失に関する決算整理仕訳

（注）厳密には資産グループの内訳である各資産（建物等）に配分する。

（借）減損損失	1,210	（貸）共用資産	110*1
		資産グループC	1,100*2

＊1　$1{,}210 \times \dfrac{\text{共用資産の配分額200}}{2{,}200^{*3}} = 110$

＊2　$1{,}210 \times \dfrac{\text{共用資産配分前の資産グループCの帳簿価額2,000}}{2{,}200^{*3}} = 1{,}100$

＊3　共用資産配分前の資産グループCの帳簿価額2,000＋共用資産の配分額200＝2,200

7 のれんの取扱い

のれんを認識した取引において取得された事業の単位が複数である場合には，のれんの帳簿価額を合理的な基準にもとづき分割する。

分割されたそれぞれののれんに減損の兆候がある場合に，減損損失を認識するかどうかの判定は，のれんが帰属する事業に関連する複数の資産グループに，のれんを加えた，より大きな単位で行う。

なお，のれんに係る資産のグルーピングを，のれんが関連する複数の資産または資産グループにのれんを加えた，より大きな単位で行う場合，減損の兆候の把握，減損損失を認識するかどうかの判定および減損損失の測定は，まず，資産または資産グループごとに行い，その後，より大きな単位で行う。

のれんを含む，より大きな単位について減損損失を認識するかどうかを判定するに際しては，のれんを含まない各資産グループにおいて算定された減損損失控除前の帳簿価額にのれんの帳簿価額を加えた金額と，割引前将来キャッシュ・フローの総額とを比較する。この場合に，のれんを加えることによって算定される減損損失の増加額は，原則として，のれんに配分される。

のれんの帳簿価額を帰属する事業に関連する資産グループに合理的な基準で配分することができる場合には，各資産グループに配分したうえで減損損失の認識を判定する。認識された減損損失は，のれんに優先的に配分し，残額は，帳簿価額にもとづく比例配分等の合理的な方法により各構成資産に配分される。

ではここで，**設例13－4**および**設例13－5**にて，のれんがある場合の減損に関する原則および容認規定にもとづく会計処理の設例を示す。

設例13－4　固定資産の減損処理・のれんがある場合（原則）

以下の資料にもとづき甲事業部の固定資産の減損に関する決算整理仕訳を示しなさい。

1．甲事業部は，3つの資産グループを所有し，それぞれキャッシュ・フローを生み出す最小単位と判断される。また，甲事業部および乙事業部をA社から買収した際にのれんが認識されている。
2．A社買収の際に認識されたのれんの簿価 1,500を甲事業部と乙事業部に分割する。なお，のれんの簿価はのれんが認識された時点における時価の比率（甲事業部10,000：乙事業部5,000）により按分する。
3．甲事業部の資産グループB，Cおよびのれんを含むより大きな単位に減損の兆候が把握される。
4．減損損失の配分はすべて帳簿価額を基準として比例配分する。
5．各資産グループおよびのれんのデータは以下のとおりである。
　① 資産グループA：帳簿価額 5,000，割引前将来キャッシュ・フローおよび回収可能価額は不明
　② 資産グループB：帳簿価額 3,000，割引前将来キャッシュ・フロー3,500，回収可能価額は不明
　③ 資産グループC：帳簿価額 2,000，割引前将来キャッシュ・フロー1,300，回収可能価額 900

④ の　れ　ん：帳簿価額　？
6．甲事業部（より大きな単位）の帳簿価額合計は　？　，割引前将来キャッシュ・フローは 9,900，回収可能価額は 8,700である。

《解説・解答》

（1）のれんの分割

$$甲事業部：1,500\times\frac{甲事業部時価10,000}{15,000^{*1}}=1,000$$

$$乙事業部：1,500\times\frac{乙事業部時価5,000}{15,000^{*1}}=500$$

＊1　甲事業部時価10,000＋乙事業部時価5,000＝15,000

したがって，甲事業部に帰属するのれんの帳簿価額は 1,000である。

（2）キャッシュ・フローを生み出す最小単位についての減損損失の認識および測定

⇒資産グループB，Cについて減損損失の認識および測定の手続を行う。

《思考プロセス》

資産グループ	資産グループB	
減損の兆候	あり	←資料3．より
帳簿価額合計	3,000	←資料5．より
割引前将来キャッシュ・フロー	3,500	←資料5．より
減損損失の認識	しない	←割引前将来キャッシュ・フロー 3,500＞帳簿価額合計3,000

資産グループ	資産グループC	
減損の兆候	あり	←資料3．より
帳簿価額合計	2,000	←資料5．より
割引前将来キャッシュ・フロー	1,300	←資料5．より
減損損失の認識	する	←割引前将来キャッシュ・フロー 1,300＜帳簿価額合計2,000
回収可能価額	900	←資料5．より

減　　損　　損　　失	△1,100	←帳簿価額2,000 －回収可能価額900
減損処理後帳簿価額	900	

（3）のれんを含めた「より大きな単位」についての減損損失の認識および測定

《思考プロセス》（注）表中の「—」はこのプロセスでは考慮しないことを示している。

	のれん	より大きな単位	
帳簿価額合計	—	11,000	←資産グループ（A5,000＋B3,000＋C2,000）＋のれん1,000
割引前将来キャッシュ・フロー	—	9,900	←資料6．より
減損損失の認識	—	する	←割引前将来キャッシュ・フロー9,900＜帳簿価額合計11,000
回収可能価額	—	8,700	←資料6．より
減損損失	—	△2,300	←帳簿価額11,000－回収可能価額8,700

⇒ 減損損失の増加額：より大きな単位での減損損失2,300－資産グループCに係る減損損失1,100＝1,200

「のれんを加えることによって算定される減損損失の増加額1,200」の配分手順

① まず，「のれんに配分」する。

② ①で配分しきれない場合，合理的な基準により「各資産グループに配分」する。

《思考プロセス》

	資産グループA	資産グループB	資産グループC	のれん	より大きな単位
帳簿価額合計	5,000	3,000	2,000	1,000	11,000
減損損失	－	－	△1,100	－	△1,100
各資産グループごとの減損処理後帳簿価額	5,000	3,000	900	1,000	－
減損損失の増加額	－	－	－	－	△1,200
減損損失の増加額の配分①	－	－	－	△1,000*1	1,000
減損損失の増加額の配分②	△125*2	△75*3	－	－	200
減損処理後帳簿価額	4,875	2,925	900	－	8,700

＊1　のれんは正味売却価額がゼロであるため，帳簿価額分の減損損失を配分する。

＊2　$200^{*4} \times \dfrac{\text{資産グループAの帳簿価額}5{,}000}{8{,}000^{*5}} = 125$

＊3　$200^{*4} \times \dfrac{\text{資産グループBの帳簿価額}3{,}000}{8{,}000^{*5}} = 75$

＊4　のれんを加えることによって算定される減損損失の増加額1,200－のれんへの配分額1,000＊1＝200

＊5　資産グループAの帳簿価額5,000＋資産グループBの帳簿価額3,000＝8,000

（4）減損損失に関する決算整理仕訳

（注）厳密には資産グループの内訳である各資産（建物等）に配分する。

（借）		（貸）	
減損損失	2,300	のれん	1,000
		資産グループA	125
		資産グループB	75
		資産グループC	1,100

設例13－5 固定資産の減損・のれんがある場合（容認）

以下の資料にもとづき甲事業部の固定資産の減損に関する決算整理仕訳を示しなさい。

1．甲事業部は，3つの資産グループを所有し，それぞれキャッシュ・フローを生み出す最小単位と判断される。また，甲事業部および乙事業部をA社から買収した際にのれんが認識されている。

2．A社買収の際に認識されたのれんの簿価 1,500を甲事業部と乙事業部に分割する。なお，のれんの簿価はのれんが認識された時点における時価の比率（甲事業部10,000：乙事業部5,000）により按分する。

3．のれんの帳簿価額を各資産グループに配分する方法を採用している。なお，甲事業部に帰属するのれんの帳簿価額 1,000のうち，資産グループAに500，資産グループBに300，資産グループCに200配分する。

4．のれん配分後の資産グループB，Cに減損の兆候が把握される。

5．のれん配分前の各資産グループのデータは以下のとおりである。

① 資産グループA：帳簿価額 5,000
② 資産グループB：帳簿価額 3,000
③ 資産グループC：帳簿価額 2,000
④ 共　用　資　産：帳簿価額 1,000

6．のれん配分後の各資産グループのデータは以下のとおりである。

① 資産グループA：帳簿価額　？　，割引前将来キャッシュ・フローおよび回収可能価額は不明
② 資産グループB：帳簿価額　？　，割引前将来キャッシュ・フロー3,680，回収可能価額は不明
③ 資産グループC：帳簿価額　？　，割引前将来キャッシュ・フロー1,420，回収可能価額 990

《解説・解答》

（1）のれんの分割

$$\text{甲事業部：}1{,}500 \times \frac{\text{甲事業部時価}10{,}000}{15{,}000^{*1}} = 1{,}000$$

$$\text{乙事業部：}1{,}500 \times \frac{\text{乙事業部時価}5{,}000}{15{,}000^{*1}} = 500$$

＊1　甲事業部時価10,000＋乙事業部時価5,000＝15,000

したがって，甲事業部に帰属するのれんの帳簿価額は1,000である。

（2）思考プロセス

資産グループ	資産グループB	
帳簿価額合計	3,000	←資料5．より
のれん配分額	300	←資料3．より
配分後の帳簿価額合計	3,300	←配分前3,000＋配分額300
減損の兆候	あり	←資料4．より
割引前将来キャッシュ・フロー	3,680	←資料6．より
減損損失の認識	しない	←割引前将来キャッシュ・フロー 3,680 ＞ 配分後帳簿価額3,300

資産グループ	資産グループC	
帳簿価額合計	2,000	←資料5．より
のれん配分額	200	←資料3．より
配分後の帳簿価額合計	2,200	←配分前2,000＋配分額200
減損の兆候	あり	←資料4．より
割引前将来キャッシュ・フロー	1,420	←資料6．より
減損損失の認識	する	←割引前将来キャッシュ・フロー 1,420 ＜ 配分後帳簿価額2,200
回収可能価額	990	←資料6．より
減損損失	△1,210	←配分後帳簿価額2,200 －回収可能価額990

⇒「減損損失1,210」を資産グループCとのれんに配分する。

（3）仕　訳

（注）厳密には資産グループの内訳である各資産（建物等）に配分する。

（借）減損損失	1,210	（貸）のれん	200＊1
		資産グループC	1,010＊2

＊1　資産グループCに配分されたのれん（資料3．より）

＊2　貸借差額

8　財務諸表における開示

財務諸表における開示は，おおむね次のようになる。

① 減損損失累計額は減価償却累計額と同様に，固定資産の取得原価から控除される。貸借対照表におけるその表示方法には，直接控除方式，間接控除方式がある。

② 減損損失は固定資産に関する臨時的な損失であるため，原則として特別損失に計上する。

③ 重要な減損損失を計上した場合には，減損損失を認識した資産，減損損失の認識に至った経緯，減損損失の金額，資産のグルーピングの方法，回収可能価額の算定方法等について注記を行う。

第14章 資産除去債務

1 資産除去債務とは

資産除去債務とは，有形固定資産の取得，建設，開発または通常の使用によって生じ，当該有形固定資産の除去に関して法令または契約で要求される法律上の義務およびそれに準ずるものをいう。

たとえば，有害物質であるアスベストを建築資材に含む工場は，法律でその有害物質の除去が義務づけられており，企業はその資材の廃棄にあたり，相応の費用を負担することとなる。また，私達が賃貸マンションや賃貸アパートに住んでいた場合，引っ越す際には，部屋の修理代金や清掃代金として敷金から一定の金額がマイナスされるが，レストランやコーヒーショップなど店舗を構える企業も同様，費用を負担する（＝賃貸借資産の原状回復義務）。

資産除去債務とは，上記のような将来撤退するときに生じる費用を「負債」として認識しようというものである。将来の支出（将来キャッシュ・フロー。以下，将来CFという）を現時点で負債計上するため，資産除去債務は割引現在価値で算定する。

資産除去債務とは，有形固定資産に関する“将来の撤退費用”を表す。
→将来CFの割引現在価値を「資産除去債務（負債）」として計上する
（注）割引率は貨幣の時間価値を反映した「無リスク」の税引前の利率を用いる。

図表14－1 資産除去債務の理解図

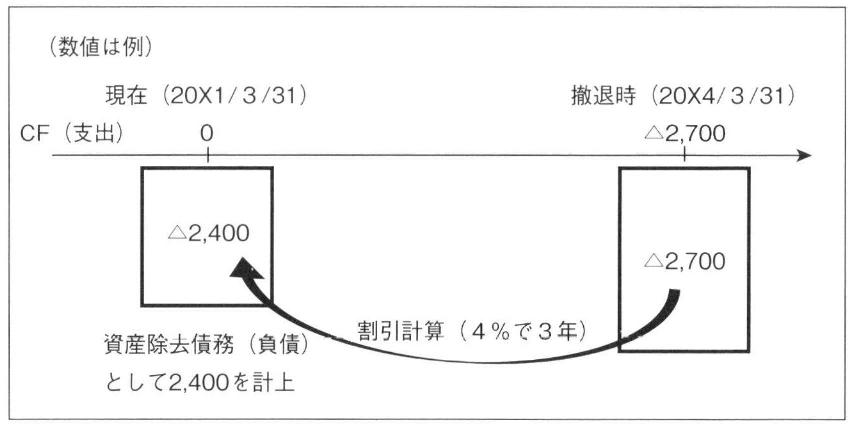

2 資産除去債務発生時の会計処理

資産除去債務の会計処理は以下のように分解して考えるとよい。

① 通常の取得部分に加え，

② 資産除去債務計上額を有形固定資産の簿価に計上する。

〈仕訳例〉

（借）	建物	30,000	（貸）	現金	30,000	←①現在の支出額
（借）	建物	2,400	（貸）	資産除去債務	2,400	←②将来の支出額

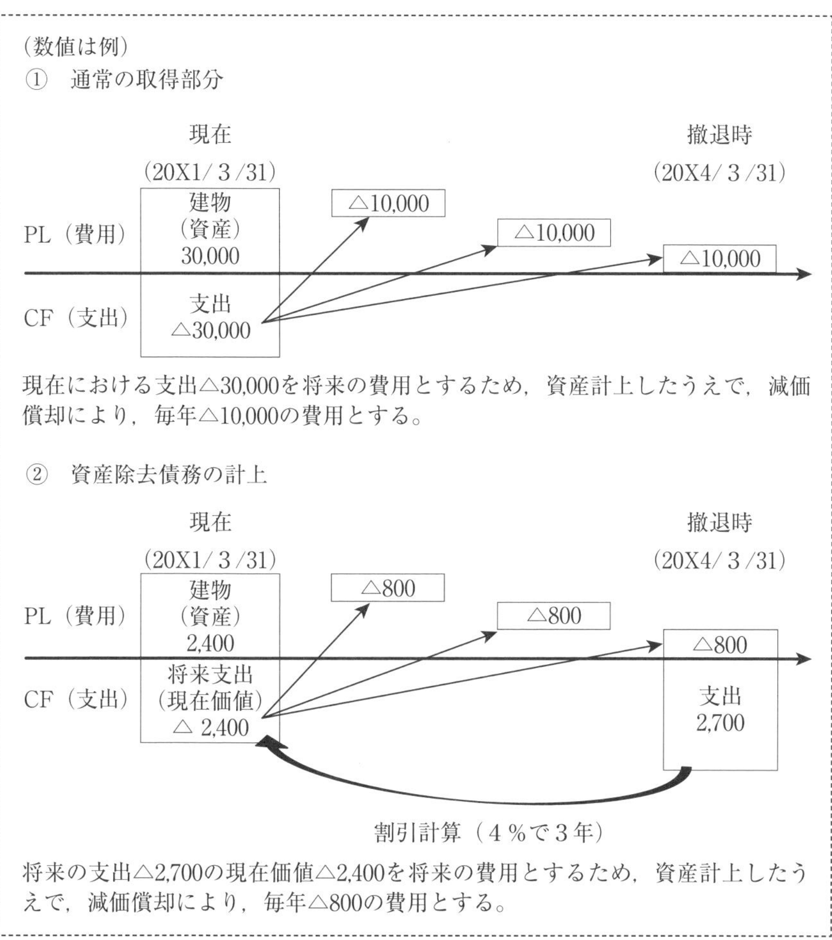

3　時の経過による資産除去債務の調整

資産除去債務は割引現在価値で計上されているため，時の経過により金額が変化する。

そのため，決算整理で期首の資産除去債務の簿価に当初負債計上時の割引率を乗じた金額を資産除去債務にプラスし，利息費用として計上する。

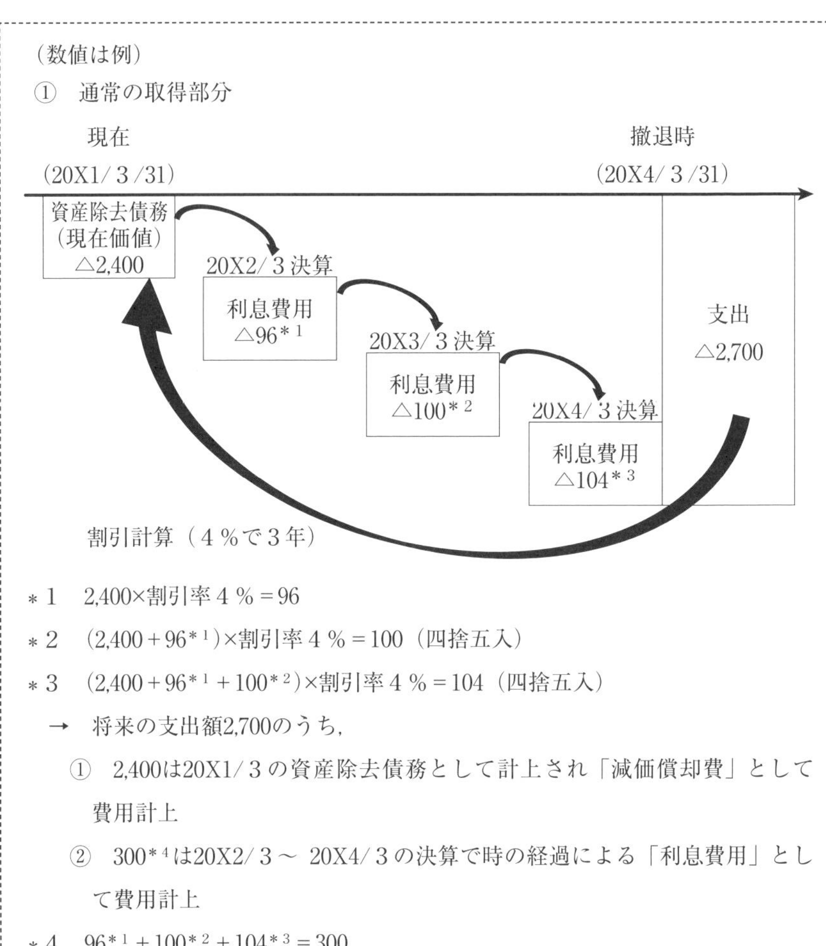

（数値は例）
① 通常の取得部分
現在
（20X1/３/31）
撤退時
（20X4/３/31）
資産除去債務
（現在価値）
△2,400
20X2/３決算
利息費用
△96＊1
20X3/３決算
利息費用
△100＊2
20X4/３決算
利息費用
△104＊3
支出
△2,700
割引計算（４％で３年）
＊1　2,400×割引率４％＝96
＊2　(2,400＋96＊1)×割引率４％＝100（四捨五入）
＊3　(2,400＋96＊1＋100＊2)×割引率４％＝104（四捨五入）
→　将来の支出額2,700のうち，
①　2,400は20X1/３の資産除去債務として計上され「減価償却費」として費用計上
②　300＊4は20X2/３～20X4/３の決算で時の経過による「利息費用」として費用計上
＊4　96＊1＋100＊2＋104＊3＝300

4 履行差額（資産除去債務の履行時残高と実際の支払額との差額）の会計処理

資産除去債務は見積額に基づき計算されているため，履行時の資産除去債務と実際支払額には差額（＝履行差額）が生じる。当該履行差額は費用計上する。

5　P／L表示

資産除去債務に関する費用は以下の３つに区分できるが，いずれも資産除去債務に関連する有形固定資産の減価償却費と同じ区分に含めて表示する。

① 資産計上し「減価償却費」として計上
② 時の経過による「利息費用」として計上
③ 見積りと実際の差額である「履行差額」として計上

設例14－1 資産除去債務

第１期～第３期の資産除去債務に関する仕訳および各科目の金額を答えなさい。

・第１期期首に建物を30,000で取得した（当座により支払)。当社は当該建物を使用後に除去する法的義務があり，除去時の支出額は2,700と見積られている。
・割引率は４％を用いる。
・建物の減価償却は，定額法（耐用年数３年，残存価額ゼロ）により行う。

《解説・解答》

《第１期》

（１）期首（建物取得時）

(借)	建物	32,400＊1	(貸)	現金及び預金	30,000
				資産除去債務	2,400＊2

＊1　現在の支出額30,000＋資産除去債務（将来支出の割引価値）2,400＊2
＝32,400

＊2　$2,700 \div (1.04)^3 = 2,400$（四捨五入）

（２）決算整理

(借)	減価償却費	10,800＊3	(貸)	減価償却累計額	10,800
	利息費用	96		資産除去債務	96＊4

＊3　32,400＊1 ÷３年＝10,800

＊4　2,400＊2 × 4 % = 96

（3）決算整理後残高試算表（一部）

建　　　　　物	32,400＊1	減価償却累計額	10,800
減 価 償 却 費	10,800＊3	資 産 除 去 債 務	2,496
利　息　費　用	96＊4		

	第1期首		第1期末
建物（簿価）	32,400＊1	△10,800＊3 →	21,600
資産除去債務	△2,400＊2	△96＊4 →	△2,496

《第2期》

（1）決算整理

（借）	減価償却費	10,800＊3	（貸）減価償却累計額	10,800
	利息費用	100	資産除去債務	100＊5

＊5　資産除去債務第2期首残高2,496 × 4 % = 100（四捨五入）

（2）決算整理後残高試算表（一部）

建　　　　　物	32,400	減価償却累計額	21,600
減 価 償 却 費	10,800＊3	資 産 除 去 債 務	2,596
利　息　費　用	100＊5		

	第1期首		第1期末		第2期末
建物（簿価）	32,400＊1	△10,800＊3 →	21,600	△10,800＊3 →	10,800
資産除去債務	△2,400＊2	△96＊4 →	△2,496	△100＊5 →	△2,596

《第３期》

（１）決算整理

（借）	減価償却費	10,800*3	（貸）	減価償却累計額	10,800
	利息費用	104		資産除去債務	104*6

＊6　資産除去債務第３期首残高2,596×４％＝104（四捨五入）

（２）決算整理後残高試算表（一部）

建　　　物	32,400	減価償却累計額	32,400
減価償却費	10,800*3	資産除去債務	2,700
利息費用	104*6		

	第１期首		第１期末		第２期末		第３期末
建物（簿価）	32,400*1	△10,800*3 →	21,600	△10,800*3 →	10,800	△10,800*3 →	0
資産除去債務	△2,400*2	△96*4 →	△2,496	△100*5 →	△2,596	△104*6 →	△2,700

→取得時の支出額30,000は，各期の減価償却費として費用計上される。

また，将来の支出額2,700のうち，

①　当初認識した2,400*2は減価償却費として費用計上され，

②　時の経過により300*7は利息費用として費用計上される。

＊7　96*4＋100*5＋104*6＝300

→結果として，取得時の支出額30,000＋将来の支出額2,700＝32,700が，①減価償却費32,400（＝10,800*3×３年）と②利息費用300*7として，各期に費用計上される。

設例14－2 履行差額

【設例14－１】の建物を第４期期首に2,900で除去した（当座により支払）。その際の仕訳を答えなさい。

《解説・解答》

（借）	減価償却累計額	32,400	（貸）	建物	32,400
	資産除去債務	2,700		現金及び預金	2,900
	履行差額（費用）	200*[1]			

＊１　実際支払額2,900－資産除去債務残高（見積額）2,700＝200

6　資産除去債務の見積りの変更

見積りに重要な変更が生じた場合,「有形固定資産」と「資産除去債務」の金額を調整する。

①　見積りを増加する場合
「その時点の新たな割引率」を用いて増加額を算定する。

②　見積りを減少する場合
「負債計上時の割引率」を用いて減少額を算定する。

（例）

当初（第１期首）　見積り：３年後に2,700の支出
第１期首時点の割引率：４％

（借）	建物	32,400	（貸）	現金及び預金	30,000
				資産除去債務	2,400*[1]

＊１　割引率４％で算定（$2{,}700 \div (1.04)^3$）

①　増加（第１期末）　見積り：２年後に2,700の支出（当初分）
＋900の支出（増加分）

第１期末時点の割引率：５％

（借）建物　816　（貸）資産除去債務　816＊2

＊2　割引率5％で算定（見積増加分900÷(1.05)²）

② 減少（第2期末）　見積り：**1年後に1,500の支出（当初分）**

＋900の支出（増加分）

→　当初分の見積額が1,200減少

第2期末時点の割引率：6％（この割引率は用いない）

（借）資産除去債務　1,154＊3　（貸）建物　1,154

＊3　割引率4％で算定（見積減少分△1,200÷1.04）

（注）見積減少△1,200について，上記では当初分2,700の見積りから減少したことが明確になっているが，当初分2,700から減額されたものか増加分900から減額されたものかが特定できないことが想定される。その際には，両者から平均的に減少したと考えて，加重平均した割引率4.25％＊4を用いて算定する。その場合には資産除去債務の減少額は1,151＊5となる。

＊4　(2,700／3,600)×4％＋(900／3,600)×5％＝4.25％

＊5　△1,200÷1.0425＝1,151（四捨五入）

第15章 退職給付会計

1 退職給付とは

退職給付とは，一定の期間にわたり労働を提供したこと等の事由にもとづいて，退職以後に従業員に支給される給付をいい，退職一時金および退職年金等がその典型である。社内引当による一時金制度でも，外部積立による年金制度でも，いずれも退職給付である。

2 導入の経緯

わが国においては，多くの企業が企業年金制度を採用している状況にある。このうち確定給付型の企業年金制度では，バブル経済崩壊後の状況を鑑みると，積み立てた資産の運用利回りの低下，資産の含み損等により，将来の年金給付に必要な資産の確保に懸念が生じているといわれていた。この将来の年金給付に必要な資産の不足は，企業の年金給付コストの増加により，財政状況を悪化させるおそれがあることから，企業年金に係る情報は，投資情報としても企業経営の観点からも極めて重要性が高まっているとの指摘が行われていた。

このような状況の中，年金資産や年金負債の現状を速やかに明らかにし，企業の負担する退職給付費用について適正な会計処理を行っていくことにより，投資者に的確な情報を提供するとともに，会計基準の国際的調和を図るなどの観点から，平成10（1998）年6月に「退職給付に係る会計基準」が公表され，平成12（2000）年4月1日以後開始する事業年度から適用されることとなった。その後，国際的に会計基準の見直しが行われる中，日本においても退職給付会計について中長期的な観点で見直しが行われることとなり，企業会計基準委員会から「退職給付に関する会計基準」（以下，退職給付基準という）および「退職給付に関する会計基準の適用指針」が公表されている。

3 適用対象

確定給付型の企業年金制度

企業年金制度には確定給付型年金と確定拠出型年金とがある。両者の大きな相違点は，確定給付型年金は運用リスクを企業が負うのに対し，確定拠出型年金は運用リスクを従業員が負う点である。

このうち，退職給付基準の適用対象となるのは，企業が運用リスクを負う確定給付型の企業年金制度である。

（1）確定給付型年金

確定給付型年金は，従業員が将来受け取ることになる給付額を定め，企業はこの給付額の支給を従業員に約束しているものをいう。したがって，運用収益が目標に達しない場合には，積立不足が生じるため，これを企業が穴埋めするのが原則となっている。

（2）確定拠出型年金

確定拠出型年金は，決まった掛金を毎年拠出し，その積立金の運用成果次第で将来の受け取る年金額が変化するものをいう。したがって，将来の年金額を約束していないので，運用収益が悪くても企業はその穴埋めをする必要はなく，資産運用の成否は従業員側で責任を持つことになる。

4　基本的考え方

1　わが国の従来の会計処理

企業年金制度が導入されて以降，企業が直接給付を行う退職給付の一部を企業年金制度による給付に移行し両者を併用するケースが多くなったが，従来，わが国には企業年金制度にもとづく退職給付の会計処理についての明確な基準がなかった。そのため，直接給付する部分については退職給与引当金による処理が行われる一方，企業年金制度については拠出金を支払時の費用として処理する実務が行われており，退職給付に関しての会計処理が区々（まちまち）となっていた。従来の処理を仕訳で示すと以下のとおりである。

（1）直接給付する部分 → 退職給与引当金による処理

引当時	（借）退職給与引当金繰入額	××	（貸）退職給与引当金	××
支払時	（借）退職給与引当金	××	（貸）現金及び預金	××

（2）企業年金制度による部分 → 拠出金を支払時の費用として処理

拠出時	（借）退職金	××	（貸）現金及び預金	××
支払時		仕訳なし		

しかし，退職給付の支給方法（一時金支給，年金支給）や退職給付の積立方法（内部引当，外部積立）が異なっているとしても，いずれも退職給付であることに違いはなく，支給方法や積立方法により会計処理が異なってしまうと企業間比較ができなくなってしまう。したがって，退職給付であれば，基本的に同一の会計処理を行うような会計処理が必要とされた。

また，外部積立の場合に年金基金は有価証券等を購入して資産を運用するが，これらの資産は，運用の悪化により時価が下落している等の理由により，将来の年金給付に必要な資産の確保に懸念が生じている場合もある。この場合において，従来の処理では拠出金の支払時に費用とするのみであり，時価の下落等があっても財務諸表に反映されないという問題点があった。したがって，年金資産の運用実態も財務諸表に反映できるような会計処理が必要とされた。

2　退職給付の性格

退職給付の性格に関しては，社会経済環境の変化等により，賃金後払説，功績報償説，生活保障説等諸説があるが，退職給付会計基準では，基本的には賃金後払説にたち，労働協約等にもとづいて従業員が提供した労働の対価として支払われる賃金の後払いと考え，勤務期間を通じた労働の提供に伴って発生するものと捉えられている。したがって，退職給付は，その発生が当期以前の事象に起因する将来の特定の費用的支出であり，当期の負担に属すべき額は，その支出の事実にもとづくことなく，その支出の原因または効果の期間帰属にもとづいて費用として認識することが必要になる。つまり，従来の退職給与引当金と同様の発生主義の考え方を踏襲したものと考えられる。

なお，役員退職慰労金については，労働の対価との関係が必ずしも明らかではないので，退職給付に係る会計基準では直接対象とはしていない。

3　会計基準の基本的考え方

以上を踏まえ，退職給付に係る会計処理については，将来の退職給付のうち当期の負担に属する額を当期の費用として引当金に繰り入れ，当該引当金の残高を貸借対照表の負債の部に計上することとされた。なお，基本的処理を示すと以下のとおりとなる。

(借)	退職給付費用	××*1	(貸)	退職給付引当金	××

＊1　当期の負担に属する額

5　退職給付引当金の算定

退職給付引当金＝退職給付債務－年金資産

退職給付引当金は，退職給付債務から年金資産を控除して計算される。

したがって，退職給付引当金の計算は，1. 退職給付債務の算定，2. 年金資産の算定，3. 退職給付引当金の算定（1－2）に分類できる。なお，退職給付債務とは，退職給付見込額のうち，期末までに発生していると認められる額を一定の割引率および残存勤務期間にもとづき割り引いて計算したものをいう[1)]。

退職給付債務は原則として個々の従業員ごとに計算する。また，年金資産とは，企業年金制度にもとづき退職給付に充てるために積み立てられている資産をいう。

1　退職給付債務の算定

（１）退職給付見込額の算定
（２）（１）のうち，期末までに発生していると認められる額の算定
（３）退職給付債務（（２）の割引現在価値）の算定

（１）退職給付見込額の算定

まずは企業が負担する総額を見積もる。退職給付見込額は，予想退職時期ごとに，従業員に支給される一時金見込額および退職時点における年金現価の見込額に退職率および死亡率を加味して計算する。

（２）退職給付見込額（１）のうち期末までに発生していると認められる額の計算

期末時点において企業が負担するのは，期末までに労働が提供され，発生している分のみであるため，退職給付見込額のうち期末までの発生額を算定する。

期末までに発生していると認められる額を見積もる方法としては，①期間定額基準[2)]または②給付算定式基準[3)]のいずれかの方法を選択適用して計算する。

1）退職給付見込額とは，退職時に見込まれる退職給付の総額をいう。また，残存勤務期間とは，予想される退職時から現在までの期間をいう。
2）退職給付見込額を全勤務期間で除した額を各期の発生額とする方法をいう。
3）退職給付制度の給付算定式に従って各勤務期間に帰属させた給付に基づき見積もった額を，退職給付見込額の各期の発生額とする方法をいう。

なお，本章の設例では期間定額基準を前提としている。

（3）退職給付債務（（2）の割引現在価値）の算定

①　算定方法

退職給付は支出までに相当の期間があることから，退職給付債務は貨幣の時間価値を考慮した割引現在価値により算定する。

退職給付見込額のうち期末までに発生していると認められる額を，一定の割引率を用いて残存勤務期間にわたって現在価値に割り引き，当該割り引いた金額を合計して，退職給付債務を計算する。

②　割　引　率

退職給付債務の計算における割引率は，安全性の高い長期の債券の利回りを基礎として決定しなければならない。これは，信用リスクや運用利回り等に関係なく貨幣の時間的価値のみを反映させようとする趣旨である。なお，安全性の高い長期の債券の利回りとは，長期の国債，政府機関債および優良社債の利回りをいう。

設例15－1 退職給付債務

資料を参照して，退職給付債務の金額を算定しなさい。

1．1人あたり退職給付見込額は100であり，対象従業員は25人である。

2．従業員の全勤務年数は25年とし，当期末までの経過勤務年数は20年，残存勤務年数は5年である。

3．当期末における長期国債利回りは3％である。なお，長期国債利回りの過去5年間の平均値は2％である。

《解説・解答》

（1）退職給付見込額の算定

（2）（1）のうち，期末までに発生していると認められる額の算定

（3）退職給付債務（（2）の割引現在価値）の算定

（1）退職給付見込額の算定

@100×対象従業員25人＝2,500

（2）退職給付見込額のうち，期末までに発生していると認められる額の算定

$$退職給付見込額2{,}500\times\frac{経過勤務年数20年}{全勤務年数25年}=2{,}000$$

（3）退職給付債務の算定

$2{,}000\div(1.03)^5=1{,}725$（小数点以下四捨五入）

2　年金資産の算定

年金資産：期末における時価

年金資産の額は，期末における時価により計算する。

3　退職給付引当金の算定（1－2）

退職給付引当金＝退職給付債務－年金資産

退職給付に係る負債の計上にあたっては，現行制度上，退職給付債務から年金資産を控除して純額で退職給付引当金として貸借対照表に計上する。

なお，年金資産を控除して純額で計上する理由は以下のとおりである。

（1）年金資産は退職給付の支払いのためのみに使用されることが制度的に担保されていることから，これを収益獲得のために保有する一般の資産と同様に企業の貸借対照表に計上することには問題があり，かえって，財務諸表の利用者に誤解を与えるおそれがあると考えられる。

（2）諸外国の基準においても年金資産を貸借対照表に計上せず，年金給付に係る債務の計算においてこれを控除することが一般的である。

また，「退職給付債務－年金資産」がマイナスとなる場合（年金資産の積立超過が生じた場合）には，前払年金費用として資産の部に計上する。なお，年金資産の積立超過は，以下のような原因により生じる。

（1）年金財政計算による掛金の拠出額が退職給付費用を超過する状態の継続

（2）実際運用収益が期待運用収益を超過したこと等による数理計算上の差異の発生

（3）退職給付水準の引下げによる退職給付債務の減少

設例15－2 退職給付引当金

資料を参照して，退職給付引当金の金額を算定しなさい。

1．1人あたり退職給付見込額は100であり，対象従業員は25人である。

2．従業員の全勤務年数は25年とし，当期末までの経過勤務年数は20年，残存勤務年数は5年である。

3．割引率は3％である。

4．当期末における年金資産の公正な評価額は1,050である。

《解説・解答》

（1）退職給付債務の算定

a）退職給付見込額の算定

@100×対象従業員25人＝2,500

b）退職給付見込額のうち，期末までに発生していると認められる額の算定

$$退職給付見込額2{,}500\times\frac{経過勤務年数20年}{全勤務年数25年}=2{,}000$$

c）退職給付債務の算定

$2{,}000 \div (1.03)^5 = 1{,}725$（小数点以下四捨五入）

（2）年金資産の算定

当期末における公正な評価額1,050

（3）退職給付引当金の算定

退職給付債務1,725－年金資産1,050＝675

6　退職給付費用の算定

退職給付費用＝勤務費用＋利息費用－期待運用収益相当額

退職給付費用は，当期の勤務費用および利息費用から年金資産に係る当期の期待運用収益相当額を差し引いて計算される。

したがって，退職給付費用の計算は，（1）勤務費用の算定，（2）利息費用の算定，（3）期待運用収益相当額の算定，（4）退職給付費用の算定（（1）＋（2）－（3））に分類できる。

なお，勤務費用とは，1期間の労働の対価として発生したと認められる退職給付をいい，利息費用とは，割引計算により算定された期首時点における退職給付債務について，期末までの時の経過により発生する計算上の利息をいう。

1　勤務費用の算定

（1）退職給付見込額の算定
（2）（1）のうち，当期に発生すると認められる額の算定
（3）勤務費用（（2）の割引現在価値）の算定

（1）退職給付見込額の算定

退職給付債務の算定で述べた内容と同じである。

（2）退職給付見込額（（1））のうち当期に発生すると認められる額の計算

当期において企業が負担するのは，当期に労働が提供され，発生している分のみであるため，退職給付見込額のうち当期の発生額を期間定額基準により算定する。

（3）勤務費用（（2）の割引現在価値）の算定

退職給付見込額のうち当期に発生すると認められる額を，一定の割引率を用いて残存勤務期間にわたって現在価値に割り引き，当該割り引いた金額を勤務費用とする。

設例15－3 勤務費用

資料を参照して，勤務費用の金額を算定しなさい。

1．1人あたり退職給付見込額は100であり，対象従業員は25人である。

2．従業員の全勤務年数は25年とし，当期末までの経過勤務年数は20年，残存勤務年数は5年である。

3．割引率は3％である。

《解説・解答》

（1）退職給付見込額の算定
（2）（1）のうち，当期に発生すると認められる額の算定
（3）勤務費用（（2）の割引現在価値）の算定

（1）退職給付見込額の算定

@100×対象従業員25人＝2,500

（2）退職給付見込額のうち，当期に発生すると認められる額の算定

$$\text{退職給付見込額2,500}\times\frac{\text{1年}}{\text{全勤務年数25年}}=100$$

（3）勤務費用の算定

$100\div(1.03)^5=86$（小数点以下四捨五入）

2　利息費用の算定

利息費用＝退職給付債務期首残高×割引率

利息費用は，期首の退職給付債務に割引率を乗じて計算する。退職給付債務の算定は割引計算を伴うが，時の経過に従って割引年数が短くなることにより退職給付債務が増加することとなる。当該増加分は時の経過に応じて生じた計算上の利息であり，退職給付債務を増加させることから利息費用として退職給付費用に加算する。

設例15－4 利息費用

資料を参照して，利息費用の金額を算定しなさい。

1．1人あたり退職給付見込額は100であり，対象従業員は25人である。

2．従業員の全勤務年数は25年とし，当期末までの経過勤務年数は20年，残存勤務年数は5年である。

3．割引率は3％である。

4．退職給付債務期首残高は1,591である。

《解説・解答》

利息費用＝退職給付債務期首残高×割引率

（1）利息費用の算定

1,591×3％＝48（小数点以下四捨五入）

なお，退職給付債務期首残高1,591は以下のとおり算定できる。

$1{,}900^{*1} \div (1.03)^{6} = 1{,}591$（小数点以下四捨五入）

$*1$　退職給付見込額(@100×対象従業員25人)×$\dfrac{\text{経過勤務年数19年}}{\text{全勤務年数25年}}$＝1,900

なお，**設例15－3**および**設例15－4**より，以下の関係を示すことができる。

退職給付債務期首残高1,591＋勤務費用86＋利息費用48

＝退職給付債務期末残高1,725

3　期待運用収益の算定

期待運用収益＝年金資産期首残高×長期期待運用収益率

期待運用収益は，期首の年金資産の額について合理的に期待される収益率（以下，長期期待運用収益率という）を乗じて計算する。

設例15－5 期待運用収益

資料を参照して，期待運用収益の金額を算定しなさい。

1．期首における年金資産の公正な評価額は1,000である。

2．当期の長期期待運用収益率は５％である。

《解説・解答》

期待運用収益＝年金資産期首残高×長期期待運用収益率

期待運用収益の算定

1,000×５％＝50

4　退職給付費用の算定（１＋２－３）

退職給付費用＝勤務費用＋利息費用－期待運用収益

設例15－6 退職給付費用

資料を参照して，退職給付費用の金額を算定しなさい。

1．１人当たり退職給付見込額は100であり，対象従業員は25人である。

2．従業員の全勤務年数は25年とし，当期末までの経過勤務年数は20年，残存勤務年数は５年である。

3．割引率は３％である。

4．退職給付債務期首残高は1,591である。

5．期首における年金資産の公正な評価額は1,000である。

6．当期の長期期待運用収益率は５％である。

《解説・解答》

（１）勤務費用：86（**設例15－３**参照）

（２）利息費用：48（**設例15－４**参照）

（3）期待運用収益：50（**設例15－5参照**）

（4）退職給付費用の算定

勤務費用86＋利息費用48－期待運用収益50＝84

（5）退職給付に係る仕訳

（借）退職給付費用　84　（貸）退職給付引当金　84

7　掛金拠出，退職一時金支給，退職年金支給時の処理

①　掛金拠出時（企業 → 年金基金）

（借）退職給付引当金　××　（貸）現金及び預金　××

企業が掛金を拠出すると，拠出前と拠出後で退職給付債務は一定であるのに対し，年金資産が増加する。したがって，将来の退職給付に対する積立不足額が減少するため，「退職給付債務－年金資産」で算定される退職給付引当金を取り崩す。

②　退職一時金支給時（企業 → 従業員）

（借）退職給付引当金　××　（貸）現金及び預金　××

企業が退職一時金を従業員に支払うと，一時金支払前と支払後で年金資産は一定であるのに対し，退職給付債務が減少する。したがって，将来の退職給付に対する積立不足額が減少するため，「退職給付債務－年金資産」で算定される退職給付引当金を取り崩す。

③　退職年金支給時（年金基金 → 従業員）

仕訳なし

年金基金が退職年金を従業員に支払うと，年金支払前と支払後で退職給付債務および年金資産が同額ずつ減少する。したがって，将来の退職給付に対する積立不足額は不変であるため，「退職給付債務－年金資産」で算定される退職給付引当金は変化がなく，仕訳は行わない。

以上の処理をまとめると，**図表15－1**のとおりとなるので，参照されたい。

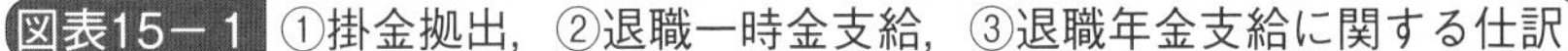
図表15－1 ①掛金拠出，②退職一時金支給，③退職年金支給に関する仕訳

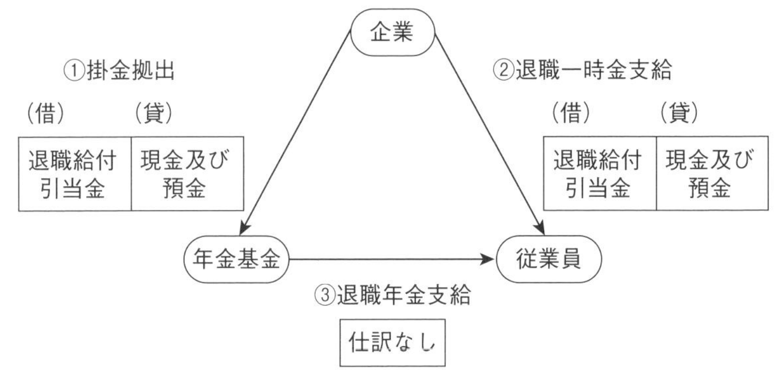

8 差異の認識および会計処理

1 会計基準変更時差異

(1) 会計基準変更時差異とは

会計基準変更時差異
=(新基準による)未積立退職給付債務－(旧基準による)退職給与引当金

会計基準変更時差異とは，退職給付会計基準の適用初年度の期首における，「退職給付会計基準による未積立退職給付債務」の金額と「従来の会計基準により計上された退職給与引当金等」の金額との差額をいう4)。なお，このうち費用処理されていないものを会計基準変更時差異未処理額という。

したがって，会計基準変更時差異は，「退職給付基準により積み立てるべき金額」と「従来の会計基準により積み立てていた金額」との差額である積立不足額を指し，今後費用処理または費用の減額処理をしなければならない金額を

4)「退職給付会計基準による未積立退職給付債務」とは退職給付債務から年金資産の公正な評価額を控除した額を意味し，「従来の会計基準により計上された退職給与引当金等」とは，退職一時金および年金制度に関する従来の会計処理の結果として適用初年度の前年度末において事業主の貸借対照表に計上されている残高をいう。

意味する。

会計基準変更時差異は適用初年度の期首で算定するが，移行当時，新聞報道で60兆円とも80兆円ともいわれた積立不足額とは，まさに，この会計基準変更時差異のことである。従来の会計基準による会計処理の結果，適用初年度の前年度末において事業主の貸借対照表に計上されている退職給与引当金等の残高には，退職給与引当金のほかに以下の項目が含まれる。

（1）企業年金制度の過去勤務債務等を費用認識した結果の未払金等

（2）企業年金制度の年金掛金を前払したことによる未経過残高

（2）差異の費用処理

15年以内の一定の年数にわたり定額法

会計基準変更時差異は，15年以内の一定の年数にわたり定額法により費用処理する。これは会計基準変更時差異を一時に費用処理すると，企業の経営成績に大きな影響を与えかねないための配慮である。なお，一定の年数にわたる費用処理には，適用初年度に一括して費用処理する方法も含まれる。

2　過去勤務費用

（1）過去勤務費用とは

過去勤務費用＝改訂後退職給付債務－改訂前退職給付債務

過去勤務費用とは，退職給付水準の改訂等に起因して発生した退職給付債務の増加または減少部分をいう。なお，このうち費用処理されていないものを未認識過去勤務費用という。

過去勤務費用は退職金規程等の改訂等に伴い，退職給付水準が変更された結果生じる，改訂前の退職給付債務と改訂後の退職給付債務の改訂時点における差額である。なお，ベース・アップによる退職給付債務の変動は，退職金規程自体の改訂には当たらないため，ここでいう過去勤務費用に該当しない。

（2）差異の費用処理

① 発生年度費用処理
② 定額法（平均残存勤務期間以内の一定の年数）

過去勤務費用は，原則として，各期の発生額について平均残存勤務期間以内の一定の年数で按分した額を毎期費用処理しなければならない5)。

過去勤務費用は，原則として，各年度の発生額について発生年度に費用処理する方法または定額法により費用処理されるが，定率法によることもできる。なお，過去勤務費用については頻繁に発生するものでない限り，発生年度別に一定の年数にわたって定額法による費用処理を行うことが望ましい。

定額法または定率法によった場合，過去勤務費用は一時の費用とはならず，一定の期間にわたり規則的に費用として処理される。これを遅延認識という。遅延認識が採用される理由は，過去勤務費用の発生要因である給付水準の改訂等が従業員の勤労意欲が将来にわたり向上するとの期待のもとに行われる側面があることから各期に生じる差異を直ちに費用として計上することが，退職給付に係る債務の状態を正しく表現するとはいえない側面があること等である。

3　数理計算上の差異

（1）数理計算上の差異とは

数理計算上の差異＝実際額－予測（見積）額

数理計算上の差異とは，年金資産の期待運用収益と実際の運用成果との差異，退職給付債務の数理計算に用いた見積数値と実績との差異および見積数値の変更等により発生した差異をいう。なお，このうち費用処理されていないものを未認識数理計算上の差異という。

数理計算上の差異には，あらかじめ定めた基礎率と各事業年度における実際の数値との差異および基礎率を変更した場合に生じる差異がある。

5）平均残存勤務期間とは，在籍する従業員が貸借対照表日から退職するまでの平均勤務期間をいう。

（2）差異の費用処理

①　発生年度費用処理
②　定額法（平均残存勤務期間以内の一定の年数）

数理計算上の差異は，原則として，各期の発生額について平均残存勤務期間以内の一定の年数で按分した額を毎期費用処理しなければならない。

数理計算上の差異は，原則として，各年度の発生額について発生年度に費用処理する方法または定額法により費用処理されるが，定率法によることもできる。

定額法または定率法によった場合，数理計算上の差異は一時の費用とはならず，一定の期間にわたり規則的に費用として処理される。これを遅延認識という。遅延認識が採用される理由は，数理計算上の差異には予測と実績の乖離（かいり）のみならず予測数値の修正も反映されることから各期に生じる差異を直ちに費用として計上することが，退職給付に係る債務の状態を正しく表現するとはいえない側面があること等である。

4　差異がある場合の退職給付引当金

退職給付引当金＝(退職給付債務±未認識差異)－(年金資産±未認識差異)

退職給付債務に未認識差異を加減した額から年金資産に未認識差異を加減した額を控除した額を退職給付に係る負債として計上する。未認識差異は，退職給付に係る負債の計上にあたって控除され，貸借対照表には計上されない。よって，遅延認識のため，会計基準変更時差異，過去勤務債務および数理計算上の差異については，貸借対照表上未認識となる部分が存在することとなるが，これらについては注記によりその内容が開示されることになる。

なお，連結財務諸表においては未認識差異を，税効果会計（第19章参照）を調整の上で貸借対照表の純資産の部（その他の包括利益累計額）で認識することにし，退職給付債務と年金資産の差額をそのまま負債として計上する。

5　差異がある場合の退職給付費用

退職給付費用＝勤務費用＋利息費用－長期期待運用収益±差異の認識額

当期の勤務費用および利息費用から年金資産に係る当期の期待運用収益相当額を差し引いた金額に差異の認識額を加減算して算定する。

設例15－7 退職給付費用・差異がある場合①

資料を参照して，退職給付に係る仕訳を示しなさい。なお，当期の決算日は×２年３月31日である。また，期末において数理計算上の差異は生じていない。

1．退職給付債務期首残高は10,000である。
2．年金資産期首残高は8,000である。
3．勤務費用は500である。
4．割引率は３％である。
5．長期期待運用収益率は４％である。
6．前期首に会計基準変更時差異が700（積立不足）が生じている。会計基準変更時差異は10年の定額法により費用処理する。
7．当期中に，年金基金への掛金拠出額が200，年金基金からの退職年金支給額が150あった。

《解説・解答》

（１）退職給付費用の計上（×１年４月１日）

（借）退職給付費用　550＊1　（貸）退職給付引当金　550

＊1　勤務費用500＋利息費用300＊2－期待運用収益320＊3
＋会計基準変更時差異費用処理額70＊4＝550

＊2　退職給付債務期首残高10,000×割引率３％＝300

＊3　年金資産期首残高8,000×長期期待運用収益率４％＝320

＊4　会計基準変更時差異発生額700÷10年＝70

(注) 積立不足が原因のため，費用処理（認識）した際には，退職給付費用の金額

にプラスし，退職給付引当金を増加させる。

（2）掛金拠出時（企業 → 年金基金）

（借）退職給付引当金　200　（貸）現金及び預金　200

（3）退職年金支給拠出時（年金基金 → 従業員）

仕訳なし

（4）財務諸表における金額

前期B/S 退職給付引当金：　1,370＊5

当期P/L 退職給付費用：　550＊1

当期B/S 退職給付引当金：　1,720＊6

＊5　退職給付債務期首残高10,000－年金資産期首残高8,000
－未認識会計基準変更時差異期首残高630＊7＝1,370

＊6　退職給付引当金前期末残高1,370＊5＋退職給付費用550＊1
－掛金拠出200＝1,720

＊7　会計基準変更時差異発生額700× $\frac{10年－経過年数1年}{費用処理年数10年}$ ＝630

設例15－8 退職給付費用・差異がある場合②

資料を参照して，退職給付に係る仕訳を示しなさい。なお，当期の決算日は×２年３月31日である。また，期末において数理計算上の差異は生じていない。

1．退職給付債務期首残高は10,000である。
2．年金資産期首残高は8,000である。
3．勤務費用は500である。
4．割引率は３％である。
5．長期期待運用収益率は４％である。
6．前期首に過去勤務費用が900（退職給付債務の増加）が生じている。過去勤務債務は10年の定額法により費用処理する。
7．前期末に数理計算上の差異が240（年金資産の増加）が生じている。数理計算上の差異は12年の定額法により発生の翌期から費用処理する。
8．当期中に，当社から従業員への退職一時金支給額が200あった。

《解説・解答》

（1）退職給付費用の計上（×1年4月1日）

（借）退職給付費用　550＊1　（貸）退職給付引当金　550

＊1　勤務費用500＋利息費用300＊2－期待運用収益320＊3
＋過去勤務費用費用処理額90＊4
－数理計算上の差異費用処理額20＊5＝550

＊2　退職給付債務期首残高10,000×割引率3％＝300

＊3　年金資産期首残高8,000×長期期待運用収益率4％＝320

＊4　過去勤務費用発生額900÷10年＝90

（注）退職給付債務を増加させる差異のため，費用処理（認識）した際には，退職給付費用の金額にプラスし，退職給付引当金を増加させる。

＊5　数理計算上の差異発生額240÷12年＝20

（注）年金資産を増加させる差異のため，費用処理（認識）した際には，退職給付費用の金額からマイナスし，退職給付引当金を減少させる。

（2）退職一時金支払時（企業 ⟶ 従業員）

（借）退職給付引当金　200　（貸）現金及び預金　200

（3）財務諸表における金額

前期B/S 退職給付引当金：　1,430＊6

当期P/L 退職給付費用：　550＊1

当期B/S 退職給付引当金：　1,780＊7

＊6　退職給付債務期首残高10,000－年金資産期首残高8,000
－未認識過去勤務債務期首残高810＊8
＋未認識数理計算上の差異240＊9＝1,430

＊7　退職給付引当金期首残高1,430＊6＋退職給付費用550＊1
－一時金支給200＝1,780

＊8　過去勤務費用発生額900×$\frac{10年－経過年数1年}{費用処理年数10年}$＝810

＊9　前期末発生かつ発生の翌期から費用処理しているため，前期末に発生した240について全額が未認識数理計算上の差異となっている。

9 連結上の表示科目

1　退職給付に係る負債

退職給付債務から年金資産の額を控除した額（積立状況を示す額）が，負債となる場合，個別上は退職給付引当金として計上するが，連結上は退職給付に係る負債として固定負債に計上する。

退職給付に係る負債＝退職給付債務－年金資産

2　退職給付に係る資産

退職給付債務から年金資産の額を控除した額（積立状況を示す額）が，資産となる場合，個別上は前払年金費用として計上するが，連結上は退職給付に係る資産として固定資産に計上する。

退職給付に係る資産＝年金資産－退職給付債務

3　未認識差異の連結上の処理方法

未認識数理計算上の差異および未認識過去勤務費用は税効果を調整の上，連結上，その他の包括利益を通じて，純資産の部におけるその他の包括利益累計額に退職給付に係る調整累計額として計上する。

第16章 連結会計（1）

1 連結財務諸表とは

連結財務諸表とは，支配従属関係にある2つ以上の企業からなる集団（企業集団）を単一の組織体とみなして，親会社が当該企業集団の財政状態，経営成績およびキャッシュ・フローの状況を総合的に報告するために作成する財務諸表をいう。連結決算制度とは，企業が決算情報を開示する場合，親会社のみならず子会社や関連会社を含むグループ全体の決算を公開する会計制度である。

2 導入の経緯

昭和42（1967）年，関係会社との取引を利用した粉飾決算がからみ倒産する会社が多発し，これに対応する形で，企業会計審議会から「連結財務諸表に関する意見書」が発表された。この意見書は，直ちに連結決算制度を導入することを意図したものではなく，連結財務諸表に対する啓蒙的な意味合いを持っていたものであった。一方，証券取引審議会は，同年，「企業内容開示制度等の改善整備について」を公表し，わが国における連結財務諸表制度の早期導入を要望した。

昭和50（1975）年，企業会計審議会は「連結財務諸表の制度化に関する意見書」および「連結財務諸表原則」を公表し，これは，わが国における連結財務諸表制度の第一歩となった。これにより，昭和52（1977）年4月1日以後に開始する事業年度より，証券取引法（現在の金融商品取引法にあたる）適用会社に対して，連結財務諸表の作成，開示が義務づけられることになった。ただ連結財務諸表の位置づけは，有価証券報告書等の添付書類というものであり，個別財務諸表中心の会計制度であった。

その後，企業を取り巻く国内外の環境の変化に伴い，逐次（ちくじ），改善・整備が図られてきたが，平成９（1997）年の企業会計審議会による「連結財務諸表制度の見直しに関する意見書」の公表および「連結財務諸表原則（以下，連結原則という）」の改正，さらに，平成11（1999）年の「連結財務諸表の用語，様式及び作成方法に関する規則（以下，連結財務諸表規則という）」の改正により，単体主体の会計制度から連結主体の会計制度へと大きく転換が図られた。

平成９（1997）年の連結原則の改正点の主なものは，（１）有価証券報告書の記載について，親会社中心のディスクロージャーから企業集団中心のディスクロージャーへの転換，（２）子会社，関連会社の範囲の決定について，これまでは子会社は株式の過半数，関連会社は20％以上を保有するといった持株基準を用いていたが，これを支配力や影響力を加味する支配力基準へ変更したこと，（３）連結キャッシュ・フロー計算書の導入等である。

このような制度改正を経て，まず金融機関において，平成10（1998）年４月１日以後に開始する事業年度より，単独決算中心から連結決算を主体とする開示制度の導入や連結の範囲の見直しが行われ，次いで全業種に対し，平成11年（1999）４月１日以後に開始する事業年度より，本格的に連結主体の連結財務諸表制度が実施され，企業情報の開示が連結情報を中心とするディスクロージャーへと転換が図られた。

また，平成９（1997）年以降のさまざまな会計規定の改定等をうけて連結原則に多くの修正が必要となったこと等の理由により，平成20（2008）年12月に「連結財務諸表に関する会計基準（以下，連結基準という）」が公表され，平成22（2010）年４月１日以後開始する事業年度から適用されることとなった。

3　連結基礎概念

1　親会社説と経済的単一体説

連結財務諸表が誰の立場に立って作成されるのかという連結基礎概念につい

てみていく。連結基礎概念には，代表的なものとして，親会社説と経済的単一体説が挙げられる。

親会社説とは，親会社の株主の立場にのみ立脚して，その親会社の指揮下にある企業集団の財務諸表として，連結財務諸表を作成する考え方である。よって，連結決算の目的は，親会社の株主に対して連結子会社を含めた親会社の経営成績，財政状態およびキャッシュ・フローの状況を報告することとされる。この概念に立てば，連結財務諸表の実質は子会社に対する親会社の投資をすべて子会社の資産，負債に置き換え，また子会社に対する投資から得られる利益を子会社の収益，費用に置き換えた親会社の修正財務諸表であり，子会社は親会社の1部門として認識され，そのため非支配株主持分（子会社の資本のうち親会社に帰属しない部分）は資本勘定には含まれないということになる。

一方，経済的単一体説とは，その企業集団を構成する親会社の株主と子会社の株主の立場に立って，親会社とは区別される企業集団そのものの財務諸表として，連結財務諸表を作成する考え方である。よって，連結の目的は，企業集団全体を単一の経済活動単位とみなした上で，非支配株主も含めた企業集団自体についての経営成績，財政状態およびキャッシュ・フローの状況を報告することである。この概念に立てば，連結財務諸表は企業集団全体の財務諸表であると認識され，非支配株主持分は企業集団全体の観点からは親会社持分と同列に扱われ，資本勘定に含めて表示されることになる。

いずれの考え方においても，単一の指揮下にある企業集団全体の資産・負債と収益・費用を連結財務諸表に表示するという点では変わりはないが，資本に関しては，親会社説は，連結財務諸表を親会社の財務諸表の延長線上に位置づけて，親会社の株主の持分のみを反映させる考え方であるのに対して，経済的単一体説は，連結財務諸表を親会社とは区別される企業集団全体の財務諸表と位置づけて，企業集団を構成するすべての連結会社の株主の持分を反映させる考え方であるという点で異なっている。

わが国の場合はいずれの立場に立つのであろうか。連結原則第一では，「連結財務諸表は，支配従属関係にある二以上の会社（会社に準ずる被支配事業体を含む。以下同じ。）からなる企業集団を単一の組織体とみなして，親会社が当該企業集団の財政状態及び経営成績を総合的に報告するために作成するものである」とあるように，基本的には親会社概念に立脚しているものと考えられる。これは，連結財務諸表が提供する情報は主として親会社の投資者を対象とするものであると考えられるとともに，親会社説による処理方法が企業集団の経営をめぐる現実感覚をより適切に反映すると考えられることによる。なお，連結基準においても親会社説による考え方と整合的な方法の一部を削除したものの，基本的には親会社説による考え方を踏襲（とうしゅう）した取扱いを定めている。

2 非支配株主持分の表示方法

(1) 従来の表示方法[1)]

連結原則においては，連結貸借対照表には，資産の部，負債の部，非支配株主持分および資本の部を設けるものとされ，子会社の資本のうち親会社に帰属しない部分は非支配株主持分として，負債の部の次に区分して記載するものとされていた。これは，親会社説の考え方による連結原則の下において，資本の部は，原則として，親会社の株主に帰属するものを示すこと，非支配株主持分は，返済義務のある負債ではないことが理由であった。この結果，非支配株主持分は，負債の部と資本の部の中間に独立の項目として表示することとされている。

(2) 現在の表示方法

連結貸借対照表上，非支配株主持分は純資産の部に記載することとされた。これは，国際的な会計基準においても中間区分を解消する動きがみられること等の理由により，資産でも負債でもないものは純資産の部に記載することとなったからである。ただし，非支配株主持分は親会社株主に帰属するものではないため，株主資本には含めずに区分して表示する。

1）以前は非支配株主持分を少数株主持分と記載していた。

4　連結財務諸表の一般基準

1　連結の範囲

（1）概　　要

連結の範囲の決定方法の変更は，平成9（1997）年連結原則改正の大きな目玉であった。連結の範囲とは，連結の対象となる会社の範囲をいい，連結の範囲に含まれた会社を連結会社という。

平成9年改正以前の連結原則では，子会社の判定基準として，親会社が直接・間接に議決権の過半数を所有しているかどうかにより判定を行う持株基準が採用されていたが，国際的には，実質的な支配関係の有無にもとづいて子会社の判定を行う支配力基準が広く採用されていた。それまでわが国で採用されていた持株基準も支配力基準の1つと解されるが，議決権の所有割合が100分の50以下であっても，その会社を事実上支配しているケースもあり，そのような被支配会社を連結の範囲に含まない連結財務諸表は，企業集団に係る情報としての有用性に欠けることになる。このような見地から，平成9年改正連結原則では，子会社の判定基準として，議決権の所有割合以外の要素を加味した支配力基準を導入し，他の会社の意思決定機関を支配しているかどうかという観点から，会計基準を設定した。

なお，親会社は，原則としてすべての子会社を連結の範囲に含めなければならないと規定され，連結の範囲は，原則，一企業集団の中に含まれる親会社とすべての子会社であるとされる。

（2）親会社および子会社

親会社とは，他の企業の財務および営業または事業の方針を決定する機関（以下，意思決定機関という）を支配している企業をいい，子会社とは，当該他の企業をいう。親会社および子会社または子会社が，他の企業の意思決定機関を支配している場合における当該他の企業も，その親会社の子会社とみなす。

(3) 他の企業の意思決定機関を支配している企業

他の企業の意思決定機関を支配している企業とは，次の企業をいう。ただし，財務上または営業上もしくは事業上の関係からみて他の企業の意思決定機関を支配していないことが明らかであると認められる企業は除かれる。

① 他の企業の議決権の過半数を自己の計算において所有している企業。

② 他の企業の議決権の100分の40以上，100分の50以下を自己の計算において所有している企業であって，かつ，次のいずれかの要件に該当する企業。

a 自己の計算において所有している議決権と，緊密な者および同意している者が所有している議決権とを合わせて，他の企業の議決権の過半数を占めていること[2)]。

b 役員もしくは使用人である者，またはこれらであった者で自己が他の企業の財務および営業または事業の方針の決定に関して影響を与えることができる者が，当該他の企業の取締役会その他これに準ずる機関の構成員の過半数を占めていること。

c 他の企業の重要な財務および営業または事業の方針の決定を支配する契約等が存在すること。

d 他の企業の資金調達額の総額の過半について融資を行っていること。

e その他他の企業の意思決定機関を支配していることが推測される事実が存在すること。

③ 自己の計算において所有している議決権（当該議決権を所有していない場合を含む）と，緊密な者および同意している者が所有している議決権とを合わせて，他の企業の議決権の過半数を占めている企業であって，かつ，上記②のb～eまでのいずれかの要件に該当する企業。

(4) 連結の範囲から除かれる会社

子会社であっても，次のような場合には連結の範囲から除外される。これ

---

2) 緊密な者とは，自己と出資，人事，資金，技術，取引等において緊密な関係があることにより自己の意思と同一の内容の議決権を行使すると認められる者をいう。同意している者とは，自己の意思と同一の内容の議決権を行使することに同意している者をいう。

を非連結子会社という。

①　支配が一時的であると認められる会社。

②　①以外の会社であって，連結することにより利害関係者の判断を著しく誤らせるおそれのある会社。

また，子会社であって，その資産，売上高等を考慮して，連結の範囲から除いても企業集団の財政状態および経営成績に関する合理的な判断を妨げない程度に重要性の乏しいものは，連結の範囲に含めないことができる。このように連結の範囲の決定に際し，重要性の原則が適用されている。よって，上記①および②の会社に加えて次の③に該当する会社も連結の範囲から除かれる。

③　重要性の乏しい子会社。

なお，非連結子会社については，原則として第18章で後述する持分法が適用される。

2　連結決算日

（1）連結決算日

連結財務諸表の作成に関する期間は1年とし，親会社の会計期間にもとづき，年1回一定の日をもって連結決算日とする。つまり，親会社の決算日が連結決算日となる。

（2）子会社の決算日が連結決算日と異なる場合

①　原則規定

子会社の決算日が連結決算日と異なる場合には，子会社は，連結決算日に正規の決算に準ずる合理的な手続により決算を行わなければならない。つまり，連結財務諸表作成のために連結会計期間に対応する個別財務諸表を作成する必要がある。

②　容認規定

子会社の決算日と連結決算日の差異が3カ月を超えない場合には，子会社の正規の決算を基礎として連結決算を行うことができる。ただし，決算日が異なることから生ずる連結会社間の取引に係る会計記録の重要な不一致について，必要な整理を行わなければならない。

3　連結会社間の会計処理の統一

同一環境下で行われた同一の性質の取引等について，親会社および子会社が採用する会計処理の原則および手続は，原則として統一する。

平成９（1997）年改正以前の連結原則では，子会社が採用する会計処理の原則および手続は，「できるだけ」親会社に統一することとされていた。これは，親会社と各子会社は，それぞれの置かれた環境の下で経営活動を行っているため，連結会計において親会社と各子会社の会計処理を画一的に統一することは，かえって連結財務諸表が企業集団の財政状態，経営成績およびキャッシュ・フローの状況を適切に表示しなくなるということを考慮したものである。他方，同一の環境下にあるにもかかわらず，同一の性質の取引等について連結会社間で会計処理が異なっている場合には，その個別財務諸表を基礎とした連結財務諸表が企業集団の財政状態，経営成績およびキャッシュ・フローの状況の適切な表示を損なうことは否定できない。

このような観点から，連結財務諸表に関する会計基準では，同一環境下で行われた同一の性質の取引等について，親会社および子会社が採用する会計処理の原則および手続は，原則として統一することとされた。

また，会計処理の統一にあたっては，より合理的な会計処理の原則および手続を選択すべきであり，子会社の会計処理を親会社の会計処理に合わせる場合のほか，親会社の会計処理を子会社の会計処理に合わせる場合も考えられる。なお，実務上の事情を考慮して，財政状態，経営成績およびキャッシュ・フローの状況の表示に重要な影響がないと考えられるもの（たとえば，棚卸資産の評価方法である先入先出法，平均法等）については，あえて統一しなくてもよいこととされた。

第17章 連結会計（2）

1 資本連結

資本連結とは，親会社の子会社に対する投資とこれに対応する子会社の資本を相殺消去し，消去差額が生じた場合には当該差額をのれんとして計上するとともに，子会社の資本のうち親会社に帰属しない部分を非支配株主持分に振り替える一連の処理をいう。

1　子会社の資産および負債の評価

（1）時価評価

子会社の資産および負債の時価による評価額と当該資産および負債の個別貸借対照表上の金額との差額（以下，評価差額という）は，子会社の資本とする。なお，評価差額に重要性が乏しい子会社の資産および負債は，個別貸借対照表上の金額によることができる。

（2）時価評価の方法

時価により評価する子会社の資産および負債の範囲については，①部分時価評価法と，②全面時価評価法とが考えられる。現行制度上は②全面時価評価法により評価する。

① 部分時価評価法

部分時価評価法とは，子会社の資産および負債のうち，親会社の持分に相当する部分については株式の取得日ごとに当該日における時価により評価し，非支配株主持分に相当する部分については子会社の個別貸借対照表上の金額による方法をいう。部分時価評価法は，親会社が投資を行った際の親会社の持分を重視する考え方である。

② 全面時価評価法

全面時価評価法とは，支配獲得日において，子会社の資産および負債のすべてを支配獲得日の時価により評価する方法をいう。全面時価評価法は，親会社が子会社を支配した結果，子会社が企業集団に含まれることになった事実を重視する考え方である。

2 投資と資本の相殺消去

親会社の子会社に対する投資とこれに対応する子会社の資本は，相殺消去する。支配獲得日において算定した子会社の資本のうち親会社に帰属する部分を投資と相殺消去し，支配獲得日後に生じた子会社の利益剰余金および評価・換算差額等のうち親会社に帰属する部分は，利益剰余金および評価・換算差額等として処理する。

親会社の子会社に対する投資とこれに対応する子会社の資本との相殺消去にあたり，差額が生じる場合には，当該差額をのれんとする。

なお，段階取得，のれんについての詳細な会計処理は，第20章，第21章で説明する。

3 非支配株主持分の振替

子会社の資本のうち親会社に帰属しない部分は，非支配株主持分に振り替える必要がある。子会社の資本勘定から非支配株主持分勘定への振替は，次のように規定されている。

(1) 支配獲得日の当該会社の資本は，支配獲得日において，親会社に帰属する部分と非支配株主に帰属する部分とに分け，前者は親会社の投資と相殺消去し，後者は非支配株主持分として処理するものとする。

(2) 支配獲得日後に生じた子会社の剰余金のうち非支配株主に帰属する部分は，非支配株主持分として処理するものとする。また，評価差額のうち非支配株主に帰属する部分は非支配株主持分に振り替えなければならない。

なお，子会社が欠損を生じているケースでは，子会社の欠損のうち，当該子会社に係る非支配株主持分に割り当てられる額が当該非支配株主の負担すべき額を超える場合には，当該超過額は，親会社の持分に負担させる。この場合において，その後当該子会社に利益が計上されたときは，親会社が負担した欠損が回収されるまで，その利益の金額を親会社の持分に加算する。

4　子会社株式の追加取得および一部売却

(1) 追加取得

子会社株式を追加取得した場合には，追加取得した株式に対応する持分を非支配株主持分から減額し，追加取得により増加した親会社の持分（以下，追加取得持分という）を追加投資額と相殺消去する。追加取得持分と追加投資額との間に生じた差額は，資本剰余金として処理する。

(2) 一部売却

子会社株式を一部売却した場合（親会社と子会社の支配関係が継続している場合に限る）には，売却した株式に対応する持分を親会社の持分から減額し，非支配株主持分を増額する。売却による親会社の持分の減少額（以下，売却持分という）と売却価額の差額は資本剰余金として処理する。

なお，子会社株式の売却等により被投資会社が子会社および関連会社に該当しなくなった場合には，連結財務諸表上，残存する当該被投資会社に対する投資は，個別貸借対照表上の帳簿価額をもって評価する。

2　連結会社相互間の債権と債務の相殺消去

同一の企業集団に帰属する親会社と子会社（連結会社）の相互間の債権と債務は，相殺消去しなければならない。具体的には，以下のとおりとなる。

（1）相殺消去となる債権・債務の範囲

連結会社相互間の取引により発生した前払費用，未収収益，未払費用および前受収益の経過勘定項目は，相殺消去となる債権・債務の範囲に含まれる。

（2）割引手形の取扱い

連結会社が振り出した手形を他の連結会社が銀行割引した場合には，連結貸借対照表上これを借入金に振り替える。

（3）引当金の調整

引当金のうち，連結会社を対象として引き当てられたことが明らかなものは，一定の調整を行う必要がある。

（4）一時所有の社債

連結会社が発行した社債を他の連結会社が所有している場合には，その社債は発行会社にとっては債務であり，所有会社にとっては債権であるから，連結会計上は，当然，相殺消去の対象となる。しかし，連結会社における当該社債の保有が一時所有のものについては，相殺消去の対象にしないことが認められている。

3 連結会社相互間の取引高の相殺消去

連結会社相互間における商品の売買その他の取引に係る項目は，相殺消去する。企業集団からみると，連結会社相互間の取引は内部取引である。連結損益計算書に計上される取引高は，企業集団外部の取引高のみでなければならない。よって，連結会社相互間における商品の売買その他の取引に係る項目は，消去しなければならない。なお，会社相互間取引が連結会社以外の企業を通じて行われている場合であっても，その取引が実質的に連結会社間の取引であることが明確であるときは，この取引を連結会社間の取引とみなして処理する。

相殺消去しなければならない主な取引には，売上高と仕入高，支払家賃と受取家賃，支払利息と受取利息等がある。

4 未実現損益の消去

1 未実現損益の消去

連結会社相互間の取引によって取得した棚卸資産，固定資産その他の資産に含まれる未実現損益は，その全額を消去する。ただし，未実現損失については，売手側の帳簿価額のうち回収不能と認められる部分は，消去しない。なお，未実現損益の金額に重要性が乏しい場合には，これを消去しないことができる。

また，売手側の子会社に非支配株主が存在する場合には，未実現損益は，親会社と非支配株主の持分比率に応じて，親会社の持分と非支配株主持分に配分する。

2　未実現損益の消去方法

連結会社間の取引には，①親会社から子会社へ資産を売却する場合（ダウン・ストリーム取引），②子会社から親会社へ資産を売却する場合（アップ・ストリーム取引），③子会社から他の子会社へ資産を売却する場合が考えられる。

そして，資産に含まれる未実現損益を消去する方法には，全額消去方式と部分消去方式がある。全額消去方式は，未実現損益を全額消去する方式で，部分消去方式は，未実現損益のうち，親会社の持分割合に対応する金額だけを消去する方式であるが，連結基準では，全額消去方式のみが採用されている。

消去される未実現損益の負担方法には，親会社負担方式と持分按分負担方式がある。親会社負担方式は，消去する未実現損益の全額を親会社持分の減少とする方法である。持分按分負担方式は，消去する未実現損益を親会社と非支配株主の持分割合に応じて負担させる方法である。

このような資産に含まれる未実現損益の消去方法および負担方法のいずれの方法を用いるかは，連結会社間の取引による。

前述した①のケースでは，全額消去・親会社負担方式が用いられる。②のケースおよび③のケースでは，全額消去・持分按分負担方式が用いられる。

5　連結キャッシュ・フロー計算書

1　意　　義

キャッシュ・フロー計算書とは，一会計期間におけるキャッシュ・フローの状況を一定の活動区分別に表示する財務諸表をいう。なお，キャッシュ・フローとは資金の増加または減少をいう。

2　連結キャッシュ・フロー計算書の作成・表示方法

(1) 資金の範囲

現金（手許現金と要求払預金）及び現金同等物であり，現金同等物とは，容易に換金可能であり，かつ，価値の変動について僅少なリスクしか負わない短期投資をいう。なお，要求払預金には，当座預金，普通預金，通知預金等が含まれる。

現金同等物には，取得日から満期日または償還日までの期間が３カ月以内の短期投資である定期預金，譲渡性預金，コマーシャル・ペーパー，売戻し条件付現先，公社債投資信託等が含まれる。

(2) 表示区分

連結キャッシュ・フロー計算書の表示は，①「営業活動によるキャッシュ・フロー」，②「投資活動によるキャッシュ・フロー」，および③「財務活動によるキャッシュ・フロー」の３つに区分される。この３つの区分に記載すべき内容は次のとおりである。

①　営業活動によるキャッシュ・フロー

この区分には，営業損益計算の対象となった取引のほか，投資活動および財務活動以外の取引によるキャッシュ・フローを記載する。具体的には，商品および役務の販売による収入，商品および役務の購入による支出，従業員および役員に対する報酬の支出，災害による保険金収入，損害賠償金の支払等である。

②　投資活動によるキャッシュ・フロー

この区分には，固定資産の取得および売却，現金同等物に含まれない短期投資の取得および売却等によるキャッシュ・フローを記載する。具体的には，有形固定資産および無形固定資産の取得による支出，有形固定資産および無形固定資産の売却による収入，有価証券（現金同等物を除く）および投資有価証券の取得による支出，有価証券（現金同等物を除く）および投資有価証券の売却による収入，貸付けによる支出，貸付金の回収による収入等である。

③　財務活動によるキャッシュ・フロー

この区分には，資金の調達および返済によるキャッシュ・フローを記載する。

具体的には，株式の発行による収入，自己株式の取得による支出，配当金の支払，社債の発行および借入金による収入，社債の償還および借入金の返済による支出等である。

（3）表示方法

①　営業活動によるキャッシュ・フロー

この区分の表示方法には，「直接法」と「間接法」がある。「直接法」とは，主要な取引ごとにキャッシュ・フローを総額表示する方法である。「間接法」とは，税金等調整前当期純利益に非資金損益項目，営業活動に係る資産および負債の増減，「投資活動によるキャッシュ・フロー」および「財務活動によるキャッシュ・フロー」の区分に含まれる損益項目を加減して表示する方法である。

②　投資活動によるキャッシュ・フローおよび財務活動によるキャッシュ・フロー

これらの区分の表示方法は，主要な取引ごとにキャッシュ・フローを総額表示するものである。

③　現金及び現金同等物に係る換算差額

現金及び現金同等物に係る換算差額は，他と区別して表示する。

利息・配当金の表示区分については次の２つの方法の選択適用が認められている。なお，選択した方法は，毎期継続して適用しなければならない。

a　受取利息，受取配当金および支払利息は，「営業活動によるキャッシュ・フロー」の区分に記載し，支払配当金は「財務活動によるキャッシュ・フロー」の区分に記載する方法

b　受取利息および受取配当金は，「投資活動によるキャッシュ・フロー」の区分に記載し，支払利息および支払配当金は「財務活動によるキャッシュ・フロー」の区分に記載する方法

6 包括利益

1 包括利益およびその他の包括利益の定義

包括利益とは，ある企業の特定期間の財務諸表において認識された純資産の変動額のうち，当該企業の純資産に対する持分所有者との直接的な取引によらない部分をいう。当該企業の純資産に対する持分所有者には，当該企業の株主のほか当該企業の発行する新株予約権の所有者等が含まれる。

その他の包括利益とは，包括利益のうち当期純利益に含まれない部分をいう。その他の包括利益は，個別財務諸表においては包括利益と当期純利益との間の差額である。

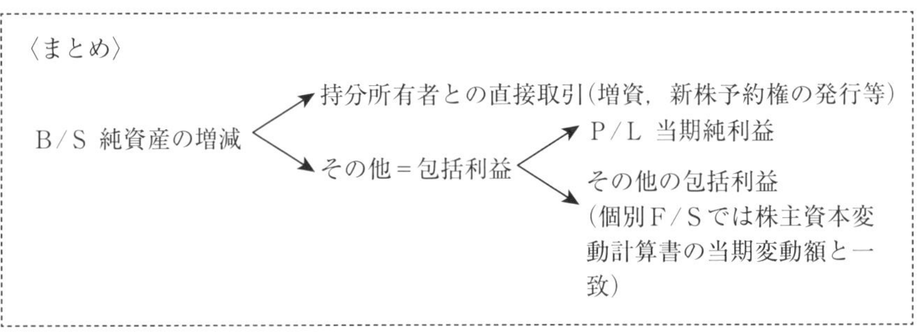

包括利益は，現在，連結財務諸表（以下，連結F/Sという）のみで適用されているが，ここでは概念のイメージをつかむため，まずは個別財務諸表（以下，個別F/Sという）を前提に説明する。

従来の評価・換算差額等の当期増減額
（株主資本等変動計算書「当期変動額」）

個別F/S「包括利益」……　P/L 当期純利益　＋　その他の包括利益

B/S 利益剰余金の増減額
（配当等株主との直接取引を除く）

B/S その他の包括利益累計額の増減額

＊　B/S「評価・換算差額等」について，連結F/Sの場合は名称が異なり，「その他の包括利益累計額」と呼ばれる。

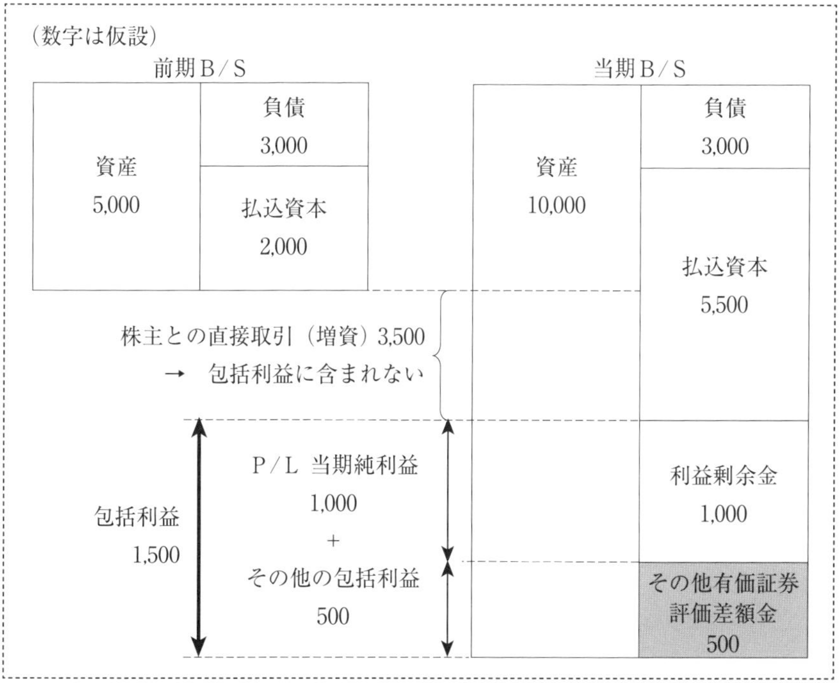

（数字は仮設）

前期B/S

資産 5,000	負債 3,000
	払込資本 2,000

当期B/S

資産 10,000	負債 3,000
	払込資本 5,500
	利益剰余金 1,000
	その他有価証券評価差額金 500

株主との直接取引（増資）3,500
→　包括利益に含まれない

包括利益
1,500

P/L 当期純利益
1,000
＋
その他の包括利益
500

設例17－1 個別包括利益計算書

当期の個別包括利益計算書を作成しなさい。

・当期に増資3,500を行い，全額を資本金とした。

・当期純利益は1,000である。

・当期にその他有価証券を1,200で取得し，期末まで保有している。なお，期末時価は1,700である。

・税効果会計は無視する。

《解説・解答》

包括利益計算書　　＊２計算書方式（注）を前提とする。

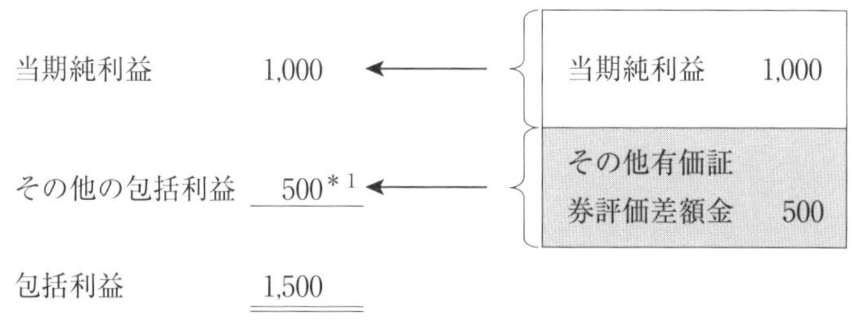

＊1　時価1,700－取得原価1,200＝500

（注）包括利益は，次の２通りの表示形式がある。実務では，２計算書方式が多く用いられている。

①　２計算書方式

当期純利益を表示する損益計算書と包括利益を表示する包括利益計算書からなる形式

②　１計算書方式

当期純利益の表示と包括利益の表示を１つの計算書（「損益及び包括利益計算書」）で行う形式

2　連結Ｆ/Ｓでの留意点

包括利益は，非支配株主も含む連結会社の株主の利益をいう。したがって，連結F/Sにおける包括利益は，親会社株主に係る金額のみならず，非支配株主に係る金額も含まれる点に注意が必要である。なお，包括利益は注記により，親会社に係る包括利益と非支配株主に係る包括利益に分けて開示される。

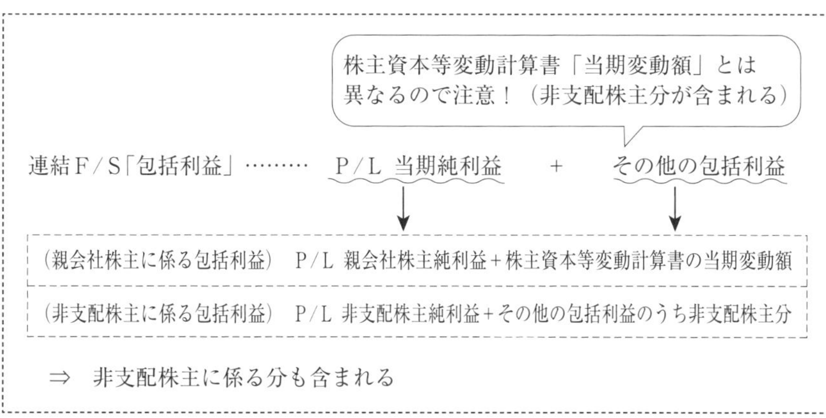

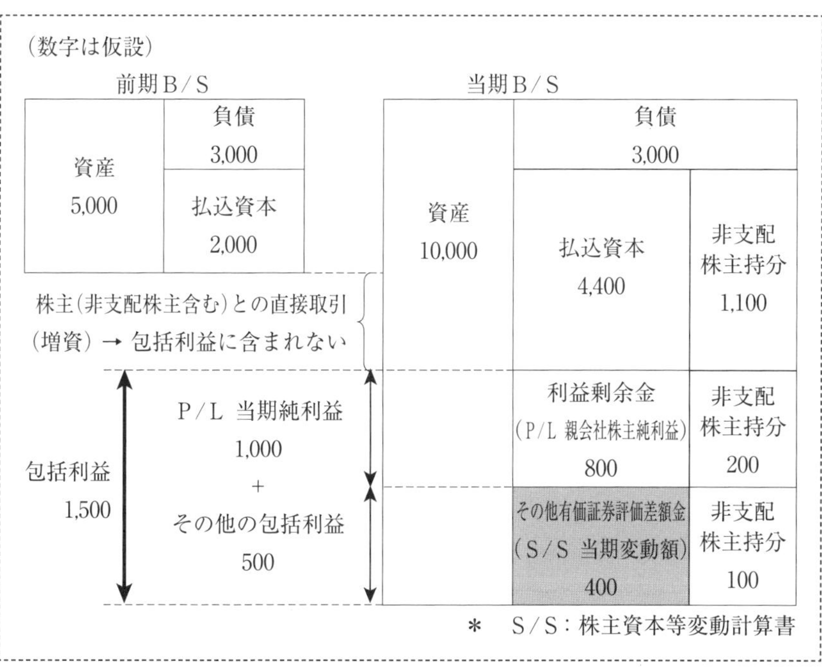

設例17－2 連結包括利益計算書

当期の連結包括利益計算書および包括利益に関する注記を作成しなさい。なお，S社はP社の80％子会社である。

・当期に増資（P社35,000，S社3,500）を行い，全額を資本金とした。
・当期純利益は（P社10,000，S社1,000）である。
・当期にその他有価証券を（P社12,000，S社1,200）で取得し期末まで保有している（期末時価P社17,000，S社1,700）。
・税効果会計は無視する。

《解説・解答》

包括利益計算書　＊2計算書方式を前提とする。

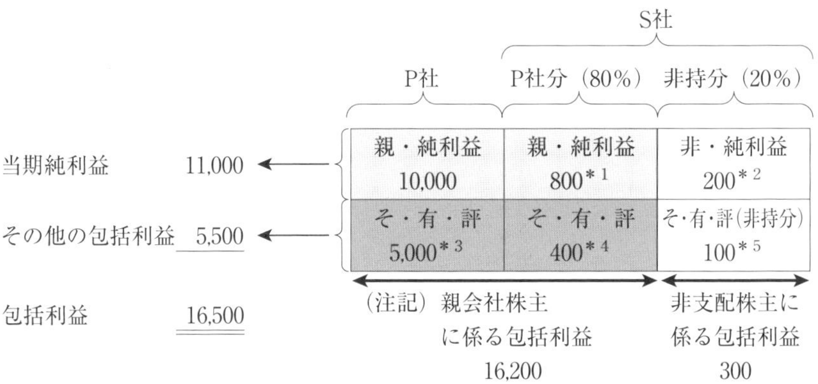

＊1　1,000×P社持分比率80％＝800
　→　P社当期純利益10,000と合わせた10,800がP／L親会社株主に帰属する当期純利益となる。
　（図の　　　部分）

＊2　1,000×非支配株主持分比率20％＝200（P／L非支配株主に帰属する当期純利益）

＊3　時価17,000－取得原価12,000＝5,000

＊4　（時価1,700－取得原価1,200）×P社持分比率80％＝400
　→　P社その他有価証券評価差額金5,000と合わせた5,400が，S/Sその他有

価証券評価差額金当期変動額となる。

（図の ▒▒▒ 部分）

＊5　（時価1,700－取得原価1,200）×非支配株主持分比率20％＝100

3　組替調整（リサイクリング）

その他有価証券を売却した場合，売却時点までに計上されたその他の包括利益累計額がすべてマイナスされてゼロとなり，P/Lの売却損益として計上（プラス）される。このように売却等に伴いその他の包括利益累計額からマイナスされ，P/Lに損益として組み替えられた金額を「組替調整額」という。なお，その他の包括利益は注記により，当期発生額と組替調整額に分けて開示される。

組替調整額 → その他の包括利益累計額から利益剰余金に振り替えられた金額
⇒ P/Lに売却損益等として計上された金額

その他の包括利益＝当期発生額＋組替調整額

（例）その他有価証券（取得原価12,000　売却時時価17,000）

	取得原価		売却時時価		当期B/S
	12,000		17,000		0
OCI累計額	0	発生額 → ＋5,000	5,000	組替調整額 → △5,000	0
利益剰余金	0	P/L当純 → 0	0	P/L当純 → ＋5,000	5,000
包括利益		＋5,000		0	

＊　OCI（Other Comprehensive Income）：その他の包括利益

設例17－3 組替調整（リサイクリング）

当期の個別包括利益計算書および包括利益に関する注記を作成しなさい。

・前期にその他有価証券を12,000で取得し，当期中に17,000で売却した。前期末時価は15,000である。

・当期純利益は20,000（上記の売却益5,000を含む）である。

・税効果会計は無視する。

《解説・解答》

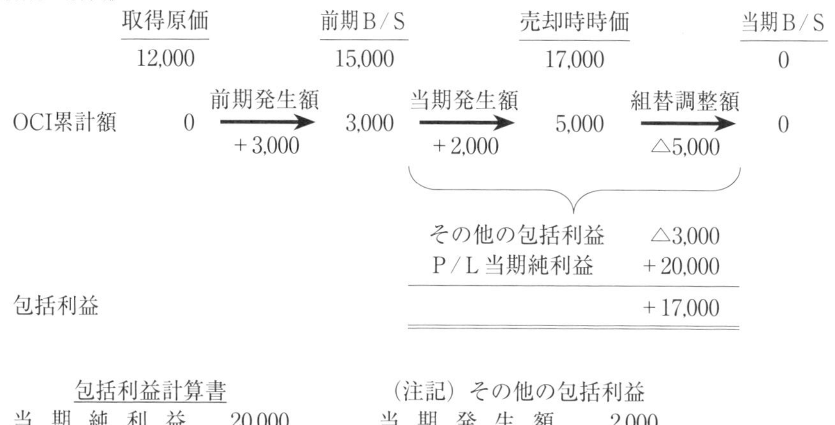

包括利益計算書	
当期純利益	20,000
その他の包括利益	△3,000
包括利益	17,000

（注記）その他の包括利益	
当期発生額	2,000
組替調整額	△5,000
その他の包括利益合計	△3,000

第18章 連結会計（3）——持　分　法——

1 持　分　法

1　意　　義

持分法とは，投資会社が被投資会社の資本および損益のうち投資会社に帰属する部分の変動に応じて，その投資の額を連結決算日ごとに修正する方法をいう。

2　持分法の適用範囲

（1）持分法の適用範囲

非連結子会社および関連会社に対する投資については，原則として持分法を適用する。ただし，持分法の適用により，連結財務諸表に重要な影響を与えない場合には，持分法の適用会社としないことができる。

（2）関連会社

関連会社とは，企業が，出資，人事，資金，技術，取引等の関係を通じて，子会社以外の他の企業の財務および営業または事業の方針の決定に対して重要な影響を与えることができる場合における当該子会社以外の他の企業をいう。

（3）子会社以外の他の企業の財務および営業または事業の方針の決定に対して重要な影響を与えることができる場合

子会社以外の他の企業の財務および営業または事業の方針の決定に対して重

要な影響を与えることができる場合とは，次の場合をいう。ただし，財務上または営業上もしくは事業上の関係からみて，子会社以外の他の企業の財務および営業または事業の方針の決定に対して重要な影響を与えることができないことが明らかであると認められるときは除かれる。

① 子会社以外の他の企業の議決権の100分の20以上を自己の計算において所有している場合

② 子会社以外の他の企業の議決権の100分の15以上，100分の20未満を自己の計算において所有している場合であって，かつ，次のいずれかの要件に該当する場合

a 役員もしくは使用人である者，またはこれらであった者で自己が子会社以外の他の企業の財務および営業または事業の方針の決定に関して影響を与えることができる者が，当該子会社以外の他の企業の代表取締役，取締役またはこれらに準ずる役職に就任していること

b 子会社以外の他の企業に対して重要な融資を行っていること

c 子会社以外の他の企業に対して重要な技術を提供していること

d 子会社以外の他の企業との間に重要な販売，仕入その他の営業上または事業上の取引があること

e その他子会社以外の他の企業の財務および営業または事業の方針の決定に対して重要な影響を与えることができることが推測される事実が存在すること

③ 自己の計算において所有している議決権（当該議決権を所有していない場合を含む）と，緊密な者および同意している者が所有している議決権とを合わせて，子会社以外の他の企業の議決権の100分の20以上を占めているときであって，かつ，上記②のｂ～ｅまでのいずれかの要件に該当する場合

（４）持分法の範囲から除かれる会社

関連会社であっても，次のような場合には持分法の範囲から除外される。

① 財務および営業または事業の方針の決定に対する影響が一時的であると認められる会社。

② ①以外の会社であって，持分法を適用することにより利害関係者の判断を

著しく誤らせるおそれのある子会社および関連会社。

また，持分法を適用すべき非連結子会社および関連会社のうち，その損益等を考慮して，持分法の対象から除外したとしても，連結財務諸表に重要な影響を与えない場合には，持分法の適用会社としないことができる。このように持分法の範囲の決定に際し，重要性の原則が適用されている。よって，上記①および②の会社に加えて次の③に該当する会社も持分法の範囲から除かれる。

③　重要性の乏しい非連結子会社および関連会社。

3　被投資会社の財務諸表

持分法の適用に際しては，被投資会社の財務諸表の適正な修正や資産および負債の評価に伴う税効果会計の適用等，原則として，連結子会社の場合と同様の処理を行う。

なお，同一環境下で行われた同一の性質の取引等について，投資会社および持分法を適用する被投資会社が採用する会計処理の原則および手続は，原則として統一する。

また，持分法の適用にあたっては，投資会社は，被投資会社の直近の財務諸表を使用する。投資会社と被投資会社の決算日に差異があり，その差異の期間内に重要な取引または事象が発生しているときには，必要な修正または注記を行う。

4　会計処理

（1）持分法適用会社の資産および負債の評価

持分法の適用に当たっては，持分法の適用日において，持分法適用会社の資産および負債を時価により評価しなければならない。つまり，前述した部分時価評価法によって評価する。評価差額は，個々の資産または負債ごとに計算し，持分法適用会社の資本とする。また，評価差額に重要性が乏しい持分法適用会社の資産および負債は，個別貸借対照表上の金額によることができる。

なお，非連結子会社に対して持分法を適用する場合には，連結子会社の場合と同様に，全面時価評価法により評価する。

（2）投資と資本の差額

投資会社の投資日における投資とこれに対応する被投資会社の資本との間に差額がある場合には，当該差額はのれんとし，のれんは投資に含めて処理する。

（3）持分法による投資損益

投資会社は，投資の日以降における被投資会社の利益または損失のうち投資会社の持分または負担に見合う額を算定して，投資の額を増額または減額し，当該増減額を持分法による投資損益（営業外損益）として当期純利益の計算に含める。

なお，投資の増減額の算定にあたっては，連結会社と持分法の適用会社との間の取引に係る未実現損益を消去するための修正を行う。

（4）被投資会社からの配当金

被投資会社から配当金を受け取った場合には，当該配当金に相当する額を投資の額から減額する。

（5）追加取得および一部売却

① 追加取得

持分法適用会社の株式を追加取得した場合には，資本のうち追加取得した株式に対応する持分と追加投資額との間に生じた差額は，のれんまたは負ののれんとして処理する。

② 一部売却

持分法適用会社の株式を売却した場合には，資本のうち売却した株式に対応する持分の減少額と投資の減少額との間に生じた差額は，持分法適用会社株式の売却損益の修正として処理する。ただし，当該差額のうち，持分法適用会社が計上している評価・換算差額等に係る部分については，売却損益の修正に含めない。なお，売却に伴うのれんの未償却額のうち売却した株式に対応する部分についても，上記持分の減少額に含めて計算する。

また，関連会社株式の売却等により当該会社が関連会社に該当しなくなった場合には，残存する当該会社の株式は，個別貸借対照表上の帳簿価額をもって評価する。非連結子会社の株式の売却等により当該会社が子会社および関連会社に該当しなくなった場合も同様に処理する。

2 連結財務諸表のひな形

第16章～第18章で説明した連結財務諸表のひな形を**資料18－1**に示すので参照されたい。

〔資料18－1〕連結財務諸表のひな形

【連結貸借対照表】

（単位：円）

	前連結会計年度 （　　年　月　日）	当連結会計年度 （　　年　月　日）
資産の部		
流動資産		
現金及び預金	×××	×××
受取手形及び売掛金	×××	×××
貸倒引当金	△×××	△×××
受取手形及び売掛金（純額）	×××	×××
契約資産	×××	×××
貸倒引当金	△×××	△×××
契約資産（純額）		
リース債権及びリース投資資産	×××	×××
貸倒引当金	△×××	△×××
リース債権及びリース投資資産（純額）	×××	×××
有価証券	×××	×××
商品及び製品	×××	×××
仕掛品	×××	×××
原材料及び貯蔵品	×××	×××
その他	×××	×××
流動資産合計	×××	×××
固定資産		
有形固定資産		
建物及び構築物	×××	×××

減価償却累計額	△×××	△×××
建物及び構築物（純額）	×××	×××
機械装置及び運搬具	×××	×××
減価償却累計額	△×××	△×××
機械装置及び運搬具（純額）	×××	×××
土地	×××	×××
リース資産	×××	×××
減価償却累計額	△×××	△×××
リース資産（純額）	×××	×××
建設仮勘定	×××	×××
その他	×××	×××
減価償却累計額	△×××	△×××
その他（純額）	×××	×××
有形固定資産合計	×××	×××
無形固定資産		
のれん	×××	×××
リース資産	×××	×××
その他	×××	×××
無形固定資産合計	×××	×××
投資その他の資産		
投資有価証券	×××	×××
長期貸付金	×××	×××
貸倒引当金	△×××	△×××
長期貸付金（純額）	×××	×××
退職給付に係る資産	×××	×××
繰延税金資産	×××	×××
その他	×××	×××
投資その他の資産合計	×××	×××
固定資産合計	×××	×××
繰延資産		
創立費	×××	×××
開業費	×××	×××
株式交付費	×××	×××
社債発行費	×××	×××
開発費	×××	×××
繰延資産合計	×××	×××
資産合計	×××	×××

負債の部		
流動負債		
支払手形及び買掛金	×××	×××
短期借入金	×××	×××
リース債務	×××	×××
未払法人税等	×××	×××
契約負債	×××	×××
××引当金	×××	×××
資産除去債務	×××	×××
その他	×××	×××
流動負債合計	×××	×××
固定負債		
社債	×××	×××
長期借入金	×××	×××
リース債務	×××	×××
繰延税金負債	×××	×××
××引当金	×××	×××
資産除去債務	×××	×××
その他	×××	×××
固定負債合計	×××	×××
負債合計	×××	×××
純資産の部		
株主資本		
資本金	×××	×××
資本剰余金	×××	×××
利益剰余金	×××	×××
自己株式	△×××	△×××
株主資本合計	×××	×××
その他の包括利益累計額		
その他有価証券評価差額金	×××	×××
繰延ヘッジ損益	×××	×××
土地再評価差額金	×××	×××
為替換算調整勘定	×××	×××
退職給付に係る調整累計額 …………………	×××	×××
その他の包括利益累計額合計	×××	×××
新株引受権	×××	×××

新株予約権	×××	×××
非支配株主持分	×××	×××
純資産合計	×××	×××
負債純資産合計	×××	×××

【連結損益及び包括利益計算書】

（単位：円）

	前連結会計年度（自　年　月　日　至　年　月　日）	当連結会計年度（自　年　月　日　至　年　月　日）
売上高	×××	×××
売上原価	×××	×××
売上総利益（又は売上総損失）	×××	×××
販売費及び一般管理費		
………………	×××	×××
………………	×××	×××
………………	×××	×××
販売費及び一般管理費合計	×××	×××
営業利益（又は営業損失）	×××	×××
営業外収益		
受取利息	×××	×××
受取配当金	×××	×××
有価証券売却益	×××	×××
持分法による投資利益	×××	×××
………………	×××	×××
………………	×××	×××
営業外収益合計	×××	×××
営業外費用		
支払利息	×××	×××
有価証券売却損	×××	×××
持分法による投資損失	×××	×××
………………	×××	×××
………………	×××	×××
営業外費用合計	×××	×××

経常利益（又は経常損失）	×××	×××
特別利益		
固定資産売却益	×××	×××
負ののれん発生益	×××	×××
………………	×××	×××
………………	×××	×××
特別利益合計	×××	×××
特別損失		
固定資産売却損	×××	×××
減損損失	×××	×××
災害による損失	×××	×××
………………	×××	×××
………………	×××	×××
特別損失合計	×××	×××
税金等調整前当期純利益（又は税金等調整前当期純損失）	×××	×××
法人税，住民税及び事業税	×××	×××
法人税等調整額	×××	×××
法人税等合計	×××	×××
当期純利益（又は当期純損失）	×××	×××
（内訳）		
親会社株主に帰属する当期純利益（又は親会社株主に帰属する当期純損失）	×××	×××
非支配株主に帰属する当期純利益（又は非支配株主に帰属する当期純損失）	×××	×××
その他の包括利益		
その他有価証券評価差額金	×××	×××
繰延ヘッジ損益	×××	×××
為替換算調整勘定	×××	×××
退職給付に係る調整額	×××	×××
持分法適用会社に対する持分相当額	×××	×××
………………	×××	×××
その他の包括利益合計	×××	×××
包括利益	×××	×××
（内訳）		
親会社株主に係る包括利益	×××	×××
非支配株主に係る包括利益	×××	×××

【連結株主資本等変動計算書】

前連結会計年度（自　　年　月　日　至　　年　月　日）

（単位：円）

	株主資本					その他の包括利益累計額						株式引受権	新株予約権	非支配株主持分	純資産合計
	資本金	資本剰余金	利益剰余金	自己株式	株主資本合計	その他有価証券評価差額金	繰延ヘッジ損益	土地再評価差額金	為替換算調整勘定	退職給付に係る調整累計額	その他の包括利益累計額合計				
当期首残高	×××	×××	×××	△×××	×××	×××	×××	×××	×××	×××	×××	×××	×××	×××	×××
当期変動額															
新株の発行	×××	×××			×××										×××
剰余金の配当			△×××		△×××										△×××
親会社株主に帰属する当期純利益			×××		×××										×××
自己株式の処分				×××	×××										×××
………………															×××
株式資本以外の項目の当期変動額（純額）						×××	×××	×××	×××	×××	×××	×××	×××	×××	×××
当期変動額合計	×××	×××	×××	×××	×××	×××	×××	×××	×××	×××	×××	×××	×××	×××	×××
当期末残高	×××	×××	×××	△×××	×××	×××	×××	×××	×××	×××	×××	×××	×××	×××	×××

当連結会計年度（自　　　年　月　日　至　　　年　月　日）

（単位：円）

	株主資本					その他の包括利益累計額						株式引受権	新株予約権	非支配株主持分	純資産合計
	資本金	資本剰余金	利益剰余金	自己株式	株主資本合計	その他有価証券評価差額金	繰延ヘッジ損益	土地再評価差額金	為替換算調整勘定	退職給付に係る調整累計額	その他の包括利益累計額合計				
当期首残高	×××	×××	×××	△×××	×××	×××	×××	×××	×××	×××	×××	×××	×××	×××	×××
当期変動額															
新株の発行	×××	×××			×××										×××
剰余金の配当			△×××		△×××										△×××
親会社株主に帰属する当期純利益			×××		×××										×××
自己株式の処分				×××	×××										×××
………………															×××
株式資本以外の項目の当期変動額（純額）						×××	×××	×××	×××	×××	×××	×××	×××	×××	×××
当期変動額合計	×××	×××	×××	×××	×××	×××	×××	×××	×××	×××	×××	×××	×××	×××	×××
当期末残高	×××	×××	×××	△×××	×××	×××	×××	×××	×××	×××	×××	×××	×××	×××	×××

【連結キャッシュ・フロー計算書】（直接法）

（単位：円）

	前連結会計年度 （自　　　年 月　日 至　　　年 月　日）	当連結会計年度 （自　　　年 月　日 至　　　年 月　日）
営業活動によるキャッシュ・フロー		
営業収入	×××	×××
原材料又は商品の仕入れによる支出	△×××	△×××
人材費の支出	△×××	△×××
その他の営業支出	△×××	△×××
小計	×××	×××
利息及び配当金の受取額	×××	×××
利息の支払額	△×××	△×××
損害賠償金の支払額	△×××	△×××
………………	×××	×××
法人税等の支払額	△×××	△×××
営業活動によるキャッシュ・フロー	×××	×××
投資活動によるキャッシュ・フロー		
有価証券の取得による支出	△×××	△×××
有価証券の売却による収入	×××	×××
有形固定資産の取得による支出	△×××	△×××
有形固定資産の売却による収入	×××	×××
投資有価証券の取得による支出	△×××	△×××
投資有価証券の売却による収入	×××	×××
連結の範囲の変更を伴う子会社株式の取得による支出	△×××	△×××
連結の範囲の変更を伴う子会社株式の売却による収入	×××	×××
貸付けによる支出	△×××	△×××
貸付金の回収による収入	×××	×××
………………	×××	×××
投資活動によるキャッシュ・フロー	×××	×××
財務活動によるキャッシュ・フロー		
短期借入れによる収入	×××	×××
短期借入金の返済による支出	△×××	△×××

長期借入れによる収入	×××	×××
長期借入金の返済による支出	△×××	△×××
社債の発行による収入	×××	×××
社債の償還による支出	△×××	△×××
株式の発行による収入	×××	×××
自己株式の取得による支出	△×××	△×××
配当金の支払額	△×××	△×××
非支配株主への配当金の支払額	△×××	△×××
連結の範囲の変更を伴わない子会社株式の取得による支出	△×××	△×××
連結の範囲の変更を伴わない子会社株式の売却による収入	×××	×××
………………	×××	×××
財務活動によるキャッシュ・フロー	×××	×××
現金及び現金同等物に係る換算差額	×××	×××
現金及び現金同等物の増減額（△は減少）	×××	×××
現金及び現金同等物の期首残高	×××	×××
現金及び現金同等物の期末残高	×××	×××

【連結キャッシュ・フロー計算書】（間接法）

（単位：円）

	前連結会計年度 （自　　年 月　日 至　　年 月　日）	当連結会計年度 （自　　年 月　日 至　　年 月　日）
営業活動によるキャッシュ・フロー		
税金等調整前当期純利益（又は税金等調整前当期純損失）	×××	×××
減価償却費	×××	×××
減損損失	×××	×××
のれん償却額	×××	×××
貸倒引当金の増減額（△は減少）	×××	×××
受取利息及び受取配当金	△×××	△×××
支払利息	×××	×××
為替差損益（△は益）	×××	×××
持分法による投資損益（△は益）	×××	×××
有形固定資産売却損益（△は益）	×××	×××
損害賠償損失	×××	×××
売上債権の増減額（△は増加）	×××	×××
棚卸資産の増減額（△は増加）	×××	×××
仕入債務の増減額（△は減少）	×××	×××
………………	×××	×××
小計	×××	×××
利息及び配当金の受取額	×××	×××
利息の支払額	△×××	△×××
損害賠償金の支払額	△×××	△×××
………………	×××	×××
法人税等の支払額	△×××	△×××
営業活動によるキャッシュ・フロー	×××	×××
投資活動によるキャッシュ・フロー		
有価証券の取得による支出	△×××	△×××
有価証券の売却による収入	×××	×××
有形固定資産の取得による支出	△×××	△×××
有形固定資産の売却による収入	×××	×××
投資有価証券の取得による支出	△×××	△×××

投資有価証券の売却による収入	×××	×××
連結の範囲の変更を伴う子会社株式の取得による支出	△×××	△×××
連結の範囲の変更を伴う子会社株式の売却による収入	×××	×××
貸付けによる支出	△×××	△×××
貸付金の回収による収入	×××	×××
………………	×××	×××
投資活動によるキャッシュ・フロー	×××	×××
財務活動によるキャッシュ・フロー		
短期借入れによる収入	×××	×××
短期借入金の返済による支出	△×××	△×××
長期借入れによる収入	×××	×××
長期借入金の返済による支出	△×××	△×××
社債の発行による収入	×××	×××
社債の償還による支出	△×××	△×××
株式の発行による収入	×××	×××
自己株式の取得による支出	△×××	△×××
配当金の支払額	△×××	△×××
非支配株主への配当金の支払額	△×××	△×××
連結の範囲の変更を伴わない子会社株式取得による支出	△×××	△×××
連結の範囲の変更を伴わない子会社株式の売却による収入	×××	×××
………………	×××	×××
財務活動によるキャッシュ・フロー	×××	×××
現金及び現金同等物に係る換算差額	×××	×××
現金及び現金同等物の増減額（△は減少）	×××	×××
現金及び現金同等物の期首残高	×××	×××
現金及び現金同等物の期末残高	×××	×××

第19章
税効果会計

1 税効果会計とは

税効果会計は，企業会計上の資産または負債の額と課税所得計算上の資産または負債の額に相違がある場合において，法人税その他利益に関連する金額を課税標準とする税金（以下，法人税等という）の額を適切に期間配分することにより，法人税等を控除する前の当期純利益と法人税等を合理的に対応させることを目的とする手続である。

2 導入の経緯

法人税等の課税所得の計算にあたっては，企業会計上の利益の額を基礎とするが，企業会計上の利益の額と税務会計上の所得の額には相違がみられるのが一般的である。よって，財務諸表の作成上，法人税等（法人税，住民税及び事業税）の計上額を，課税所得を基礎とした法人税等の額にした場合，これが税引前当期純利益と期間的に対応せず，また，将来の法人税額等の支払額に対する影響額が表示されないことになる。

そこで，税効果会計を適用し，上記の問題点を解決する必要があるとの指摘がなされていたが，従来においては適用は任意とされていた。

このような状況の中，平成10（1998）年10月に「税効果会計に係る会計基準（以下，税効果基準という）」が公表され，平成11（1999）年４月１日以後開始する事業年度から適用されることとなった。

3 税効果会計の方法

税効果会計の方法には，1．繰延法と 2．資産負債法が挙げられる。税効果基準では 2．資産負債法を採用している。

1 繰 延 法

繰延法とは，会計上の収益または費用の金額と税務上の益金または損金の額に相違がある場合，その相違項目のうち，損益の期間帰属の相違にもとづく差異（期間差異）について，発生した年度の当該差異に対する税金軽減額または税金負担額を差異が解消する年度まで貸借対照表上，繰延税金資産または繰延税金負債として計上する方法をいう。繰延法は収益費用アプローチにもとづく処理であり，会計上の税引前当期純利益と税務上の課税所得との差異に着目する考え方である。

2 資産負債法

資産負債法とは，会計上の資産または負債の金額と税務上の資産または負債の金額との間に差異があり，会計上の資産または負債が将来回収または決済されるなどにより当該差異が解消されるときに，税金を減額または増額させる効果がある場合に，当該差異（一時差異）の発生年度にそれに対する繰延税金資産または繰延税金負債を計上する方法をいう。資産負債法は資産負債アプローチにもとづく処理であり，会計上の資産負債と税務上の資産負債の差異に着目する考え方である。

3 繰延法と資産負債法の違い

資産負債法が税効果会計の対象とする一時差異と繰延法が税効果会計の対象期間差異の範囲はほぼ一致するが，有価証券等の資産または負債の評価替えにより直接純資産の部に計上された評価差額が異なる。当該評価差額は一時差異となるが期間差異とはならない。よって，一時差異の方が期間差異よりも広い範囲を指すといえる。

なお，期間差異に該当する項目は，すべて一時差異に含まれる。

4 会計処理

1　法人税等調整額（損益計算書）

税効果会計においては，企業会計上の税金となるように調整を行うものであるが，当然これにより実際の税額が変わることはない。企業会計上の利益と税務会計上の課税所得との差異を算出し，原則的には，当該差異に法定実効税率を乗じた額を損益計算書の法人税等の下に法人税等調整額として記載し，法人税等に法人税等調整額を加算または減算した額が企業会計上の税金を示すように調整される。

法人税の確定申告書と関連させながら説明すると次のようになる。

税効果会計を適用しない場合は，税引前当期純利益の下の法人税等には，確定申告書の別表四における所得金額に法定実効税率を乗じた額を計上し，これを控除して当期純利益が求められるが，これは企業会計と税法を混合した結果の利益であるといえる。

税効果会計を適用した場合は，税引前当期純利益の下の法人税等には，税効果会計を適用しない場合と同様に，確定申告書の別表四における所得金額に法定実効税率を乗じた額を計上し，次に，原則的には，別表四において加算および減算した額（一時差異）に法定実効税率を乗じた額を法人税等調整額として計上し，よって，税引前当期純利益から法人税等を控除し，法人税等調整額を加算または減算して当期純利益が求められるが，これは適正な企業会計上の利益といえる。

2　繰延税金資産・繰延税金負債（貸借対照表）

企業会計上の利益よりも税務会計上の課税所得が多く算定された場合には，企業会計上の利益が負担すべき法人税等の額と比較して実際に支払うべき法人税等が多く計算されている。よって，この場合の差異相当額は企業会計の見地からは税金の前払いと考えられ，繰延税金資産として貸借対照表に記載される。

この場合，損益計算書上では，法人税等調整額はマイナスとなり，税引前当期純利益に対してはプラスになる。仕訳は次のようになる。

（借）繰延税金資産　　×××　（貸）法人税等調整額　×××

企業会計上の利益よりも税務会計上の課税所得が少なく算定された場合には，企業会計上の利益が負担すべき法人税等の額と比較して実際に支払うべき法人税等が少なく計算されている。よって，この場合の差異相当額は，税法における課税の繰延べの効果から生ずるものであり，税金の未払い（繰延べ）と考え，繰延税金負債として貸借対照表に記載される。この場合，損益計算書上では，法人税等調整額はプラスとなり，税引前当期純利益に対してはマイナスになる。仕訳は次のようになる。

（借）法人税等調整額　×××　（貸）繰延税金負債　　×××

次に繰延税金資産および繰延税金負債の表示についてみてみる。

繰延税金資産および繰延税金負債は，一時差異の原因となった資産・負債の表示区分にもとづいて，繰延税金資産については投資その他の資産に表示され，繰延税金負債については固定負債として表示される。なお，投資その他の資産に属する繰延税金資産と固定負債に属する繰延税金負債がある場合には，それぞれ相殺して表示される。

また，資産負債法においては，繰延税金資産または繰延税金負債の計算に用いられる税率は，当期の法人税等の計算に適用した税率ではなく，当期に負担した税金が将来負担の軽減等を通じて回収される，または繰り延べた税負担を支払うと予想される期の予想税率となる。これは，資産負債法における繰延税金資産または繰延税金負債は将来の税金の前払額または未払額を意味するが，差異が解消される期に税金の減額効果または増額効果があるためである。ただし，将来の税率を予想することは困難であるため，なるべく最新の法定実効税率を用いて計算しする。また，税率が改正される都度，繰延税金資産あるいは繰延税金負債の再計算を行うことになる。これは，将来の税金の減額効果または増額効果は将来の税率にもとづくため，当該改正後の税率がその効果を示すと考えられるからである。

なお，法定実効税率の計算式は次のようになる。

$$\frac{\text{法人税率}\times(1+\text{地方法人税率}+\text{住民税率})+\text{事業税率}}{1+\text{事業税率}}$$

5　差異の種類

1　永久差異と一時差異

企業会計は適正な期間損益計算を目的とし，税法は課税の公平性の確保を目的とすることから，収益と益金，費用と損金には相違が生ずる場合があるが，この差異には一時差異と永久差異の２つがある。

ここで，永久差異とは，収益と益金および費用と損金の考え方が異なることから生ずる差異で，将来にわたっても永久に解消されないものである。

税効果会計では，企業会計上の利益と税務会計上の課税所得の違いから生ずる「税金の前払い」と「税金の未払い」を適正に期間配分することを目的としていることから，この２つの差異のうち，一時差異のみが対象となる。なお，連結財務諸表固有の一時差異については後述する。

また，一時差異には，将来減算一時差異と将来加算一時差異がある。前者には，減価償却費の償却限超過額，棚卸資産の評価損否認，各種引当金の繰入限度超過額等が挙げられ，後者には，積立金方式による圧縮記帳等が挙げられる。永久差異には，交際費，寄附金，受取配当金等が挙げられる。

2　将来減算一時差異

企業会計上の利益が負担すべき法人税等と比較して，実際に支払うべき法人税等が多く計算されている場合には，当該差異は，差異発生年度において税金の前払いとして加算され，当該一時差異が解消された年度において減算処理が行われることになる。このような差異を将来減算一時差異と呼ぶ。この場合の仕訳は次のとおりとなる。

発生年度：(借) 繰延税金資産　×××　(貸) 法人税等調整額　×××
解消年度：(借) 法人税等調整額　×××　(貸) 繰延税金資産　×××

繰延税金資産の回収可能性についてみてみる。将来減算一時差異に係る繰延税金資産の計上が認められるかどうかは，将来その将来減算一時差異の解消年度において，収益力にもとづく課税所得の十分性，タックス・プランニングの存在，将来加算一時差異の十分性のいずれかの要件を満たしているか否かにより判断される。

3 将来加算一時差異

企業会計上の利益が負担すべき法人税等と比較して，実際に支払うべき法人税等が少なく計算されている場合には，当該差異は，差異発生年度において税金の繰延べとして減算され，当該一時差異が解消された年度においては，加算処理が行われることになる。このような差異を将来加算一時差異と呼ぶ。この場合の仕訳は次のとおりとなる。

発生年度：(借) 法人税等調整額　×××（貸）繰延税金負債　×××
解消年度：(借) 繰延税金負債　×××（貸）法人税等調整額　×××

4 連結財務諸表固有の一時差異

連結財務諸表作成においては，個別財務諸表において税効果会計を適用していたとしても，連結財務諸表固有の一時差異が生じる。

連結財務諸表固有の一時差異は，個別財務諸表を単純合算した後に，連結消去仕訳を行うため，税金等調整前当期純利益と法人税等とが適切に対応しなくなることにより生ずる差異である。よって，連結会計固有の一時差異とは，連結消去仕訳に関係して発生するものであるといえる。

具体的には，以下のとおりである。

① 資本連結に際し，子会社の資産および負債の時価評価により評価差額が生じた場合
② 連結会社相互間の取引から生ずる未実現損益を消去した場合
③ 連結会社相互間の債権と債務の相殺消去により貸倒引当金を減額修正した場合

6 注　記

税効果会計を適用したときは，次の事項を注記しなければならない。

① 繰越税金資産および繰越税金負債の発生原因別の主な内訳

② 法定実効税率（当該事業年度に係る法人税等の計算に用いられた税率）と税効果会計適用後の法人税等の負担率（法人税等を控除する前の当期純利益に対する法人税等の比率）との間に重要な差異があるときは，当該差異の原因となった主な項目別の内訳

③ 法人税等の税率の変更により繰延税金資産および繰延税金負債の金額が修正されたときは，その旨および修正額

④ 決算日後に法人税等の税率の変更があった場合には，その内容および影響

第20章 企業結合会計（1）

1 企業結合とは

企業結合とは，ある企業またはある企業を構成する事業と他の企業または他の企業を構成する事業とが1つの報告単位に統合されることをいう。

企業結合の例としては，1．合併，2．株式交換，3．株式移転等がある。

1 合　併

合併とは，複数の会社が契約により，1つの会社に統合することをいう。合併には，既存会社同士の合併となる吸収合併と新会社を設立し合併する新設合併がある[1)]。

ここで，**図表20－1**にて吸収合併について図解するので参照されたい。

2 株式交換

株式交換とは，株式会社がその発行済株式の全部を他の株式会社または合同会社に取得させることをいう（会社法第2条31号）。

ここで，**図表20－2**にて株式交換について図解するので参照されたい。

1）吸収合併とは，会社が他の会社とする合併であって，合併により消滅する会社の権利義務の全部を合併後存続する会社に承継させるものをいう（会社法第2条27号）。また，新設合併とは，二以上の会社がする合併であって，合併により消滅する会社の権利義務の全部を合併により設立する会社に承継させるものをいう（会社法第2条28号）。

3 株式移転

株式移転とは，一または二以上の株式会社がその発行済株式の全部を新たに設立する株式会社に取得させることをいう（会社法第２条32号）。

ここで，**図表20－３**にて株式移転について図解するので参照されたい。

図表20－1 合併（吸収合併）　**図表20－2** 株式交換

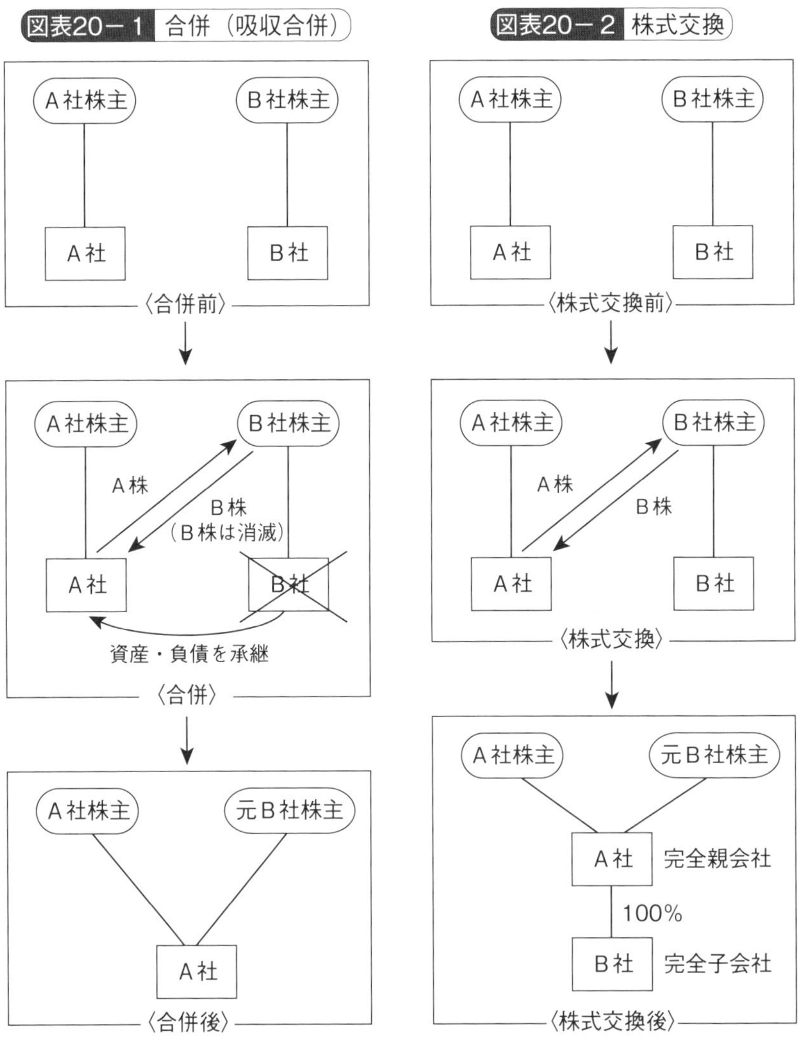

図表20－3　株式移転

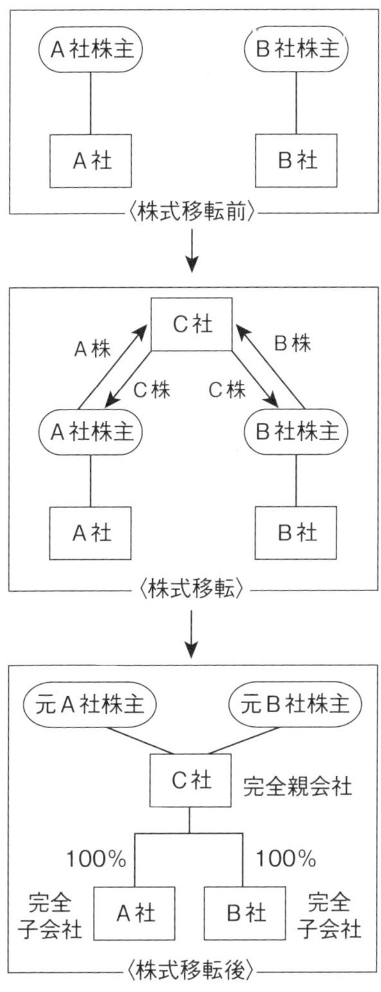
A社株主
B社株主
A社
B社
〈株式移転前〉
C社
A株
B株
C株
C株
A社株主
B社株主
A社
B社
〈株式移転〉
元A社株主
元B社株主
C社
完全親会社
100%
100%
完全
子会社
A社
B社
完全
子会社
〈株式移転後〉

2 導入の経緯

1 企業結合に係る会計基準（旧基準）の制定

企業が外部環境の構造的な変化に対応するため企業結合を活発に行うようになってきた状況下において，わが国においては，会計基準の整備が必要とされていた。企業結合に関する統一的な会計基準が存在せず，旧商法の規定の範囲内で幅広い会計処理が可能となっていたからである。

その結果，企業結合の経済的実態が同一であっても，法的形式が異なるごとに会計処理が異なり，結合後企業の財務諸表が大きく異なった結果となることが少なくないといわれていた。比較可能性の担保の観点からも企業結合の経済的実態が同一であれば，会計処理も同一であることが望まれる中で，従来の基準では経済的実態が反映されているとは言い難い事例も見受けられた。

このような状況の中，ディスクロージャーの充実および会計基準の国際的調和化の観点から，平成15（2003）年10月に「企業結合に係る会計基準（以下，旧企業結合基準という）」が公表され，平成18（2006）年４月以降開始する事業年度から適用されることとなった。これにより，企業結合全般について法的形式にかかわらず，経済的実態に応じて統一的な会計処理が求められることとなった。

2 企業結合に関する会計基準（新基準）の制定

国際的な会計基準では，企業結合の経済的実態に応じて，いわゆるパーチェス法と持分プーリング法の両者を使い分ける取扱いから，持分プーリング法を廃止する取扱いに変更されるなど，「企業結合に係る会計基準」の取扱いとは異なる点が認められた。そこで，国際的な会計基準とのコンバージェンスの観点から，持分プーリング法の廃止等の改正が行われ，平成20（2008）年12月に「企業結合に関する会計基準（以下，企業結合基準という）」が公表された。なお，同基準は平成22（2010）年４月１日以後開始する事業年度から適用されている。また，パーチェス法および持分プーリング法については3節で説明する。

3 パーチェス法と持分プーリング法

企業結合の代表的な会計処理方法としては，パーチェス法と持分プーリング法がある。

1　パーチェス法

パーチェス法とは，被取得企業から受け入れる資産および負債の取得原価を，対価として交付する現金および株式等の時価（公正価値）とする方法をいう。

パーチェス法は，取得企業が被取得企業の支配を獲得したという第三者間取引を概念的基礎としており，企業結合取引を通常の資産売買（新規投資）と同様に処理するものである。したがって，通常の資産売買において企業が取得した資産を取得時の公正価値で評価するのと同様に，企業結合取引において取得企業が受け入れた被取得企業の資産および負債を取得時の公正価値で評価する。

パーチェス法によれば，被取得企業の資産および負債は時価（公正価値）により評価されるため，結合後企業の資産および負債は，取得企業の帳簿価額と被取得企業の時価（公正価値）を合計した金額となる。また，時価評価された資産・負債と支払対価（取得原価）との差額はのれんとして処理し，増加資本はすべて払込資本として処理する。

2　持分プーリング法

持分プーリング法とは，すべての結合当事企業の資産，負債および資本を，それぞれの適切な帳簿価額で引き継ぐ方法をいう。

持分プーリング法は，パーチェス法が基礎とする第三者間取引は成立したとは考えず，企業結合後も結合当事企業は資産・負債についての支配をそのまま継続しているとみなしている。したがって，結合当事企業の企業結合前の資産・負債の金額（帳簿価額）をそのまま引き継ぐことになる。

持分プーリング法によれば，すべての結合当事企業の資産，負債および資本を帳簿価額で引き継ぐため，結合後企業の資産，負債および資本は，結合当事企業の帳簿価額を合計した金額となり，のれんは生じない。

なお，パーチェス法と持分プーリング法の対比をまとめると**図表20－4**のとおりとなる。

図表20－4 パーチェス法と持分プーリング法

	パーチェス法	持分プーリング法
結合後企業の資産および負債	取得企業の「帳簿価額」 ＋ 被取得企業の「時価」	結合当事企業の「帳簿価額」 ＋ 結合当事企業の「帳簿価額」
増加する資本項目	すべて払込資本 （利益剰余金は引き継がない）	内訳も含めすべて引き継ぐ （利益剰余金も引き継ぐ）
のれん	計上される	計上されない

設例20－1 パーチェス法と持分プーリング法

Ａ社とＢ社が合併（存続会社Ａ社）するとき，次の問に答えなさい。税効果会計は無視する。

① 合併の対価としてＡ社はＢ社株主に対しＡ社株式100株（企業結合日における時価150,000）を交付する。

② 両社の合併時貸借対照表は以下のとおりである。

Ａ社B/S

諸資産	300,000	諸負債	200,000
		資本金	90,000
		利益剰余金	10,000
	300,000		300,000

（注）諸資産の時価：330,000
諸負債の時価：200,000

Ｂ社B/S

諸資産	100,000	諸負債	10,000
		資本金	85,000
		利益剰余金	5,000
	100,000		100,000

（注）諸資産の時価：110,000
諸負債の時価：10,000

問１ パーチェス法による仕訳および合併後貸借対照表を示しなさい。
なお，増加すべき払込資本はすべて資本金とする。

問２ 持分プーリング法による仕訳および合併後貸借対照表を示しなさい。

（注）基準の改正により持分プーリング法は廃止されたが，改正の理由を理解するうえで両方法の処理の基礎を示す必要があるため，本設例を取り上げている。

《解説・解答》

	問1　パーチェス法	問2　持分プーリング法
結合後企業の資産および負債	A社の「帳簿価額」 ＋ B社の「時価」	A社の「帳簿価額」 ＋ B社の「帳簿価額」
増加する資本項目	すべて資本金 （利益剰余金は引き継がない）	内訳も含めすべて引き継ぐ （利益剰余金も引き継ぐ）
のれん	計上される	計上されない

問1　パーチェス法による会計処理

（1）仕訳

（借）	諸資産	110,000＊1	（貸）諸負債	10,000＊1
	のれん	50,000＊3	資本金	150,000＊2

＊1　B社の「時価」

＊2　取得原価（＝交付した株式の企業結合日における時価）

＊3　取得原価150,000＊2－時価純資産(110,000＊1－10,000＊1)＝50,000

（2）合併後貸借対照表

合併後B/S

諸資産	410,000＊4	諸負債	210,000＊4
のれん	50,000＊3	資本金	240,000
		利益剰余金	10,000＊5
	460,000		460,000

＊4　A社の「帳簿価額」＋B社の「時価」

＊5　A社B/S 利益剰余金（B社の利益剰余金は引き継がない）

問2　持分プーリング法による会計処理

（1）仕訳

（借）諸資産	100,000*1	（貸）諸負債	10,000*1
		資本金	85,000*1
		利益剰余金	5,000*1

＊1　B社の「帳簿価額」

（2）合併後貸借対照表

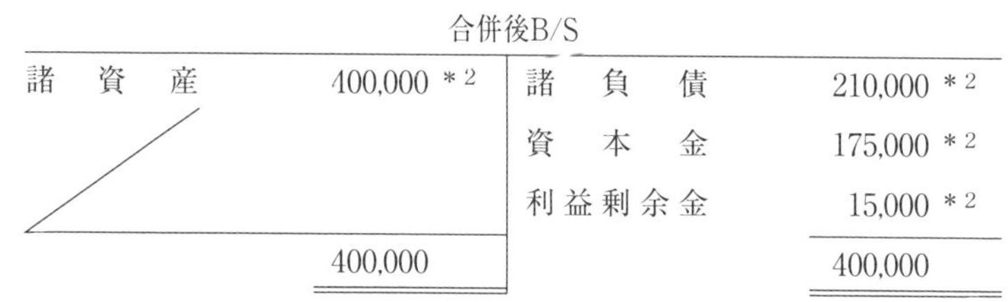

合併後B/S

諸　資　産	400,000 *2	諸　負　債	210,000 *2
		資　本　金	175,000 *2
		利益剰余金	15,000 *2
	400,000		400,000

＊2　A社の「帳簿価額」＋B社の「帳簿価額」（B社の利益剰余金も引き継ぐ）

4　企業結合の分類と会計処理方法

企業結合基準において企業結合とは，ある企業またはある企業を構成する事業と他の企業または他の企業を構成する事業とが1つの報告単位に統合されることをいう。そのため，外部企業とのM＆Aのみならず，同一企業集団内の組織再編等をも含んだ広義の企業結合を指している。

広義の企業結合は，「独立企業間の取引か，企業集団内の取引か」「企業結合後の企業を1社で支配するか，共同で支配するか」によって，「取得」，「共同支配企業の形成」，「共通支配下の取引」に分類される。

1　「取得」（＝狭義の企業結合）

取得とは，独立企業間の取引であり，他の企業の支配を獲得する企業結合をいう。外部企業とのM＆Aは通常「取得」に該当する[2)]。

取得に該当する企業結合は，ある企業が他の企業の支配を獲得する第三者間取引であるという経済的実態を重視し，パーチェス法により会計処理する。

2 「共同支配企業の形成」

共同支配企業の形成とは，独立企業間の取引であり，結合後企業の共同支配を獲得する企業結合をいう[3)]。

複数企業の出資による合弁会社の設立，親会社を異にする子会社同士の合併等で一定の条件を満たした企業結合が「共同支配企業の形成」に該当する。

3 「共通支配下の取引」

共通支配下の取引とは，結合当事企業のすべてが，企業結合の前後で同一の株主により最終的に支配され，かつ，その支配が一時的ではない場合の企業結合をいう。親会社と子会社の合併，子会社同士の合併等，企業集団内で生じる組織再編が「共通支配下の取引」に該当する。

2）支配とは，ある企業または企業を構成する事業の活動から便益を享受するために，その企業または事業の財務および経営方針を左右する能力を有していることをいう。

3）共同支配とは，複数の独立した企業が契約等にもとづき，ある企業を共同で支配することをいう。

第21章 企業結合会計（2）

1 「取得」の会計処理方法（パーチェス法）

1 取得原価の算定

（1）基本原則および株式の交換の場合の算定方法

取得原価＝取得企業の企業結合日における株価×交付株式数

パーチェス法では，被取得企業から受け入れる資産および負債の取得原価を，原則として，対価として交付する現金および株式等の取引時点の時価とする。

市場価格のある取得企業の株式を支払対価として交付する場合の取得原価は，企業結合日における株価に交付株式数を乗じた額とする。

設例21－1 パーチェス法の会計処理（合併）

A社とB社が合併（存続会社および取得企業A社）するとき，合併仕訳および合併後貸借対照表を示しなさい。なお，増加すべき払込資本はすべて資本金とし，税効果会計は無視する。

① 合併の対価としてA社はB社株主に対しA社株式 100株（企業結合日における株価@1,500）を交付する。

② 両社の合併時貸借対照表は以下のとおりである。

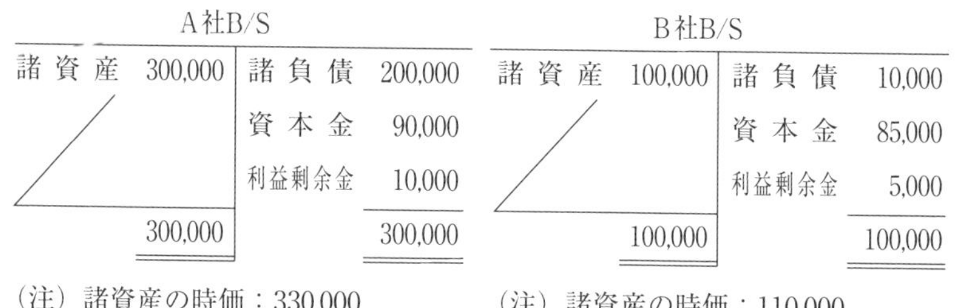

A社B/S

諸資産	300,000	諸負債	200,000
		資本金	90,000
		利益剰余金	10,000
	300,000		300,000

B社B/S

諸資産	100,000	諸負債	10,000
		資本金	85,000
		利益剰余金	5,000
	100,000		100,000

（注）諸資産の時価：330,000
　　　諸負債の時価：200,000

（注）諸資産の時価：110,000
　　　諸負債の時価： 10,000

《解説・解答》

（1）仕訳

（借）諸資産	110,000*1	（貸）諸負債	10,000*1
のれん	50,000*3	資本金	150,000*2

＊1　B社の「時価」

＊2　A社の企業結合日における株価@1,500×交付株式数100株＝150,000

＊3　取得原価150,000*2－時価純資産（110,000*1－10,000*1）＝50,000

取得原価＝取得企業の企業結合日における株価×交付株式数

（2）合併後貸借対照表

合併後B/S

諸　資　産	410,000 *4	諸　負　債	210,000 *4
の　れ　ん	50,000 *3	資　本　金	240,000
		利益剰余金	10,000 *5
	460,000		460,000

＊4　A社の「帳簿価額」＋B社の「時価」

＊5　A社B/S 利益剰余金（B社の利益剰余金は引き継がない）

（2）取得関連費用

取得関連費用（外部のアドバイザー等に支払った特定の報酬・手数料等）は発生した事業年度の費用として処理する。

設例21－2 パーチェス法の会計処理（合併，取得に要した支出額）

A社とB社が合併（存続会社および取得企業A社）するとき，合併仕訳および合併後貸借対照表を示しなさい。なお，増加すべき払込資本はすべて資本金とし，税効果会計は無視する。

① 合併の対価としてA社はB社株主に対しA社株式100株（企業結合日における株価@1,500）を交付する。

② 企業結合を成立させるための外部アドバイザーへの支出1,000が生じた。なお，当該支出額は合併期日に現金で支払う。

③ 両社の合併時貸借対照表は以下のとおりである。

A社B/S

諸資産	300,000	諸負債	200,000
		資本金	90,000
		利益剰余金	10,000
	300,000		300,000

（注）諸資産の時価：330,000
　　　諸負債の時価：200,000

B社B/S

諸資産	100,000	諸負債	10,000
		資本金	85,000
		利益剰余金	5,000
	100,000		100,000

（注）諸資産の時価：110,000
　　　諸負債の時価：　10,000

《解説・解答》

（1）仕訳

（借）	諸資産	110,000＊[1]	（貸）	諸負債	10,000＊[1]
	のれん	50,000＊[3]		資本金	150,000＊[2]
（借）	利益剰余金（費用）	1,000	（貸）	諸資産（現金）	1,000＊[4]

＊1　B社の「時価」

＊2　A社の企業結合日における株価@1,500×交付株式数100株＝150,000

＊3　取得原価150,000＊[2]－時価純資産（110,000＊[1]－10,000＊[1]）＝50,000

＊4　外部アドバイザーへの支出（取得関連費用）

（2）合併後貸借対照表

合併後B/S

諸資産	409,000＊[5]	諸負債	210,000
のれん	50,000＊[3]	資本金	240,000
		利益剰余金	9,000＊[6]
	459,000		459,000

＊5　A社帳簿価額300,000＋B社時価110,000＊[1]－1,000＊[4]＝409,000

＊6　A社B/S利益剰余金10,000－1,000＊[4]＝9,000

（3）取得が複数の取引により達成された場合（段階取得）

①　個別財務諸表における処理

支配を獲得するに至った個々の取引ごとの原価の合計額をもって，被取得企業の取得原価（以下，個別上の取得原価という）とする。

個別上の取得原価
　＝個々の取引ごとの原価の合計
　＝被取得企業株式の帳簿価額（支配獲得前取得分）
　　　＋取得企業が交付する取得企業株式の時価（支配獲得時の支払対価）

②　連結財務諸表における処理

支配を獲得するに至った個々の取引すべての企業結合日における時価をもって，被取得企業の取得原価（以下，連結上の取得原価という）を算定する。

連結上の取得原価
　＝個々の取引すべての企業結合日における時価
　＝被取得企業株式の企業結合日における時価（支配獲得前取得分）
　　　＋取得企業が交付する取得企業株式の時価（支配獲得時の支払対価）

なお，連結上の取得原価と個別上の取得原価との差額は，当期の段階取得に係る損益（特別損益）として処理する。

段階取得に係る損益
　＝連結上の取得原価－個別上の取得原価
　＝被取得企業株式の（企業結合日における時価－帳簿価額）

設例21－3　パーチェス法の会計処理（合併，段階取得）

Ａ社とＢ社が合併（存続会社および取得企業Ａ社）するとき，合併仕訳および合併後貸借対照表を示しなさい。なお，増加すべき払込資本はすべて資本金とし，税効果会計は無視する。

①　合併の対価としてＡ社はＢ社株主（Ａ社は除く）に対しＡ社株式90株

を交付する。

② A社は過年度にB社株式を@500で20株（B社の議決権比率10%）取得し，その他有価証券（取得原価10,000）としている。

③ 企業結合日における株価はA社@1,500，B社@800であった。

④ 両社の合併時貸借対照表は以下のとおりである。

A社B/S

諸資産	290,000	諸負債	200,000
B社株式	16,000	資本金	90,000
		利益剰余金	10,000
		その他有価証券評価差額金	6,000
	306,000		306,000

B社B/S

諸資産	100,000	諸負債	10,000
		資本金	85,000
		利益剰余金	5,000
	100,000		100,000

（注）諸資産の時価：330,000
　　　諸負債の時価：200,000

（注）諸資産の時価：110,000
　　　諸負債の時価：10,000

《解説・解答》

（1）個別財務諸表における仕訳

a）B社株式の評価差額の振戻

（借）その他有価証券評価差額金	6,000	（貸）B社株式	6,000＊1

＊1　B社株式（企業結合日における時価@800－取得原価@500）×20株＝6,000

（注）個別上，期末に時価評価されているB社株式の評価差額を振り戻し，取得原価10,000＊2に修正する。

＊2　取得原価@500×20株＝10,000

b）個別上の合併仕訳

（借）諸資産	110,000＊3	（貸）諸負債	10,000＊3
のれん	45,000＊5	資本金	135,000＊4
		B社株式	10,000＊2

＊3　B社の「時価」

＊4　@1,500×90株＝135,000

＊5　個別上の取得原価145,000＊6－時価純資産（110,000＊3－10,000＊3）＝45,000

＊6　Ｂ社株式の帳簿価額10,000＊2

＋Ａ社が交付するＡ社株式の時価135,000＊4＝145,000

> 個別上の取得原価
> ＝個々の取引ごとの原価の合計
> ＝被取得企業株式の帳簿価額（支配獲得前取得分）
> ＋取得企業が交付する取得企業株式の時価（支配獲得時の支払対価）

（2）合併後貸借対照表

合併後B/S

諸資産	400,000	諸負債	210,000
のれん	45,000 ＊5	資本金	225,000
		利益剰余金	10,000 ＊7
	445,000		445,000

＊7　Ａ社B/S 利益剰余金

（3）連結修正仕訳

（借）のれん	6,000＊8	（貸）利益剰余金 （段階取得に係る差益）	6,000

＊8　16,000＊9－10,000＊2＝6,000　または，

Ｂ社株式（企業結合日における時価@800－取得原価@500）×20株＝6,000

＊9　企業結合日における時価@800×20株＝16,000

（注）Ａ社はＢ社株式を保有していたため，その時価16,000＊9と適正な帳簿価額10,000＊2との差額6,000＊8を段階取得に係る差益とし，これに見合う金額は，のれんの修正として処理する。

> 段階取得に係る損益
> ＝連結上の取得原価－個別上の取得原価
> ＝被取得企業株式の（企業結合日における時価－帳簿価額）

（注）（1）b）個別上の合併仕訳と（3）連結修正仕訳をまとめると以下のように

考えることができる。

a）B社株式の評価替え

（借）	B社株式	6,000*8	（貸）	利益剰余金 （段階取得に係る差益）	6,000

b）合併仕訳

（借）	諸資産	110,000*3	（貸）	諸負債	10,000*3
	のれん	51,000*10		資本金	135,000*4
				B社株式	16,000*9

*10　連結上の取得原価151,000*11－時価純資産（110,000*3－10,000*3）＝51,000

*11　B社株式の企業結合日における時価16,000*9

＋A社が交付するA社株式の時価135,000*4＝151,000

> 連結上の取得原価
>
> ＝個々の取引すべての企業結合日における時価
>
> ＝被取得企業株式の**企業結合日における時価**（支配獲得前取得分）
>
> ＋取得企業が交付する取得企業株式の時価（支配獲得時の支払対価）

（4）連結貸借対照表

合併後B/S

諸資産	400,000	諸負債	210,000
のれん	51,000 *10	資本金	225,000
		利益剰余金	16,000 *12
	451,000		451,000

*12　A社B/S利益剰余金10,000＋段階取得に係る差益6,000*8＝16,000

2　取得原価の配分方法

取得原価は，被取得企業から受け入れた資産および引き受けた負債のうち企業結合日時点において識別可能なもの（識別可能資産および負債）の企業結合日時点の時価を基礎として，当該資産および負債に対して企業結合日以後1年以内に配分する。

取得原価が，受け入れた資産および引き受けた負債に配分された純額を上回る場合には，その超過額はのれんとして会計処理し，下回る場合には，その不足額は負ののれんとして会計処理する。

（1）のれんの会計処理

のれんは，無形固定資産に計上し，20年以内のその効果の及ぶ期間にわたって，定額法その他の合理的な方法により規則的に償却する。のれん償却額は販売費及び一般管理費に計上する。

ただし，のれんの金額に重要性が乏しい場合には，当該のれんが生じた事業年度の費用として処理することができる。

（2）負ののれんの会計処理

負ののれんが生じると見込まれる場合には，次の処理を行う。

① 取得企業は，すべての識別可能資産および負債が把握されているか，また，それらに対する取得原価の配分が適切に行われているかどうかを見直す。

② ①の見直しを行っても，なお取得原価が受け入れた資産および引き受けた負債に配分された純額を下回り，負ののれんが生じる場合には，当該負ののれんが生じた事業年度に負ののれん発生益（特別利益）として計上する。

ただし，負ののれんが生じると見込まれたときにおける取得原価が受け入れた資産および引き受けた負債に配分された純額を下回る額に重要性が乏しい場合には，次の処理を行わずに，当該下回る額を当期の利益として処理することができる。

設例21－4　取得原価の配分方法（合併，負ののれん）

A社とB社が合併（存続会社及び取得企業A社）するとき，合併仕訳および合併後貸借対照表を示しなさい。なお，増加すべき払込資本はすべて資本金とし，税効果会計は無視する。

① 合併の対価としてA社はB社株主に対しA社株式100株（企業結合日における株価@600）を交付する。

② 両社の合併時貸借対照表は以下のとおりである。

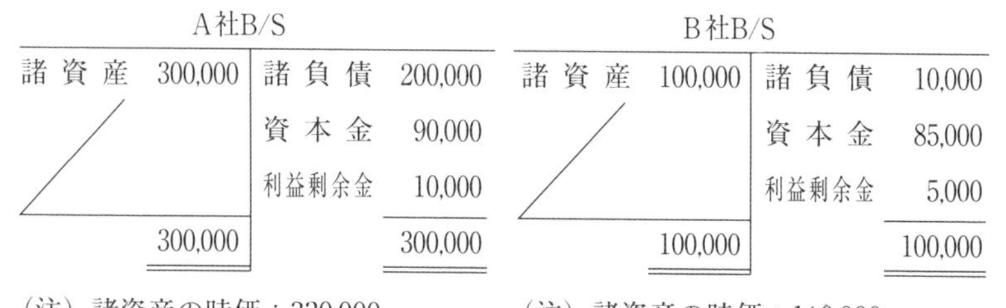

A社B/S

借方		貸方	
諸資産	300,000	諸負債	200,000
		資本金	90,000
		利益剰余金	10,000
	300,000		300,000

B社B/S

借方		貸方	
諸資産	100,000	諸負債	10,000
		資本金	85,000
		利益剰余金	5,000
	100,000		100,000

（注）諸資産の時価：330,000
　　　諸負債の時価：200,000

（注）諸資産の時価：110,000
　　　諸負債の時価：　10,000

《解説・解答》

（1）仕訳

（借）諸資産	110,000*1	（貸）諸負債	10,000*1
		資本金	60,000*2
		利益剰余金 （負ののれん発生益）	40,000*3

＊1　B社の「時価」

＊2　@600×100株＝取得原価60,000

＊3　時価純資産（110,000*1－10,000*1）－取得原価60,000*2＝40,000

（2）合併後貸借対照表

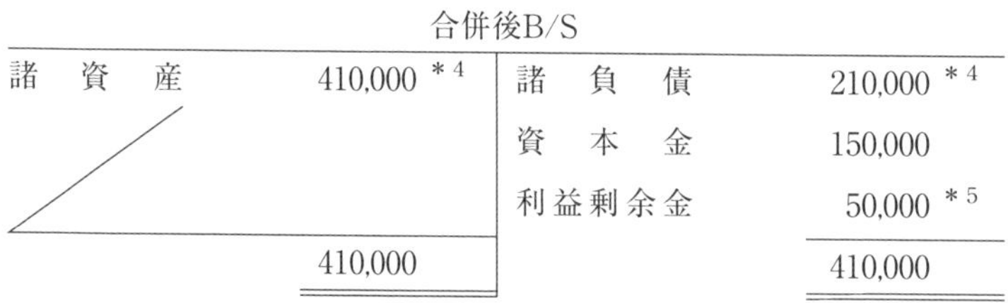

合併後B/S

借方		貸方	
諸資産	410,000 *4	諸負債	210,000 *4
		資本金	150,000
		利益剰余金	50,000 *5
	410,000		410,000

＊4　A社の「帳簿価額」＋B社の「時価」

＊5　A社B/S利益剰余金10,000＋負ののれん発生益40,000*3＝50,000

3　取得企業の増加資本の会計処理

（1）企業結合の対価として取得企業が新株を発行した場合

払込資本（資本金または資本剰余金）の増加として会計処理する。

なお，増加すべき払込資本の内訳項目（資本金，資本準備金またはその他資本剰余金）は，会社法の規定にもとづき決定する。

> 払込資本の増加額＝取得企業の企業結合日における株価×交付株式数

（2）企業結合の対価として取得企業が自己株式を処分した場合

増加すべき株主資本の額（自己株式の処分の対価の額。新株の発行と自己株式の処分を同時に行った場合には，新株の発行と自己株式の処分の対価の額）から処分した自己株式の帳簿価額を控除した額を払込資本の増加（当該差額がマイナスとなる場合にはその他資本剰余金の減少）として会計処理する。

なお，増加すべき払込資本の内訳項目（資本金，資本準備金またはその他資本剰余金）は，会社法の規定にもとづき決定する。

> 払込資本の増加額
> 　＝取得企業の企業結合日における株価×交付株式数
> 　　　　　　　　　　　－処分した自己株式の帳簿価額

設例21－5 取得企業の増加資本（合併，自己株式を処分した場合）

Ａ社とＢ社が合併（存続会社および取得企業Ａ社）するとき，合併仕訳および合併後貸借対照表を示しなさい。なお，増加すべき払込資本はすべて資本金とし，税効果会計は無視する。

① 合併の対価としてＡ社はＢ社株主に対しＡ社株式100株（企業結合日における株価@1,500）を交付する。なお，交付株式のうち10株は自己株式（帳簿価額8,000）を処分し，残り90株は新株を発行した。

② 両社の合併時貸借対照表は以下のとおりである。

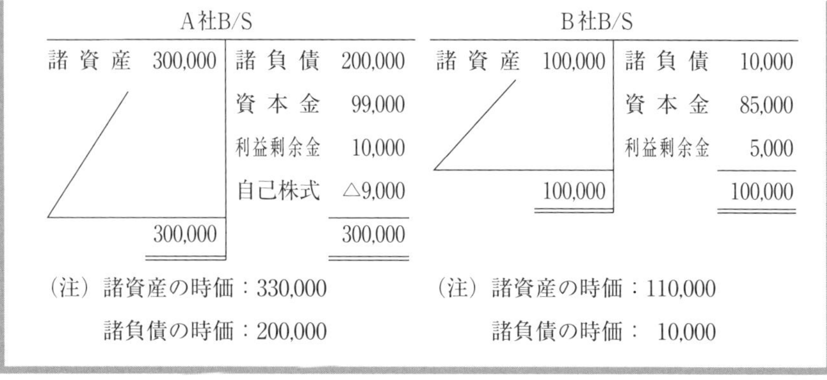

A社B/S

借方		貸方	
諸資産	300,000	諸負債	200,000
		資本金	99,000
		利益剰余金	10,000
		自己株式	△9,000
	300,000		300,000

（注）諸資産の時価：330,000
諸負債の時価：200,000

B社B/S

借方		貸方	
諸資産	100,000	諸負債	10,000
		資本金	85,000
		利益剰余金	5,000
	100,000		100,000

（注）諸資産の時価：110,000
諸負債の時価：　10,000

《解説・解答》

（1）仕訳

（借）諸資産	110,000*1	（貸）諸負債	10,000*1
のれん	50,000*4	資本金	142,000*3
		自己株式	8,000*2

＊1　B社の「時価」

＊2　帳簿価額

＊3　増加資本の額150,000*5－自己株式の帳簿価額8,000*2＝142,000

> 払込資本の増加額
> ＝取得企業の企業結合日における株価×交付株式数
> －処分した自己株式の帳簿価額

＊4　取得原価150,000*5－時価純資産（110,000*1－10,000*1）＝50,000

＊5　A社の企業結合日における株価@1,500×交付株式数100株＝150,000

（2）合併後貸借対照表

合併後B/S

借方	金額	貸方	金額
諸　資　産	410,000 ＊6	諸　負　債	210,000 ＊6
の　れ　ん	50,000 ＊4	資　本　金	241,000
		利益剰余金	10,000 ＊7
		自己株式	△1,000 ＊8
	460,000		460,000

＊6　A社の「帳簿価額」＋B社の「時価」

＊7　A社分のみ（B社の利益剰余金は引き継がない）

＊8　A社B/S 自己株式9,000－自己株式の処分8,000＝1,000

4　具体的処理

(1) 合　併

通常のパーチェス法による会計処理を行う（**設例21－1～設例21－5参照**）。

(2) 株式交換

①　個別財務諸表上の会計処理

株式交換完全親会社が取得する株式交換完全子会社株式の取得原価は，パーチェス法による取得原価とする。

取得原価＝取得企業の企業結合日における株価×交付株式数

なお，取得企業の増加資本の会計処理は合併の場合と同様である。

②　連結財務諸表上の会計処理

株式交換完全親会社の投資（上記①の株式交換完全子会社株式の取得原価）と株式交換完全子会社の資本（識別可能資産および負債の差額）を相殺消去し，両者の差額は，のれんまたは負ののれんとして処理する。

なお，株式交換完全親会社が，株式交換日の前日に株式交換完全子会社となる企業の株式を保有していた場合（段階取得），株式交換日の時価にもとづいて子会社株式に振り替えて取得原価に加算し，その時価と適正な帳簿価額との差額は，当期の段階取得に係る損益として処理される。

設例21－6 パーチェス法の会計処理（株式交換）

Ａ社とＢ社が株式交換（完全親会社および取得企業Ａ社）を行うとき，必要な仕訳および連結貸借対照表を示しなさい。なお，増加すべき払込資本はすべて資本金とし，税効果会計は無視する。

① Ａ社はＢ社株主に対しＢ社株式と交換にＡ社株式100株（企業結合日における株価@1,500）を交付する。

② 両社の株式交換日前日の貸借対照表は以下のとおりである。

Ａ社B/S

諸資産	300,000	諸負債	200,000
		資本金	90,000
		利益剰余金	10,000
	300,000		300,000

（注）諸資産の時価：330,000
　　　諸負債の時価：200,000

Ｂ社B/S

諸資産	100,000	諸負債	10,000
		資本金	85,000
		利益剰余金	5,000
	100,000		100,000

（注）諸資産の時価：110,000
　　　諸負債の時価： 10,000

《解説・解答》

（１）個別上の仕訳（Ａ社）

（借）Ｂ社株式　150,000*1　（貸）資本金　150,000

＊1　Ａ社の企業結合日における株価@1,500×交付株式数100株＝150,000

取得原価＝取得企業の企業結合日における株価×交付株式数

（２）連結修正仕訳

ａ）子会社Ｂ社の諸資産および諸負債の時価評価

（借）諸資産　10,000*2　（貸）評価差額　10,000

＊2　時価110,000－帳簿価額100,000＝10,000

ｂ）投資と資本の相殺消去

（借）資本金	85,000	（貸）Ｂ社株式	150,000＊1
利益剰余金	5,000		
評価差額	10,000＊2		
のれん	50,000＊3		

＊3　取得原価150,000＊1－時価純資産（85,000＋5,000＋評価差額10,000＊2）＝50,000

（3）連結貸借対照表（**設例21－1合併の場合と同じ結果となる**）

連結B/S

諸　資　産	410,000 ＊4	諸　負　債	210,000 ＊4
の　れ　ん	50,000 ＊3	資　本　金	240,000
		利益剰余金	10,000 ＊5
	460,000		460,000

＊4　Ａ社の「帳簿価額」＋Ｂ社の「時価」

＊5　Ａ社B/S 利益剰余金（Ｂ社の利益剰余金は引き継がない）

（3）株式移転

株式移転による共同持株会社の設立の形式をとる企業結合が取得とされた場合には，いずれかの株式移転完全子会社を取得企業として取り扱う。

これは，法的形式としては設立された共同持株会社が株式移転完全親会社となるが，経済的実態としては企業結合前から存在するいずれかの株式移転完全子会社の株主が支配を獲得するからである。

①　個別財務諸表上の会計処理

株式移転設立完全親会社が受け入れた株式移転完全子会社株式（取得企業株式および被取得企業株式）の取得原価は，それぞれ次のように算定する。

ｉ　子会社株式（取得企業株式）

原則として，株式移転日の前日における株式移転完全子会社（取得企業）の適正な帳簿価額による株主資本の額にもとづいて算定する。

取得企業株式の取得原価＝適正な帳簿価額による株主資本の額

ii　子会社株式（被取得企業株式）

パーチェス法による取得原価とする。

ただし，完全親会社は新たに設立されることから，株式移転日において完全親会社株式の時価は存在しない。そのため，取得の対価となる財の時価は，株式移転完全子会社（被取得企業）の株主が株式移転設立完全親会社（結合後企業）に対する実際の議決権比率と同じ比率を保有するのに必要な数の株式移転完全子会社（取得企業）の株式を，株式移転完全子会社（取得企業）が交付したものとみなして算定（以下，みなし交付株式数という）する。

被取得企業株式の取得原価
　＝取得企業の企業結合日における株価×みなし交付株式数

また，上記で算定した取得の対価の額を払込資本（資本金または資本剰余金）の増加として会計処理する。なお，増加すべき払込資本の内訳項目（資本金，資本準備金またはその他資本剰余金）は，会社法の規定にもとづき決定する。

②　連結財務諸表上の会計処理

i　投資と資本の相殺消去

a　株式移転完全子会社（取得企業）に関する会計処理

株式移転設立完全親会社の取得企業に対する投資（上記① i の取得企業株式の取得原価）と株式移転完全子会社（取得企業）の資本（適正な帳簿価額による株主資本）を相殺消去する。

なお，両者はいずれも取得企業の適正な帳簿価額を基礎とした金額のため，消去差額（のれんまたは負ののれん）は生じない。

b　株式移転完全子会社（取得企業）に関する会計処理

株式移転設立完全親会社の被取得企業に対する投資（上記① ii の被取得企業株式の取得原価）と株式移転完全子会社（被取得企業）の資本（識別可能資産および負債）を相殺消去し，両者の差額は，のれんまたは負ののれんとして処理する。

なお，株式移転完全子会社（取得企業）が株式移転日の前日に他の株式移転完全子会社（被取得企業）となる企業の株式を保有していた場合（段階取得），株式移転日の時価にもとづく額を取得原価に加算し，その時価と適正な帳簿価額との差額は，当期の段階取得に係る損益として処理される。

ii　株式移転完全子会社（取得企業）の資産，負債および利益剰余金の引継ぎ

連結財務諸表上，株式移転設立完全親会社は株式移転完全子会社（取得企業）の資産および負債の適正な帳簿価額を，原則として，そのまま引き継ぐとともに，株式移転完全子会社（取得企業）の利益剰余金を引き継ぐ。

ただし，連結財務諸表上の資本金は株式移転設立完全親会社の資本金とし，これと株式移転直前の株式移転完全子会社（取得企業）の資本金が異なる場合には，その差額を資本剰余金に振り替える。

設例21－7　パーチェス法の会計処理（株式移転）

A社とB社が株式移転（取得企業A社）により完全親会社HD社を設立したとき，必要な仕訳および連結貸借対照表を示しなさい。なお，増加すべき払込資本のうち2分の1を資本金とし，税効果会計は無視する。

① HD社はA社株主に対しA社株式と交換にHD社株式 200株を交付し，B社株主に対しB社株式と交換にHD社株式 100株を交付する。なお，株式移転比率はHD社：A社＝1：1，HD社：B社＝1：0.5である。

② 企業結合日における株価はA社@1,500，B社@800であった。

③ 両社の株式移転日前日の貸借対照表は以下のとおりである。

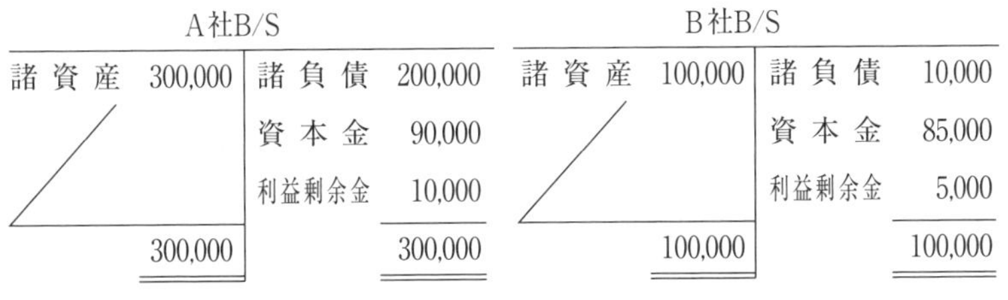

A社B/S

諸資産	300,000	諸負債	200,000
		資本金	90,000
		利益剰余金	10,000
	300,000		300,000

B社B/S

諸資産	100,000	諸負債	10,000
		資本金	85,000
		利益剰余金	5,000
	100,000		100,000

（注）諸資産の時価：330,000
　　　諸負債の時価：200,000

（注）諸資産の時価：110,000
　　　諸負債の時価：　10,000

《解説・解答》

（１）個別上の仕訳（HD社）

ａ）Ａ社株式（取得企業株式）

取得企業株式の取得原価＝適正な帳簿価額による株主資本の額

（借）Ａ社株式	100,000＊1	（貸）資本金	50,000＊2
		資本剰余金	50,000

＊１　資本金90,000＋利益剰余金10,000

＝適正な帳簿価額による株主資本の額100,000

＊２　100,000＊1 × １／２＝50,000

ｂ）Ｂ社株式（被取得企業株式）

被取得企業株式の取得原価

＝取得企業の企業結合日における株価×みなし交付株式数

＋取得に要した支出額（対価性が認められるもの）

（借）Ｂ社株式	150,000＊3	（貸）資本金	75,000＊4
		資本剰余金	75,000

＊３　Ａ社の企業結合日における株価@1,500×みなし交付株式数100株＊5

＝150,000

＊４　150,000＊3 × １／２＝75,000

＊５　HD発行株式数300株×Ｂ社株主持分比率$\frac{100株}{300株}$＝100株　または，

HD株交付株式数（対Ｂ社）100株×HD社とＡ社の移転比率$\frac{1}{1}$＝100株

（注）Ｂ社株主のHD社に対する持分比率は33.３…％（＝100株÷300株）である。HD社とＡ社の移転比率は１：１であることから，HDに対する持分比率33.３…％とするために必要なＡ社株式は100株である。したがって，Ａ社が株価@1,500で100株をＢ社株主に交付したものとみなして，HD株式の発行価額150,000を算定する。

（2）連結修正仕訳

a）A社（取得企業）

ア）投資と資本の相殺消去

（借）資本金	90,000	（貸）A社株式	100,000＊[1]
利益剰余金	10,000		

イ）利益剰余金の引継ぎ

（借）資本剰余金	10,000	（貸）利益剰余金	10,000＊[6]

＊6　A社（取得企業）個別B/Sの利益剰余金

（注）取得企業A社の投資は継続しているため，連結財務諸表上，取得企業A社の利益剰余金を引き継ぐ。当該仕訳により，連結財務諸表にA社の利益剰余金10,000が計上される。

b）B社（被取得企業）

ア）時価評価

（借）諸資産	10,000	（貸）評価差額	10,000＊[7]

＊7　時価110,000－帳簿価額100,000＝10,000

イ）投資と資本の相殺消去

（借）資本金	85,000	（貸）B社株式	150,000＊[3]
利益剰余金	5,000		
評価差額	10,000＊[7]		
のれん	50,000＊[8]		

＊8　取得原価150,000＊[3]

－時価純資産（85,000＋5,000＋評価差額10,000＊[7]）＝50,000

（3）連結貸借対照表（**設例21－1**合併の場合および**設例21－6**株式交換の場合と払込資本の内訳のみ異なるが，その他は同じ結果となる）

連結B/S

諸　資　産	410,000 *9	諸　負　債	210,000 *9
の　れ　ん	50,000 *8	資　本　金	125,000
		資本剰余金	115,000
		利益剰余金	10,000 *10
	460,000		460,000

＊9　A社の「帳簿価額」＋B社の「時価」

＊10　A社B/S利益剰余金（B社の利益剰余金は引き継がない）

2　注　　記

当該事業年度において他の企業または企業を構成する事業の取得による企業結合が行われた場合には，次に掲げる事項を注記しなければならない。

① 企業結合の概要
② 財務諸表に含まれている被取得企業または取得した事業の業績の期間
③ 被取得企業または取得した事業の取得原価およびその内訳
④ 取得の対価として株式を交付した場合には，株式の種類別の交換比率およびその算定方法ならびに交付または交付予定の株式数
⑤ 発生したのれんの金額，発生原因，償却の方法および償却期間または負ののれん発生益の金額および発生原因
⑥ 企業結合日に受け入れた資産および引き受けた負債の額ならびにその主な内訳
⑦ 企業結合契約に規定される条件付取得対価の内容および当該事業年度以降の会計処理方針
⑧ 取得原価の大部分がのれん以外の無形固定資産に配分された場合には，のれん以外の無形固定資産に配分された金額およびその主要な種類別の内訳ならびに全体および主要な種類別の加重平均償却期間
⑨ 取得原価の配分が完了していない場合には，その旨およびその理由ならびに企業結合が行われた事業年度の翌事業年度以降において取得原価の当

初配分額に重要な修正がなされた場合には，その修正の内容および金額

⑩　連結財務諸表を作成していない会社にあっては，企業結合が事業年度の開始の日に完了したと仮定した場合の当該事業年度の損益計算書に及ぼす影響の概算額およびその算定方法

第22章 事業分離会計

1 総　　論

1 意　　義

「事業分離」とは，ある企業を構成する事業を他の企業に移転することをいう。

事業分離において，当該企業を構成する事業を移転する企業を「分離元企業」といい，分離元企業からその事業を受け入れる企業を「分離先企業」という。

2 会計処理の考え方

（1）投資の継続か投資の清算か

分離した事業に関する投資が清算されたと考えられる場合には，通常取引の売却と同様に分離元企業において損益を認識するが，投資が継続していると考える場合には，分離元企業において損益を認識しない。

（2）投資の継続か投資の清算かの判断

① 受取対価が移転した事業と明らかに異なる資産の場合

現金等移転した事業と明らかに異なる資産を対価として受け取る場合には，投資が清算されたとみなされる。

② 受取対価が分離先企業株式のみの場合

子会社株式や関連会社株式となる分離先企業株式のみを対価として受け取

る場合には，当該株式を通じて，移転した事業に関する事業投資を引き続き行っていると考えられることから，当該事業に関する投資が継続しているとみなされる。

2 分離元企業の会計処理

1 移転した事業に関する投資が清算されたと考えられる場合

その事業を分離先企業に移転したことにより「受け取った対価となる財の時価[*1]」と「移転した事業に係る株主資本相当額」との差額を「移転損益（特別損益)」として認識するとともに，改めて当該受取対価の時価にて投資を行ったものとする。

受取対価の財の時価[*1]－移転事業の株主資本相当額 ＝ 移転損益
受取対価の財の取得原価 ＝ 受取対価の財の時価[*1]

2 移転した事業に関する投資が継続していると考えられる場合

移転損益を認識せず，その事業を分離先企業に移転したことにより「受け取る資産の取得原価」は「移転した事業に係る株主資本相当額」に基づいて算定する。

受取対価の財の取得原価＝移転事業の株主資本相当額
→したがって，移転損益は生じない

なお，受取対価が分離先企業の株式のみである場合で分離先企業が関係会社となる場合には，連結財務諸表上，以下の処理が必要となる。

《分離先企業が子会社となる場合－連結上の処理》

事業分離における「子会社（分離先企業）に係る分離元企業（親会社）の持分増加額」と「移転した事業に係る分離元企業の持分減少額」との間に生じる

差額は，次のように処理する。

① のれんの計上（追加取得にあたる場合は資本剰余金の計上となる）

分離元企業は，分離先企業を取得することとなるため，分離元企業の連結上，パーチェス法を適用する。「分離先企業に対して投資したとみなされる額」と，これに対応する「分離先企業の事業分離直前の資本」との差額は「のれん又は負ののれん」として処理する。

分離先企業に対するみなし投資額＊1－親会社持分増加額＊2＝のれん

＊1　子会社（分離先企業）の事業分離日の時価

×事業分離による親会社持分増加比率

＊2　子会社（分離先企業）の企業結合日の株主資本及び評価差額

×事業分離による親会社持分増加比率

② 親会社の持分変動による差額の計上（資本剰余金の計上）

「分離元企業の事業が移転されたとみなされる額」と「移転した事業に係る分離元企業の持分減少額」との差額は「資本剰余金」とする。

みなし移転事業額＊3－移転事業に係る親会社持分減少額＊4＝資本剰余金

＊3　移転事業の事業分離直前の時価×移転事業に係る親会社持分減少比率

＊4　移転事業の株主資本相当額×移転事業に係る親会社持分減少比率

《分離先企業が関連会社となる場合－持分法上の処理》

「関連会社（分離先企業）に係る分離元企業（投資会社）の持分増加額」と「移転した事業に係る分離元企業の持分減少額」との差額は，次のように処理する。

① のれんの計上

「分離先企業に対して投資したとみなされる額」とこれに対応する「分離先企業の事業分離直前の資本（関連会社に係る分離元企業の持分増加額)」との差額は，投資に含め「のれん又は負ののれん」として処理する。

分離先企業に対するみなし投資額[*1]－投資会社持分増加額[*2]＝のれん

＊1　関連会社（分離先企業）の事業分離直前の時価
×事業分離による投資会社持分増加比率

＊2　関連会社（分離先企業）の企業結合日の識別可能資産及び負債の時価
×事業分離による投資会社持分増加比率

② 持分変動損益の計上

「分離元企業の事業が移転されたとみなされる額」と「移転した事業に係る分離元企業の持分減少額」との差額は「持分変動損益」とする。

みなし移転事業額[*3]－移転事業に係る投資会社持分減少額[*4]
＝持分変動損益

＊3　移転事業の事業分離直前の時価×移転事業に係る投資会社持分減少比率

＊4　移転事業の株主資本相当額×移転事業に係る投資会社持分減少比率

設例22－1 受取対価が現金等の財産の場合

以下の事業分離が実施された場合，事業分離後の貸借対照表を作成しなさい。

① ×12年３月31日にA社（事業分離前にB社株式は保有していない）は甲事業をB社に移転した。当該事業分離により，A社はB社より現金70,000円を受け取った。

② P社における甲事業の適正な諸資産の帳簿価額および株主資本相当額は60,000円であり，X事業の諸資産の時価は64,000円，X事業の時価は70,000円であった。

③ 事業分離直前（×12年３月31日）における両社の貸借対照表は以下のとおりである。

A社B/S

現　　金	100,000	諸負債	200,000
諸資産	700,000	資本金	200,000
		資本剰余金	80,000
		利益剰余金	320,000
	800,000		800,000

B社B/S

現　　金	70,000	諸負債	50,000
諸資産	100,000	資本金	80,000
		利益剰余金	40,000
	170,000		170,000

《解答・解説》

1．個別上の処理

（1）A　社

（借）	現金	70,000＊1	（貸）	諸資産	60,000＊2
				移転損益（利益剰余金）	10,000

＊1　時価

＊2　A社における甲事業の株主資本相当額

（2）B　社

（借）	諸資産	64,000＊3	（貸）	現金	70,000
	のれん	6,000			

＊3　甲事業の諸資産の時価

（3）事業分離後個別貸借対照表

A社B/S

現　　金	170,000	諸負債	200,000
諸資産	640,000	資本金	200,000
		資本剰余金	80,000
		利益剰余金	330,000
	810,000		810,000

B社B/S

現　　金	0	諸負債	50,000
諸資産	164,000	資本金	80,000
のれん	6,000	利益剰余金	40,000
	170,000		170,000

設例22－2 受取対価が株式の場合（子会社となる場合）

以下の事業分離が実施された場合，事業分離後の連結貸借対照表を作成しなさい。

① ×12年３月31日にA社（事業分離前にB社株式は保有していない）は甲事業をB社（発行済株式数 100株）に移転した。当該事業分離により，A社はB社より株式 150株（@ 1,320円）を受け取り，A社はB社株式の60%を保有することとなったため，B社はA社の子会社となった。なお，B社では払込資本を全額資本金とする。

② A社における甲事業の適正な諸資産の帳簿価額および株主資本相当額は100,000円であり，甲事業の諸資産の時価は140,000円，甲事業の時価は198,000円であった。

③ ×12年３月31日におけるS社の土地（簿価 12,000円）の時価は20,000円であった。

④ 税効果会計は無視すること。

⑤ 事業分離直前（×12年３月31日）における両社の貸借対照表は以下のとおりである。

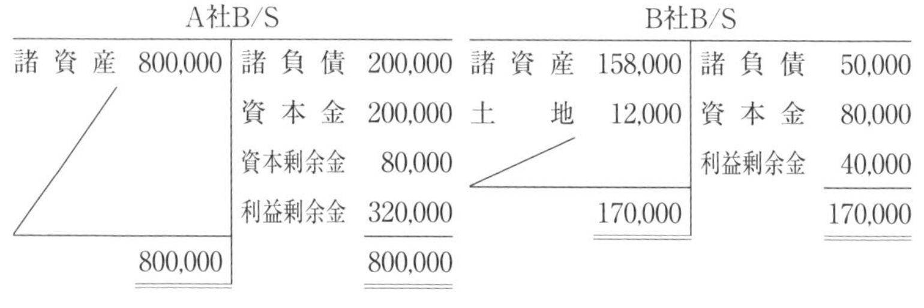

A社B/S

諸資産	800,000	諸負債	200,000
		資本金	200,000
		資本剰余金	80,000
		利益剰余金	320,000
	800,000		800,000

B社B/S

諸資産	158,000	諸負債	50,000
土地	12,000	資本金	80,000
		利益剰余金	40,000
	170,000		170,000

《解説・解答》

1．個別上の処理

（1）A　社

（借）B社株式　100,000　（貸）諸資産　100,000＊1

＊1　A社における甲事業の株主資本相当額

（2）B　社

（借）諸資産　100,000＊2　（貸）資本金　100,000

＊2　P社におけるX事業の諸資産の適正な帳簿価額

B社にとっては事業分離により甲事業を取得し株式交付しているが，事業分離後にA社のB社持分比率が60％となることから，当該事業分離により実質的にA社が取得した結果となる（これを逆取得という）。そのため，個別上，移転する資産および負債は，原則として「移転前に付された適正な帳簿価額」により計上する。

（3）事業分離後個別貸借対照表

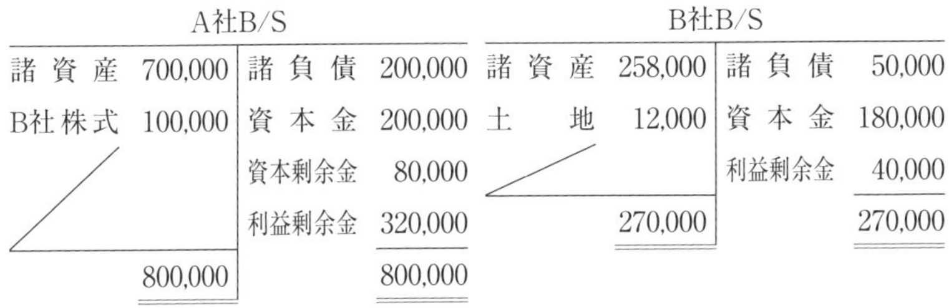

A社B/S

借方	金額	貸方	金額
諸資産	700,000	諸負債	200,000
B社株式	100,000	資本金	200,000
		資本剰余金	80,000
		利益剰余金	320,000
	800,000		800,000

B社B/S

借方	金額	貸方	金額
諸資産	258,000	諸負債	50,000
土地	12,000	資本金	180,000
		利益剰余金	40,000
	270,000		270,000

2．連結上の処理

（1）子会社の土地の時価評価

（借）土地　8,000　（貸）評価差額　8,000＊3

＊3　時価20,000－簿価12,000＝8,000

（2）理解図

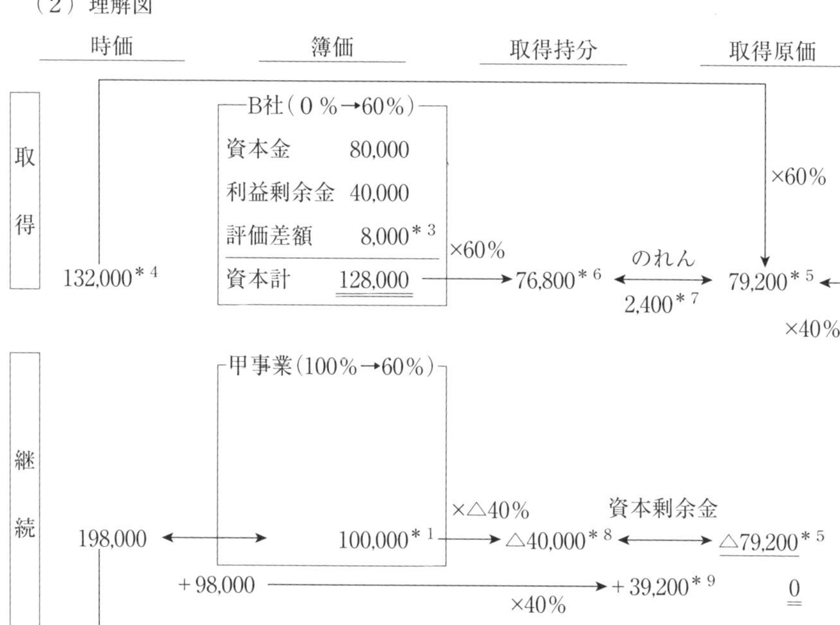

事業分離後資本計 228,000×非支配株主持分比率40％

＝連結B/S「非支配株主持分」91,200

＊4　B社株価@1,320×事業分離前発行済株式数100株＝B社時価132,000

＊5　B社時価132,000＊4×A社持分比率60％

＝分離先企業に対するみなし投資額79,200または

甲事業時価198,000×A社持分減少比率40％＝みなし移転事業額79,200

＊6　事業分離前資本計128,000×A社持分比率60％＝A社持分増加額76,800

＊7　分離先企業に対するみなし投資額79,200＊5－A社持分増加額76,800＊6

＝2,400

＊8　甲事業株主資本相当額100,000×A社持分減少比率40％

＝A社持分減少額40,000

＊9　みなし事業移転額79,200＊5－A社持分減少額40,000＊8＝39,200または

（甲事業時価198,000－甲事業株主資本相当額100,000＊1）

×A社持分減少比率40％＝39,200

（3）連結貸借対照表作成のための連結修正仕訳

① 投資と資本の相殺消去

（借）	資本金	80,000	（貸）	B社株式	79,200*5
	利益剰余金	40,000		非支配株主持分	51,200*10
	評価差額	8,000*3			
	のれん	2,400*7			

*10　事業分離前資本計128,000×非支配株主持分比率40％＝51,200

② 移転事業に係る投資と資本の相殺消去

（借）	資本金	100,000*2	（貸）	B社株式	20,800*11
				非支配株主持分	40,000*8
				資本剰余金	39,200*9

*11　100,000*1－分離先企業に対するみなし投資額79,200*5＝20,800

（4）×12年3月期連結貸借対照表

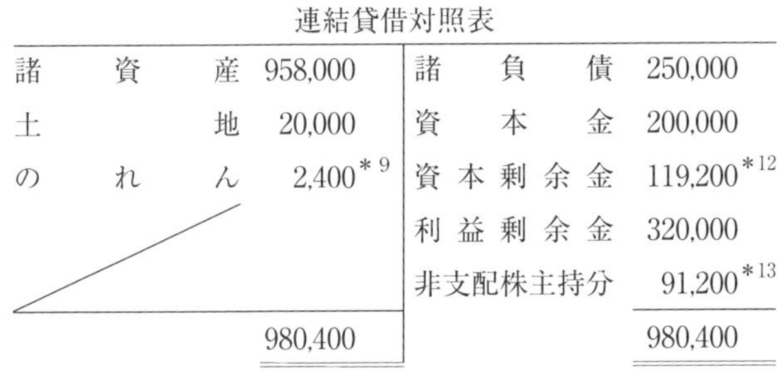

連結貸借対照表

諸資産	958,000	諸負債	250,000
土地	20,000	資本金	200,000
のれん	2,400*9	資本剰余金	119,200*12
		利益剰余金	320,000
		非支配株主持分	91,200*13
	980,400		980,400

*12　A社80,000＋事業分離39,200*9＝119,200

*13　事業分離後資本計228,000×非支配株主持分比率40％＝91,200

設例22－3 受取対価が株式の場合（関連会社となる場合）

以下の事業分離が実施された場合，事業分離後の連結貸借対照表を作成しなさい。

① ×12年３月31日にA社（事業分離前にB社株式は保有していない）は甲事業をB社（発行済株式数 400株）に移転した。当該事業分離により，A社はB社より株式 100株（@ 1,980円）を受け取り，A社はB社株式の20%を保有することとなったため，B社はA社の関連会社となった。なお，B社では払込資本を全額資本金とする。

② A社における甲事業の適正な諸資産の帳簿価額および株主資本相当額は160,000円であり，甲事業の諸資産の時価は180,000円，甲事業の時価は198,000円であった。

③ ×12年３月31日におけるB社の土地（簿価12,000円）の時価は20,000円であった。

④ 税効果会計は無視すること。

⑤ 事業分離直前（×12年３月31日）における両社の貸借対照表は以下のとおりである。

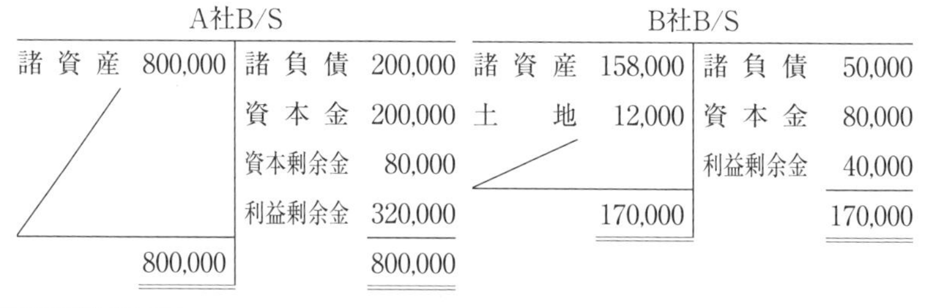

A社B/S

諸資産	800,000	諸負債	200,000
		資本金	200,000
		資本剰余金	80,000
		利益剰余金	320,000
	800,000		800,000

B社B/S

諸資産	158,000	諸負債	50,000
土地	12,000	資本金	80,000
		利益剰余金	40,000
	170,000		170,000

《解説・解答》

1．個別上の処理

（1）A　社

（借）B社株式　160,000　（貸）諸資産　160,000＊1

＊1　A社における甲事業の株主資本相当額

（2）B　社

（借）諸資産　180,000＊2　（貸）資本金　198,000＊3
　　　のれん　18,000

＊2　甲事業の諸資産の時価

＊3　@1,980×100株＝取得原価198,000

取得した甲事業に対してパーチェス法を適用する。したがって，移転した資産および負債は「時価」により計上する。

（3）事業分離後個別貸借対照表

A社B/S

諸資産	640,000	諸負債	200,000
B社株式	160,000	資本金	200,000
		資本剰余金	80,000
		利益剰余金	320,000
	800,000		800,000

B社B/S

諸資産	338,000	諸負債	50,000
土地	12,000	資本金	278,000
のれん	18,000	利益剰余金	40,000
	368,000		368,000

2．持分法上の処理

（1）関連会社の土地の時価評価

（借）土地　1,600　（貸）評価差額　1,600＊4

＊4　（時価20,000－簿価12,000）×P社取得比率20％＝1,600

（2）持分法上あるべき事業譲受の仕訳

B社は取得した甲事業に対してパーチェス法を適用しているが，連結の観点では，以下の仕訳のように，受け入れた資産および負債はA社における事業分離前の適正な帳簿価額により計上し，甲事業の株主資本相当額を増加資本とすべきである。したがって，持分法適用におけるB社の増加資本は，資本金160,000＊1と考える。

（借）諸資産　160,000　（貸）資本金　160,000＊1

（3）理解図

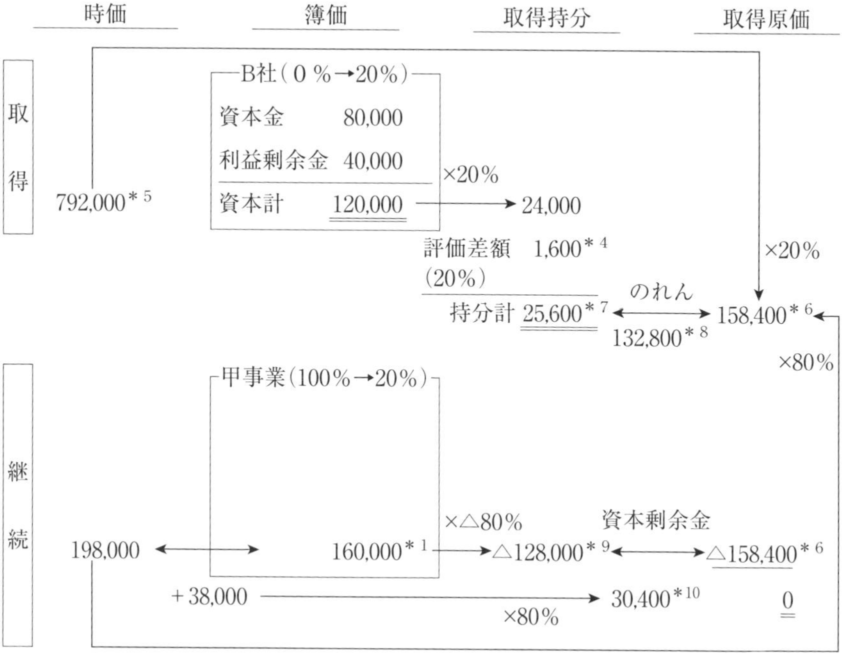

時価　　簿価　　取得持分　　取得原価

取得

B社（0％→20％）

資本金　80,000

利益剰余金　40,000

資本計　120,000 ×20％ → 24,000

792,000＊5

評価差額（20％）　1,600＊4

持分計　25,600＊7 ←のれん 132,800＊8→ 158,400＊6　×20％

×80％

継続

甲事業（100％→20％）

198,000 ←→ 160,000＊1 ×△80％ → △128,000＊9 ←資本剰余金→ △158,400＊6

＋38,000 ×80％ → 30,400＊10　0

事業分離後資本計　280,000×A社持分比率20％＋評価差額1,600＊4

＋のれん132,800＊8＝連結B/S「B社株式」190,400

＊5　B社時価@1,980×事業分離前発行済株式数400株＝B社時価792,000

＊6　B社時価192,000＊5×A社持分比率20％

＝分離先企業に対するみなし投資額158,400または

甲事業時価198,000×A社持分減少比率80％＝みなし移転事業額158,400

＊7　事業分離前資本計120,000×A社持分比率20％＋評価差額1,600＊4

＝A社持分増加額25,600

＊8　分離先企業に対するみなし投資額158,400＊6－A社持分増加額25,600＊7

＝132,800

＊9　甲事業株主資本相当額160,000×A社持分減少比率80％

＝A社持分減少額128,000

＊10　みなし事業移転額158,400＊6－A社持分減少額128,000＊9＝30,400または，

（甲事業時価198,000－甲事業株主資本相当額160,000＊[1]）

×A社持分減少比率80％＝30,400

（4）連結貸借対照表作成のための持分法適用仕訳

① 原始取得（20％）

仕訳なし

（注）B社株式の投資額に含まれるのれんが132,800＊[8]発生している。

② 持分変動損益の認識

（借）	B社株式	30,400	（貸）	持分変動損益	30,400＊[10]

（5）×12年3月期連結貸借対照表

連結貸借対照表

諸資産	640,000	諸負債	200,000
B社株式	190,400＊[11]	資本金	200,000
		資本剰余金	80,000
		利益剰余金	350,400＊[12]
	830,400		830,400

＊11　160,000＊[1]＋持分変動利益30,400＊[10]＝190,400または，

事業分離後資本合計280,000×A社持分比率20％＋評価差額1,600＊[4]

＋のれん未償却額132,800＊[8]＝190,400

＊12　A社320,000＋持分変動利益30,400＊[10]＝350,400

設例22－4 受取対価が株式の場合（関係会社とならない場合）

以下の事業分離が実施された場合，事業分離後の貸借対照表を作成しなさい。

① ×12年3月31日にA社（事業分離前にB社株式は保有していない）は甲事業をB社（発行済株式数 900株）に移転した。当該事業分離により，A社はB社より株式 100株（@ 1,980円）を受け取り，A社はB社株式の10％を保有することとなったが，B社はA社の関連会社ではない。なお，B社では払込資本を全額資本金とする。

② A社における甲事業の適正な諸資産の帳簿価額および株主資本相当

額は160,000円であり，甲事業の諸資産の時価は180,000円，X事業の時価は198,000円であった。

③　税効果会計は無視すること。

④　事業分離直前（×12年3月31日）における両社の貸借対照表は以下のとおりである。

A社B/S

借方		貸方	
諸資産	800,000	諸負債	200,000
		資本金	200,000
		資本剰余金	80,000
		利益剰余金	320,000
	800,000		800,000

B社B/S

借方		貸方	
諸資産	158,000	諸負債	50,000
土地	12,000	資本金	80,000
		利益剰余金	40,000
	170,000		170,000

《解説・解答》

1．個別上の処理

（1）A　社

（借）	B社株式	198,000*[1]	（貸）	諸資産	160,000*[2]
				移転損益	38,000

＊1　@1,980×100株＝198,000

＊2　A社における甲事業の株主資本相当額

（注）B社は関連会社とはならないため，投資が清算されたと考え，B社株式を時価で受け入れ，移転損益を認識する。

（2）B　社

（借）	諸資産	180,000*[3]	（貸）	資本金	198,000*[1]
	のれん	18,000			

＊3　甲事業の諸資産の時価

（3）事業分離後個別貸借対照表

A社B/S

借方	金額	貸方	金額
諸資産	640,000	諸負債	200,000
B社株式	198,000	資本金	200,000
		資本剰余金	80,000
		利益剰余金	358,000
	838,000		838,000

B社B/S

借方	金額	貸方	金額
諸資産	338,000	諸負債	50,000
土地	12,000	資本金	278,000
のれん	18,000	利益剰余金	40,000
	368,000		368,000

《参考文献》

青木茂男・大塚宗春『新版会計学総論（第２版）』中央経済社，2007年。
新井清光・川村義則『新版現代会計学〈第３版〉』中央経済社，2020年。
飯野利夫『財務会計論（三訂版）』同文舘出版，1997年。
岩﨑健久『現代会計・財政講義』中央経済社，2001年。
岩﨑健久『現代財務諸表論』中央経済社，2002年。
岩﨑健久『財務会計概説』税務経理協会，2005年。
岩﨑健久・平石智紀『設例でわかる財務会計論』中央経済社，2010年。
上野清貴『財務会計の基礎（第５版）』中央経済社，2018年。
大藪俊哉『簿記テキスト（第５版）』中央経済社，2010年。
岡本治雄『現代会計の基礎研究（第２版）』中央経済社，2002年。
小栗崇資・熊谷重勝・陣内良昭・村井秀樹編『国際会計基準を考える：変わる会計と経済』大月書店，2003年。
加古宜士『財務会計概論（第９版）』中央経済社，2010年。
菊谷正人編・岡村勝義編『財務会計の入門講義』中央経済社，2004年。
郡司健『財務諸表会計の基礎』中央経済社，2012年。
斎藤静樹『会計基準の基礎概念』中央経済社，2002年。
斎藤静樹『会計基準の研究〈新訂版〉』中央経済社，2019年。
桜井久勝『財務会計講義（第22版）』中央経済社，2021年。
佐藤信彦・河﨑照行・齋藤真哉・柴健次・高須教夫・松本敏史編著『スタンダードテキスト財務会計論（第14版）Ⅰ基礎論点編』中央経済社，2021年。
佐藤信彦・河﨑照行・齋藤真哉・柴健次・高須教夫・松本敏史編著『スタンダードテキスト財務会計論（第14版）Ⅱ応用論点編』中央経済社，2021年。
染谷恭次郎『現代財務会計（第10版）』中央経済社，1999年。
醍醐聰『会計学講義（第４版）』東京大学出版会，2008年。
武田隆二『会計学一般教程（第７版）』中央経済社，2008年。
武田隆二『最新財務諸表論（第11版）』中央経済社，2008年。
田中建二『財務会計入門（第６版）』中央経済社，2021年。
中村忠編著『財務会計の基礎知識（第２版）』中央経済社，1998年。
中村忠『新稿現代会計学（九訂版）』白桃書房，2005年。
成瀬継男『会計理論の構造』中央経済社，2002年。

西川郁生『国際会計基準の知識』日本経済新聞社，2000年。
新田忠誓『会計数値の形成と財務情報』白桃書房，2005年。
新田忠誓・佐々木隆志・石原裕也・溝上達也・神納樹史・西山一弘・西舘司・吉田智也・中村亮介・松下真也・金子善行・塚原慎・坂内慧『会計学・簿記入門（第16版）』白桃書房，2021年。
日本公認会計士協会訳『国際会計基準書2001』同文舘出版，2001年。
平松一夫・広瀬義州訳『FASB財務会計の諸概念（増補版）』中央経済社，2002年。
広瀬義州『財務会計（第13版）』中央経済社，2015年。
松尾聿正編『現代財務報告会計』中央経済社，2008年。

索　引

欧文

あ行

か行

さ行

た行

な行

は行

ま行

や行

ら行

わ行

■著者紹介

岩﨑健久（いわさき　たけひさ）

帝京大学経済学部教授　博士（法学）・公認会計士・税理士

早稲田大学理工学部応用化学科卒業，筑波大学大学院修士課程経営・政策科学研究科修了（経済学修士），筑波大学大学院博士課程社会科学研究科法学専攻修了（博士（法学））。

太田昭和監査法人（現新日本有限責任監査法人）にて，監査・会計業務に従事した後，帝京大学に勤務，専任講師，助教授を経て現職。コーネル大学，East Asia Programにて客員研究員（2007年８月から2009年７月まで）。日本簿記学会簿記実務研究部会部会長，日本公認会計士協会租税業務協議会・租税相談専門委員会委員長，同協会・租税調査会副委員長，同協会租税政策検討専門部会専門委員，同協会学術賞審査委員会委員を歴任。

【主要著書】

『税制新論』（木鐸社，1998年），『財政新論』（木鐸社，2000年），『現代会計・財政講義』（中央経済社，2001年），『会計監査論』（税務経理協会，2010年），『租税法』（税務経理協会，2011年），『消費税の政治力学』（中央経済社，2013年），『消費税「増税」の政治過程』（中央経済社，2019年）（以上，単著），佐々木毅編『政治改革1800日の真実』（講談社，1999年，共著），『勘定科目・仕訳辞典（第２版）』（日本簿記学会，2017年，共編著），『設例でわかる財務会計論』（中央経済社，2010年，共著）のほか多数。

平石智紀（ひらいし　ともき）

株式会社アクリア代表取締役，税理士法人アクリア代表社員

公認会計士・税理士

慶應義塾大学経済学部卒業，新日本監査法人（現新日本有限責任監査法人）および監査法人アヴァンティアにて，監査業務，企業再編支援実務等に従事した後，2011年に上場会社に特化した会計コンサルティングファーム株式会社アクリア，2018年には税理士法人アクリアを設立し，会計・金融・税務分野において企業経営の未来を見据えた提案のできる専門家集団としてサービスを展開している。他に北陸大学にて非常勤講師（未来創造学部），日本公認会計士協会東京実務補習所にて運営委員会副委員長（現任）等も務める。

【主要著書】

『設例でわかる財務会計論』（中央経済社，2010年，共著）

『ビジネスに生かす日商簿記３級』（日本経済新聞出版社，2011年，共著）

【雑誌連載】

「有報から磨く財務会計力」『会計人コース』，中央経済社，2011年11月号～2012年６月号

「わかった気になる管理会計・原価計算」『会計人コース』，中央経済社，2012年９月号～2012年12月号

レクチャー財務諸表論（第２版）

2017年２月10日　第１版第１刷発行
2020年１月20日　第１版第４刷発行
2022年２月20日　第２版第１刷発行

著　者　岩　崎　健　久
　　　　平　石　智　紀
発行者　山　本　　　継
発行所　㈱　中　央　経　済　社
発売元　㈱中央経済グループ
　　　　パブリッシング
〒101-0051　東京都千代田区神田神保町1-31-2
電話　03（3293）3371（編集代表）
　　　03（3293）3381（営業代表）
https://www.chuokeizai.co.jp
印刷／三　英　印　刷　㈱
製本／誠　製　本　㈱

ISBN978-4-502-41221-9　C3034